野球データ革命

数字が示す、新たな勝利の方程式

株式会社ネクストベース・アナリスト
森本崚太

竹書房

はじめに

テクノロジーの進化によるデータ革命

大谷翔平選手（アナハイム・エンゼルス）の活躍が目覚ましい。

２０２１年は前半戦だけで30本を超える本塁打を放ち、オールスターゲームでは先発投手、かつ一番打者として出場。多くのメディアが連日のようにＭＬＢ（メジャーリーグベースボール）の情報、いや大谷選手の情報を報道している。

大谷選手の活躍もあり、「打球速度」「打球角度」といったフレーズを耳にする機会も増えたのではないだろうか？

ＭＬＢでは、本拠地全球場に導入されたスタットキャストというシステムで、投球と打球すべてのボールの軌道をトラッキングしている。そのため、４月２日に打った第1号は打球速度171キロ、打球角度29度、飛距離128メートル。6月8日の第17号は打球速度180キロ、打球角度31度、飛距離143メートルといったデータが、瞬時にわかるようになった。

データ取得の狙いのひとつが、野球の楽しみ方の拡大である。「特大ホームラン！」という見出しに「打球速度」が加わると、〝どれぐらいすごいのか〟がイメージできる。「佐々木朗希投手（現・千葉ロッテマリーンズ）が高校生ながら球速160キロ！」と聞いてワクワクするのは、「球速」という尺度があるからに他ならない。

多くのデータを取得することで、このように新たな面白さや新規ファンを生み出すことができる。実際にMLBでは、スタットキャストによるデータの多くが一般に公開されており、データ好きの野球ファンが独自の見方で分析する、〝データファン〟も増加中である。

これらのデータは、選手の強化・育成・戦術といった試合に勝つための手段としても活用されている。各球団にはデータ分析に長けたアナリストが採用され、コーチや選手とはまた違った視点で、チーム強化に貢献している。一般的にイメージするであろう『マネーボール』で有名な「セイバーメトリクス」と呼ばれる統計手法だけでなく、トラッキングデータを使って新たに「見える化」されたデータも分析の対象となっているのが近年のトレンドだ。

従来は、ピッチングを語るときに「キレのいいストレート」「落差の大きなフォーク」といった主観的な表現が多かった。それが「フォーシームのホップ成分がMLBの平均に比べて何センチ上回っているのか」「フォークはフォーシームと比較して何センチ落ちているのか」といった客観的な数値で示せるようになったことで、適切な評価や指導、選手起用が可能になった。

バッティングでは膨大なビッグデータから、ホームランを打つためにはどのぐらいのスイング角度が最適で、どの程度の打球速度が必要になるのかが明確にわかるようになった。

野球経験者であれば、「上から叩け！」と指導されたことが一度はあるだろう。「上から叩くように打つイメージ」という表現なら間違いではないが、本当に上から叩いたらゴロにしかならない。感覚ではなく「本当はどうなのか」を明らかにしたことが、近年の『フライボール革命』につながっている。テクノロジーの発展によって、今まで感覚でしかわからなかったことが、リアルな数字で見えるようになり、まさに本書のタイトルどおり『データ革命』が起きている。この革命は日本にも着実に訪れ、NPB（日本野球機構）では2021年現在、11球団が本拠地にトラッキングシステムを導入。練習で使える簡易的なトラッキング機器も多くのチームが活用中だ。

選手のパフォーマンスアップの変化

私、森本崚太は株式会社ネクストベースに所属するアナリストであり、幅広い世代のチームや選手に向けて科学的なサポートを行っている。ネクストベースは「すべてのアスリートにイノベーションを」というビジョンを掲げ、スポーツ科学を活用してスポーツに取り組む方々を支援している。社名には「スポーツに取り組む人々が『次の塁』を狙っていける環境を提供していきたい」という想いが込められている。

『データ革命』の最大の功績は、これまで現場で何となく使われてきた感覚的な言葉を可視化し、数値化することで、主観と客観のギャップを埋められるようになったことにある。言い方を換えれば、定量化し、一流選手に近づくための〝ものさし〟ができた。トラッキングデータの登場で、選手のパフォーマンスアップの方法も変化してきており、指導者にとっては大きな技術革新と言っても過言ではない。

私がプロ野球で活躍する投手をサポートする機会を例に出すと、一方的に指導することはまずない。投球のたびにリリースの状態、球の回転軸、ボールの変化量などを確認し、選手にフィードバックしたうえで、次の投球にのぞむ。選手の主観的な感覚と、数字で示された客観的なデータをすり合わせていくことによって、選手の感覚が鋭くなっていく。最終的にはフィードバックの頻度も減り、理想のボールを自分自身で獲得できるようになる。このような過程を『ピッチデザイン』と呼び、選手と双方向で能力を開発していく取り組みとなっている。

選手が上達していく過程は、スポーツ心理学の「運動学習」という理論でも説明が付く。運動学習には「認識の段階」「定着の段階」「自動化の段階」があると考えられている。そもそも、どんなボールが打ち取りやすく、どんな軌道でどんな回転のボールを覚えるべきなのかを正しく「認識」することが出発点。その後、そのボールが「定着」するように、機器を活用しながら自身の主観的な感覚と客観的な動きの差を埋めていく。最終的には動作が「自動化」され、注意の方向も拡大するため、ゲーム中さまざまな場面においてもそのボールを投球できるようになるのがゴールである。

これまでは、指導者の経験則や感覚だけで「腕を振りなさい」「バットを強く振りなさい」といった教えが数多く存在していたが、『データ革命』によって正しい技術や動作を認識・確認できるようになった。「答えまでの距離が正確にわかる」とでも表現すればいいだろうか。

1日200球投げ込むことも、1日1000スイング振り込むことも、たしかに大事かもしれないが、正しい認識、正しい理解があったうえでの反復練習のほうが、効率よく技術を伸ばしていけるのは自明であろう。

私は社会人、大学、高校といったアマチュア野球のチーム・選手をサポートする機会もあるが、トップレベルの選手の話をすると「あの人たちは、もう別次元のレベルの選手でしょう」と諦めてしまう人が必ず出てくる。しかし、はじめからそう思ってしまうのは非常にもったいない。

一流選手には、結果を残している理由が必ずある。本書ではスポーツ科学で解き明かされた理論や、データで新たにわかった事実をわかりやすくまとめている。中学生や高校生であっても、参考になる技術や考え方がきっとあると思う。

アマチュア野球の場合は、プロ野球で使うような高価な機器を持っていないことは十分に理解している。それでも、スマートフォンで動画を簡単に撮影できる時代になり、ボールの回転軸や回転数、バットのスイング速度や軌道を測る機械も、どんどん安価で手に入れられる時代になった。

ただ、どれだけテクノロジーが発展したとしても、それを使うのも生かすのも最後は人だ。ＭＬＢの球団では分析者のほかに、「データコーディネーター」という役職も生まれており、無数のデータを分析・整理して、かみ砕いて伝える人の存在が重要になっている。

本書を通して、今までとは違った視点での技術向上のヒントを伝えることができたら、著者としてこれ以上嬉しいことはない。誰もが、今以上にうまくなるポテンシャルを持っている。数字やグラフに抵抗がある読者もいるかもしれないが、できるかぎりわかりやすくお伝えしていきたい。

平均得失点差でおおよその勝率を予測できる

各章に入る前に、本書の大きなテーマを紹介したい。本書では「勝つためにはどうするか？」ということをベースに、必要な考えや技術を深く掘り下げていく。

そもそも「試合に勝つ」とはどういうことであろうか――。

改めて言うまでもなく、野球という競技は相手より1点でも多く取れば勝利を手にすることができる。1試合だけ見ればこの説明で十分であろうが、「強いチーム を作る」という観点では足りない。

表1は【NPB過去20年／1試合あたりの平均得失点差と勝率の関係】を表したものである。平均得失点差は「（総得点−総失点）÷試合数」で簡単に導き出せ、2020年のパ・リーグを制したソフトバンクであれば、「（531−389）÷120＝1・18」となる。

当たり前と言えば当たり前ではあるが、平均得失点差が多ければ多いほど、勝率も高くなっている。1・0を超えていれば、90パーセント近い確率で勝率6割以

［表1］NPB過去20年／1試合あたりの平均得失点差と勝率の関係

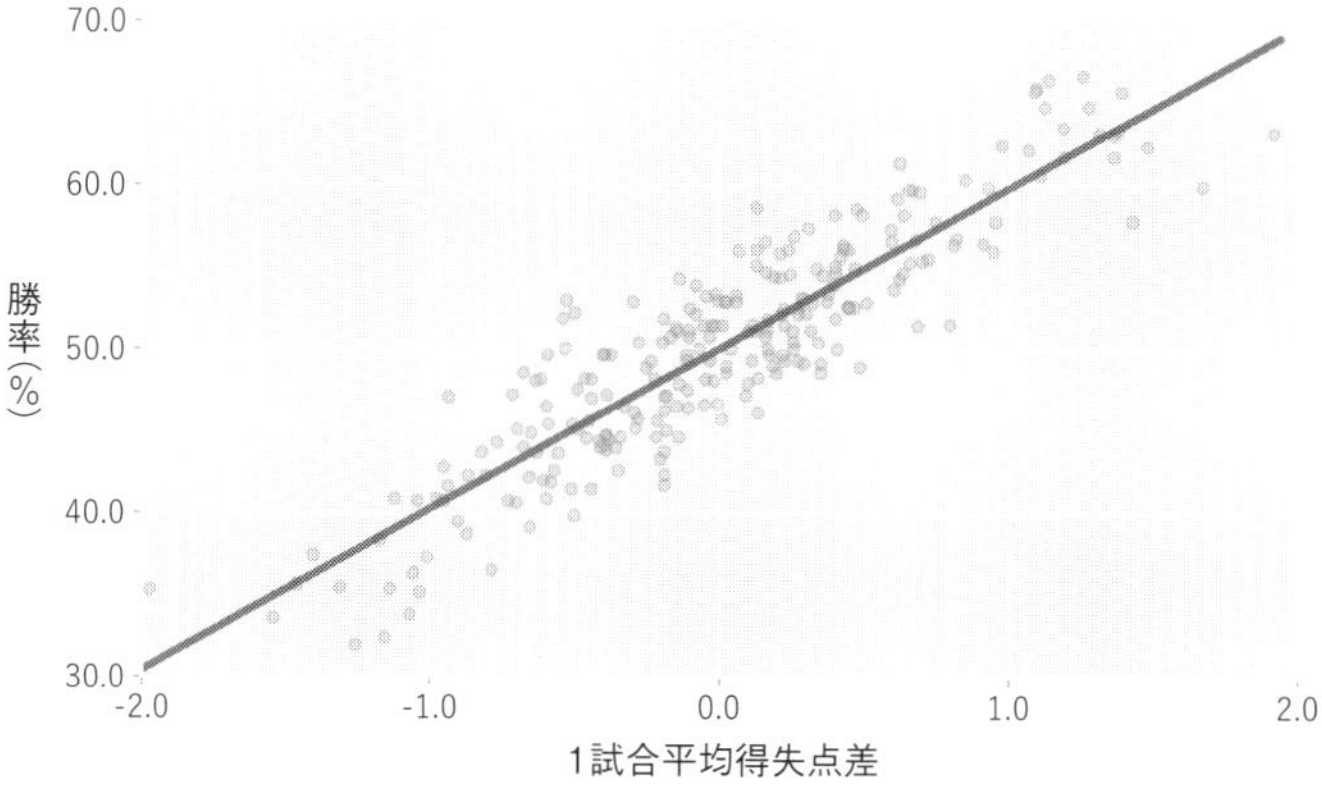

上をマーク。2020年のソフトバンクは、勝率6割3分5厘と圧倒的な強さを誇った。一方で、0・0以下のチームはどう頑張っても勝率5割5分を超えていない。

セイバーメトリクスの世界では「ピタゴラス勝率」と呼ばれる考えがあり、「(総得点の1・72乗)÷(総得点の1・72乗+総失点の1・72乗)」の計算式に当てはめれば、当該チームの勝率を予測することが可能になる。

投手陣、守備陣の陣容から失点を予測し、攻撃陣の顔ぶれから個々の打者がどのぐらいの得点を挙げるかを予測できれば、その年のおおよその勝率が見えてくるわけである。さきほどのソフトバンクの得点・失点をピタゴラス勝率で計算すると、予想勝率は6割3分1厘。実際の勝率とわずかに4厘の差しかない。いかに精度の高い計算式か、わかるであろう。

なぜ、わざわざこの話をしたか。

非常にシンプルであるが、投手は失点を1点でも少なくすること、打者は得点を1点でも多く取ることが、勝率に直結していることを伝えたかったからである。

もちろん、リーグ戦だけではなく、負けたら終わりのトーナメントも考え方は同じ。むしろ、1敗もできないトーナメントのほうが、よりシビアな戦いが求められる。

本書では、この大前提を踏まえたうえで、第1章では失点を少なくするために考えるべき基本的な概論、第2章では球種やコースの使い方など、試合で生かせる具体的な投球論に入っていく。第3章では得点との相関が強い、OPSを高めるための打撃論を解説していきたい。

さらに、一流選手のデータ活用術に迫るインタビューも掲載している。

投手は、2021年の開幕から39試合連続無失点の日本新記録を打ち立てた平良海馬投手（埼玉西武ライオンズ）。打者は、埼玉西武ライオンズで通算1405安打をマークし、2020年からシンシナティ・レッズでプレーする秋山翔吾選手に登場してもらった。

自身の技術を高めるために、データをどのように生かしているのか。トッププレーヤーならではの優れた感覚を、ぜひ読み取ってほしい。

なお、本書では特別な但し書きがない限りは、２０２０年のＭＬＢのデータをもとにグラフや表を作成している。数多くのデータを紹介しているので、本文の解説とともに理解を深めていただけると幸いである。

野球データ革命

目次

第2章 各球種の活用術

スペシャル対談1 投手編

平良海馬投手×森本崚太

第3章

OPSを高めるための打撃論

スペシャル対談2 打者編

秋山翔吾選手×森本崚太

第1章

投球基本概論

奪三振、与四死球、被本塁打数で投手能力がわかる

まず、投手の視点に立ったときに、失点を少なくするにはどんなピッチングが必要になってくるのか——。

失点を考えると、守備と投手の2要素に分けることができるが、守備で防げる失点はそれほど大きなものではなく、投手の占めるウエイトのほうが圧倒的に多い。そのため、失点を減らすために考えていきたいのは、投手の能力を評価する指標である。

従来から、勝利数や勝率、防御率といった指標で投手を評価することが多かったが、この成績だけで投手の能力を本当に評価できているのだろうか?

勝利数や勝率は、自チームの得点力や相手の投手力との兼ね合いがあり、防御率は守備力によっても変わってくる。そもそも、内外野がどのようなポジショニ

ングを取るかで、ヒット性の打球がアウトになることもあり、偶然の要素が含まれている。理論上は、フェンス越えのホームラン以外はポジショニングでアウトにすることができる。すなわち、バットに当たった打球がヒットになるかどうかは、「運」に左右される要素も大きい。

表1は【打者のイベントによる投手のリスク】を、ローリスクからハイリスクの順に示したものである。投手と打者が対決した際、奪三振／内野フライ／ゴロ／外野フライ／ライナー／四死球／本塁打のいずれか

［表1］打者のイベントによる投手のリスク

ローリスク ↓ ハイリスク

奪三振	ほぼ100%アウトが見込める結果
内野フライ	ほぼ100%アウトが見込める結果
ゴロ	77%前後アウトが見込め、長打も少ない
外野フライ	70%前後アウトが見込めるが、長打も多い
ライナー	27%前後のアウトしか見込めない
四死球	無条件で攻撃が継続、失点の可能性が高まる
本塁打	無条件で攻撃が継続、かつ失点が生じる

のイベントが必ず発生する。その結果が安打になったのか、アウトになったのかは考慮していない。

「リスク」と表現したのは、投手側から考えたとき、失点につながる危険性がどれほどあるかという意味になる。もっともリスクが少ないのは、ほぼ100パーセントのアウトが見込める奪三振と内野フライ。振り逃げや失策なども存在するが、可能性は極めて低い。投手にとっては、守備に委ねる割合が圧倒的に少なく、自分自身の力で奪えるアウトと言える。

ゴロは77パーセント前後のアウトが見込め、長打の割合も少ない。外野フライは70パーセント前後のアウトが見込めるが、長打のリスクも高い。ライナーは27パーセント前後のアウトしか見込めず、70パーセント以上がヒットになる。打球が前に飛ぶということは、内野フライを除けば、何かしらのリスクが発生するのである。

高リスクとなるのが、四死球。少年野球や高校野球では、「周りに野手が守っているんだから打たせろよ！」と監督の声が飛ぶこともあるが、本当にそのとおり。投手以外の野手は何もしようがない。相手にとっては無条件で攻撃が継続していくため、これほどありがたいものはないだろう。どのカテゴリーの野球でも、四死球が絡むと1イニングで複数得点が生まれやすくなる。失点を1点でも防ぐことが、勝つ確率を高めるとなれば、四死球ほどもったいないものはない。

四死球以上にリスクが高いのが本塁打。外野フェンスを越えた瞬間、即失点となるわけで、内野手も外野手も防ぎようがない。

これらのことから言えるのは、「奪三振、四死球、本塁打の3つのイベントは、投手と打者の能力だけで完結する」ということである。守備の絡む要素がほぼゼロに等しい。そのため、奪三振が多く四死球、本塁打の少ない投手を多く抱えたチームは、打たれるリスクが低く、失点のリスクも抑えられる。まず、投手が目指すべきは「三振を奪うこと」と言えよう。

NPBのエース級の中には、「リスク」というキーワードを使って、三振の重要性を語る投手もいる。プロのスカウトの中には、アマチュア選手の奪三振率に着目する人もいると聞く。それだけ、三振を奪う力は、投手を評価するうえで重要な項目と言えるのだ。

投手のリスクを評価するために、セイバーメトリクスの世界では、「FIP」と呼ばれる指標が適用されている。

Fielding Independent Pitchingの頭文字を取ったもので、その言葉どおりに、Fielding＝守備の能力を取り除いた、投手自身の真の力量を評価する指標である。次の計算式を見れば、奪三振、与四死球、被本塁打のみで評価していることがわかるだろう。


FIP＝｛13×被本塁打＋3×（与四球－故意四球＋与死球）－2×奪三振｝÷投球回＋リーグごとの補正値

このFIPは、チームの失点との相関関係が非常に高く、「失点のうち70パーセントを奪三振、与四死球、被本塁打で説明できる」と表現しても過言ではない。表2が【FIPと失点の相関】で、チームのFIPが高ければ、1試合の平均失点も多い傾向にあるのが見て取れるだろう。

表3は【2020年NPB／先発・リリーフ投手のFIP上位10傑】となる。

先発では山本由伸投手（オリックス・バファローズ）や千賀滉大投手（福岡ソフトバンクホークス）、リリーフではリバン・モイネロ投手（福岡ソフトバンクホークス）を筆頭に、一流どころの投手がずらりと並んでいる。防御率に比べると計算式が複雑なため、一般にはなかなか広まっていないが、奪三振、与四死球、被本塁打の数であれば、スコアブックから簡単に調べられる。ＦＩＰまで計算しないにしても、投手自身がこの３つの数字に興味を持つことが、チームとしての失点を減らすことにつながっていく。

［**表2**］FIPと失点の相関

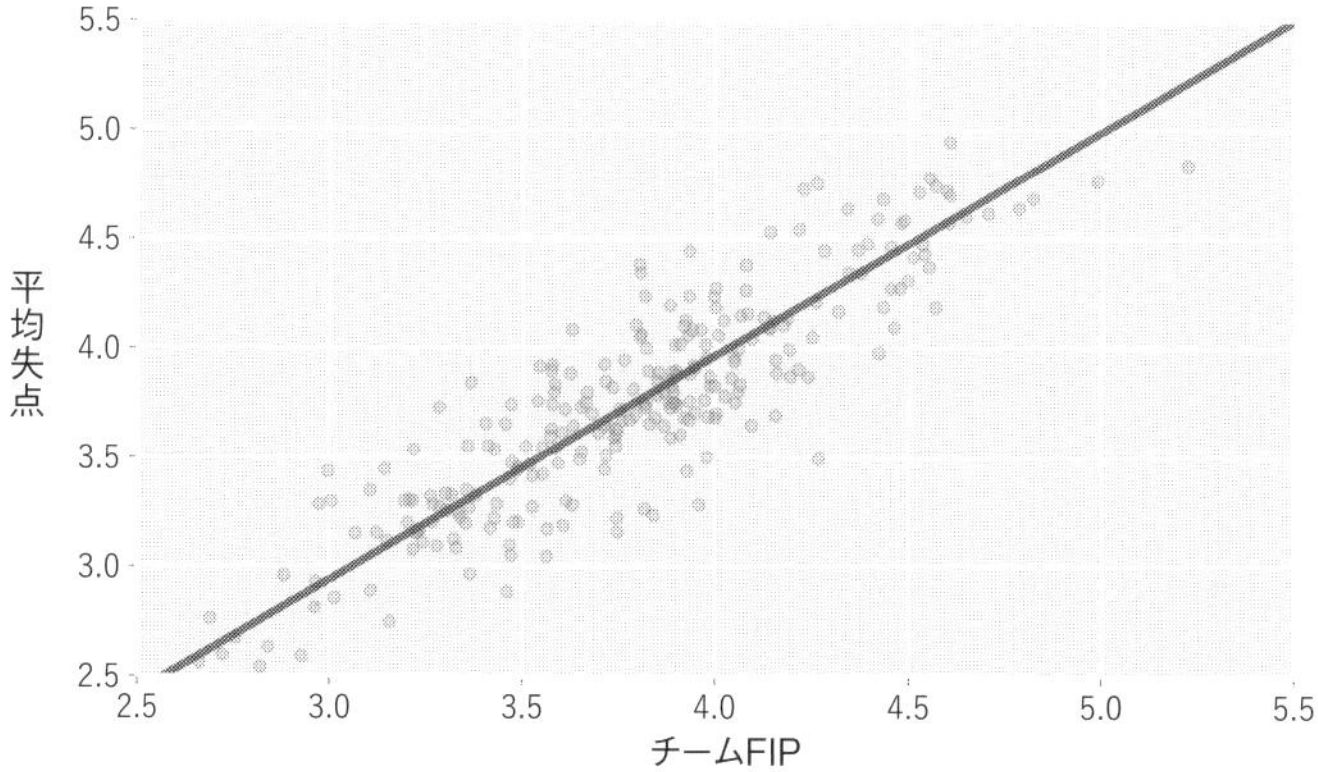

［表3］ 2020年NPB ／先発・リリーフ投手のFIP上位10傑

■先発投手

選手名	チーム名	イニング	FIP
山本 由伸	オリックス・バファローズ	126.2	2.23
千賀 滉大	福岡ソフトバンクホークス	121	2.38
森下 暢仁	広島東洋カープ	122.2	2.44
菅野 智之	読売ジャイアンツ	137.1	2.50
大野 雄大	中日ドラゴンズ	148.2	2.56
美馬 学	千葉ロッテマリーンズ	123	3.08
青柳 晃洋	阪神タイガース	120.2	3.14
有原 航平	北海道日本ハムファイターズ	132.2	3.24
西 勇輝	阪神タイガース	147.2	3.36
九里 亜蓮	広島東洋カープ	130.2	3.43

※規定投球回以上対象

■リリーフ投手

選手名	チーム名	イニング	FIP
モイネロ	福岡ソフトバンクホークス	48	1.71
石山 泰稚	東京ヤクルトスワローズ	44.2	1.73
R.マルティネス	中日ドラゴンズ	40	2.13
石田 健大	横浜DeNAベイスターズ	42.2	2.15
三嶋 一輝	横浜DeNAベイスターズ	47.2	2.17
祖父江 大輔	中日ドラゴンズ	50.1	2.24
益田 直也	千葉ロッテマリーンズ	52	2.26
嘉弥真 新也	福岡ソフトバンクホークス	30	2.39
山田 修義	オリックス・バファローズ	39.1	2.49
スアレス	阪神タイガース	52.1	2.63

※20登板以上の投手を対象

完全アウト（奪三振＋内野フライ）＋ゴロの割合を上げる

「失点のうち70パーセントを奪三振、与四死球、被本塁打で説明できる」と記したが、そうなると、残りの30パーセントは何で決まるのか。

ここに関わってくるのが、23ページでも解説した打球の管理能力である。内野フライ＜ゴロ＜外野フライ＜ライナーと、リスクが上がっていく中で、いかにアウトの確率が高い打球を打たせることができるか。打球を意図的に管理できる投手ほど、失点のリスクを抑えることが可能となる。

ただ、打球の中でもっともリスクが低い内野フライは、全イベントの5パーセント程度であり、狙って打たせるのは至難の業。投手が考えるべきことは、どうやってゴロを打たせるか。ゴロであれば、フェンス越えのホームランを完全に封じ込めることができる。

じつは、いわゆる『フライボール革命』の根源はここにある。投手が失点のリスクを低くするために三振やゴロを狙う一方で、打者は打球に角度を付けて、外野フライやライナーを打つ。ゴロになりやすい低めのツーシームであっても、アッパースイング気味にバットを入れて、角度を出そうとしているのである。ゴロを打つとMLB特有の極端な守備シフトの網に引っかかってしまうこともあるため、フライの打球を増やすことで得点も増やすことを狙っている。

しかし、高校野球も含めて、年齢層が低い世代の野球になると「ゴロを打て。ゴロを打てば何かが起きる！」と教えている指導者が今も多いと聞く。投手がやりたいことに対して、打者側がわざわざ合わせていることになってしまう。

ゴロの場合は、内野手が捕る、一塁手に送球する、一塁手が捕球する。この3つのプレーが必要になるため、ただ捕るだけのフライに比べると、「何かが起きる！」という考えに至るようだ。実際、守備力が低いレベルでは「何かが起きる」こともあるが、レベルが上がれば上がるほど、「何も起きない」ことのほうが圧倒的に多い。小さい頃からゴロを打つバッティングが身に付いてしまうと、それを変えていくのはなかなか難しいのではないだろうか。

リスク管理の話に戻る。奪三振が一番の理想であるのは間違いないが、投手の誰もがすべて三振を取れるわけではない。「打たせて取るタイプ」もいるわけで、三振が難しければ、ゴロを打たせることを第一に考える。狙ってゴロを打たせられるようになれば、失点のリスクはおのずと下がっていく。

【ＭＬＢの日本人投手のリスク管理】を示したのが、表４になる。「三振＋内野フライ＝完全アウト」と定義づけ、「完全アウト＋ゴロ」の割合が60パー

［表4］MLBの日本人投手のリスク管理

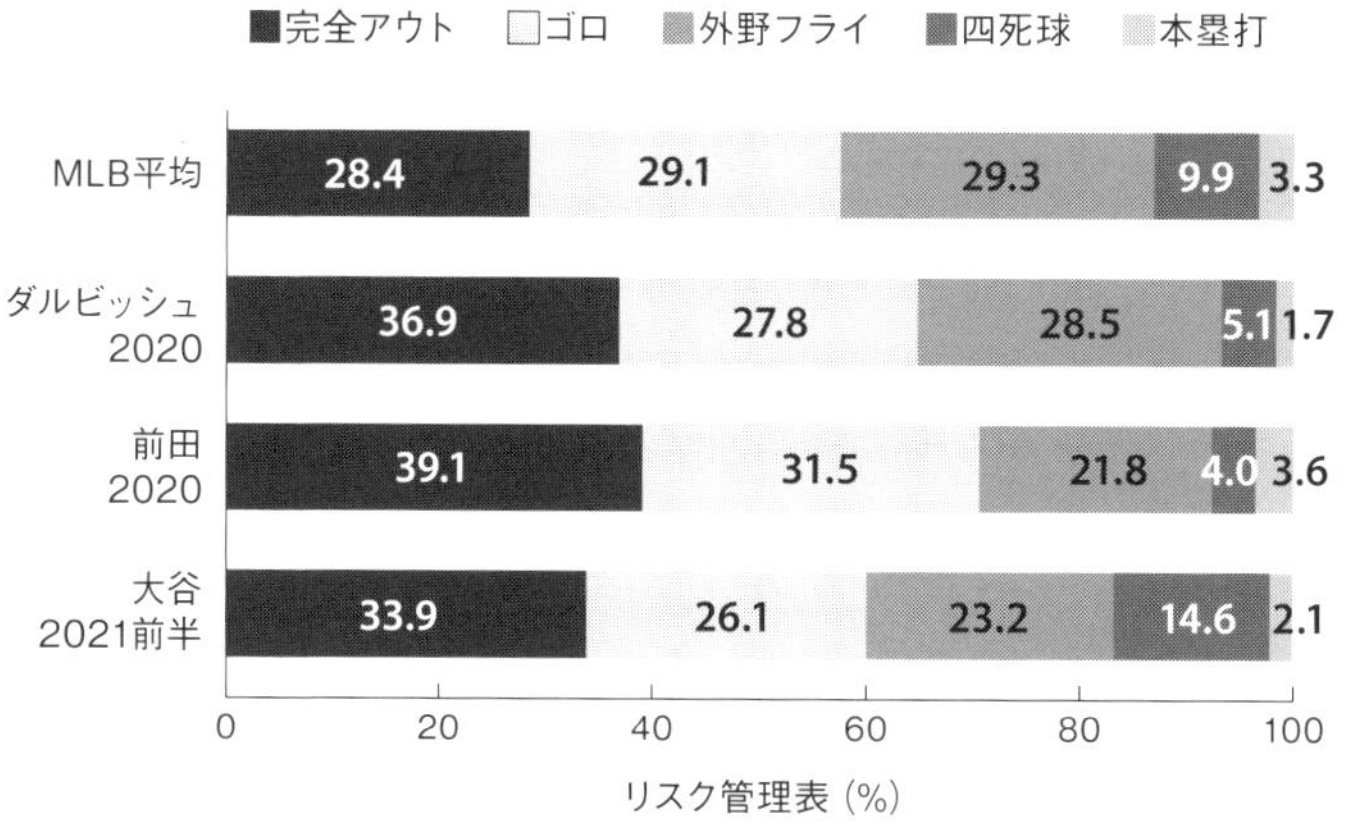

セントを超えている投手は、リスク管理に優れていると評価できる。

２０２０年のＭＬＢ平均を見ると、完全アウト28・４パーセント＋ゴロ29・１パーセント＝57・５パーセント。ダルビッシュ有投手（サンディエゴ・パドレス）は完全アウト36・９パーセント＋ゴロ27・８パーセント＝64・７パーセントで、前田健太投手（ミネソタ・ツインズ）に至っては完全アウト39・１パーセント＋ゴロ31・５パーセント＝70・６パーセントとハイアベレージをマークしている。

ダルビッシュ投手のタイプは「奪三振特化型」で、ＮＰＢで見ると千賀投手や則本昂大投手（東北楽天ゴールデンイーグルス）が同じタイプになる。

前田投手は奪三振もゴロも多く、両者を合わせた「ハイブリッド型」。ＮＰＢでたとえるのなら、菅野智之投手（読売ジャイアンツ）や山本由伸投手がこのタイプに当たる。２０１４年にニューヨーク・ヤンキースと大型契約を結んだ田中将大投手（東北楽天ゴールデンイーグルス）は、三振奪取能力とともに、ゴロを打たせる能力が高く評価されていた。実際に、ＭＬＢでは投手の評価方法のひとつとして、「ハイブリッドなピッチャー」という表現が普及している。何年にも渡って200イニング以上投げる先発型は、ハイブリッドタイプが多い。

そのほかには、「ゴロ型」もある。完全アウトが少なく、ゴロの割合が多いタイプであり、NPBではサイドスローから動くボールを操る青柳晃洋投手（阪神タイガース）やC．C．メルセデス投手（読売ジャイアンツ）がその代表例となる。

では、二刀流で活躍する大谷投手はどんな数字を残しているのだろうか。

MLB平均に比べて完全アウトの割合が高いことがわかる。特に2021年前半は、完全アウトが33・9パーセントとキャリアハイの数字を残した。タイプで言えば、「奪三振特化型」となる。三振を奪う力は、MLBの中でも上位の力を持っている。

今後、さらに安定感を求めていくには、四死球の割合を減らす必要が出てくるだろう。今のスタイルでは球数がどうしても増えるため、長いイニングを投げるのがなかなか難しい。四死球の割合がMLB平均に落ち着いてくれば、失点のリスクもおのずと下がってくるはずだ。

さきほど紹介したFIPは細かい計算式が必要であったが、このリスク管理表であれば、スコアブックから容易に導き出すことができる。ヒットかアウトかの結果は気にする必要がないので、投手対打者のイベントだけを集計して、完全アウト(三振+内野フライ)+ゴロの割合を計算してみてほしい。この数字を知ることが、自分自身のタイプを知る第一歩にもなるはずだ。後述するが、これは自身の球質を推察し、目指す投手像を考えることにもつながる。

仮に、完全アウトがほかのピッチャーよりも多いのであれば、「自分のフォーシームは、ホップ成分(54ページ参照)が多いのでは?」と推測することもできる。それならば、高めのフォーシームを積極的に使っていくのもひとつの手だ。

逆に、完全アウトが少なく、ゴロアウトが多いタイプなら、自分が思っている以上に打者の手元でボールが動いている可能性がある。低めのコントロールを磨くことで、自分の良さをより生かすことができるかもしれない。

球速が上がれば上がるほど空振り割合が増える

リスク管理の重要性を理解してもらったうえで、「リスクを抑えるために必要なボール」について解説していきたい。

それを知るためには、まず打者がバッテリー間18・44メートルの距離で、ボールとのタイミングをどのように測っているかを認識しておく必要がある。

140キロの球の場合、投手の手からボールが離れてから、打者に到達するまで約0・45秒かかる。打者は、「スイングする！」と決めてからインパクトを迎えるまで、どんな一流打者でも0・26秒（脳から筋肉への指令に要する時間0・1秒＋バットスイング時間0・16秒）かかり、ここだけは絶対に変えられない「不変期」と形容される。140キロの球を打とうと思えば、残りの0・19秒で球を見極め、打つか打たないかの判断をしなければならない（出典：Watts R.G.,

Bahill A.T.,〈1990〉)。

しかも、フォーシームだけでなく変化球も混ざるため、速いフォーシームだけにタイミングを合わせていたら、緩急差のある変化球に対応できなくなってしまう。そう考えると、球のスピードが速ければ速いほど、打者は見極める時間が短くなる。

スピードが速いことによって、投手側にどんなメリットが生まれるのか。いくつかのデータで紹介していきたい。

表5は【フォーシームの球速とストライクゾーンスイング率／ボールゾーンスイング率】を示したものである。球速が上がれば上がるほど、ストライクゾーンもボールゾーンもスイング率が上がっているのがわかる。投手からしてみれば、ボールゾーンを振ってくれることほどありがたいものはない。

打者の視点で考えると、「見極める時間が短い＝ストライク・ボールの判断が難しい」ということになる。高めのボール球の速球に、ついつい手が出てしまうのはそのためだ。テレビで見ていると、贔屓チームの打者が高めのボール球に手を出すと、「見逃せばいいのに……！」と声が出ることもあるだろうが、それは打者本人が一番わかっていることだ。

ならば、振った結果はどうなのか。【フォーシームの球速とストライクゾーン空振り率／ボールゾーン空振り率】（表6）を見ると一目瞭然。球速が上がるほど、ストライクゾーンでもボールゾーンでも全スイングに占める空振り割合が高くなっている。バットに当てさせないことが、最大のリスク回避だと考えれば、かなり意味のあるデータだと言えるだろう。

続いて【フォーシームの球速とスイング結果の関係性】を示したのが表7になる。投球速度が高まれば高まるほど、ライナー＋外野フライの割合が下がり、空振りの割合が増えていく。

表8の【過去10年の年度別フォーシームの平均球速】に示しているとおり、MLBの平均球速はここ10年で1・6キロほど速くなった。ひとりの投手の最速ではなく、平均が150・8キロである。日本のプロ野球では、今はまだ考えられないことだろう。計測機器が異なるため、おおよその数字ではあるが、私がサポ

［**表5**］フォーシームの球速とストライクゾーンスイング率／ボールゾーンスイング率

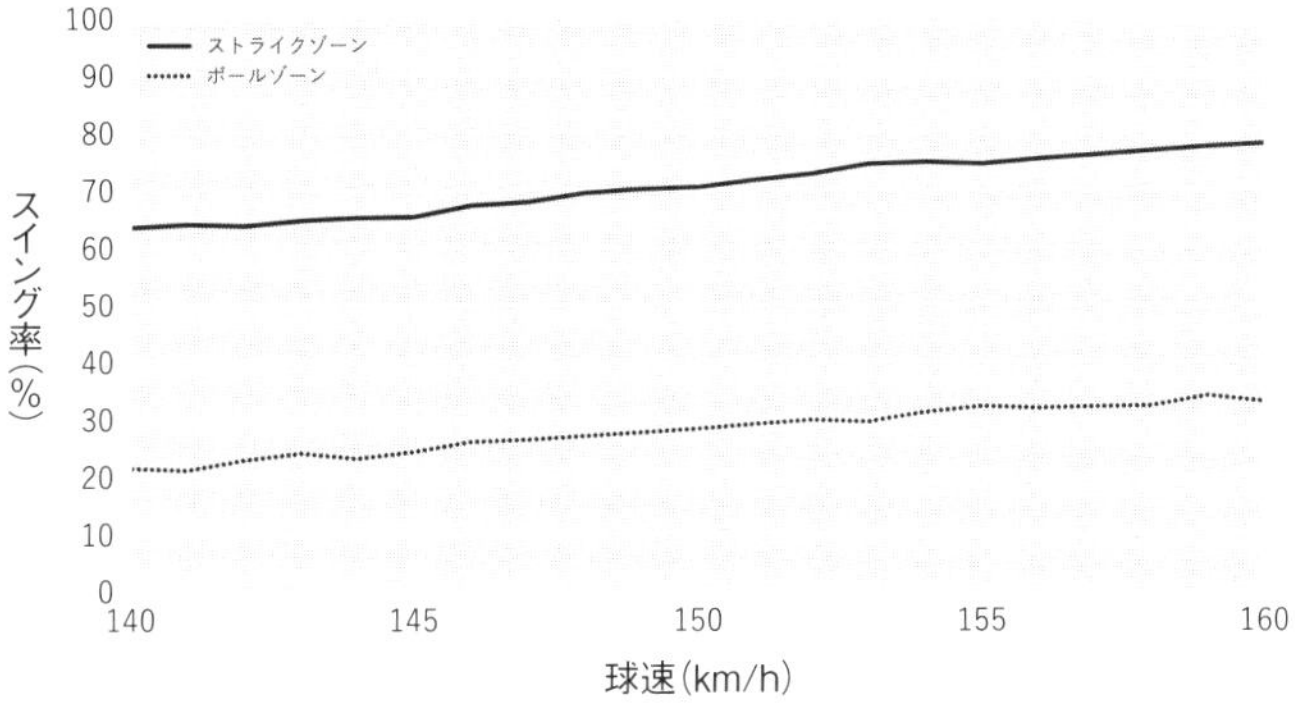

［**表6**］フォーシームの球速とストライクゾーン空振り率／ボールゾーン空振り率

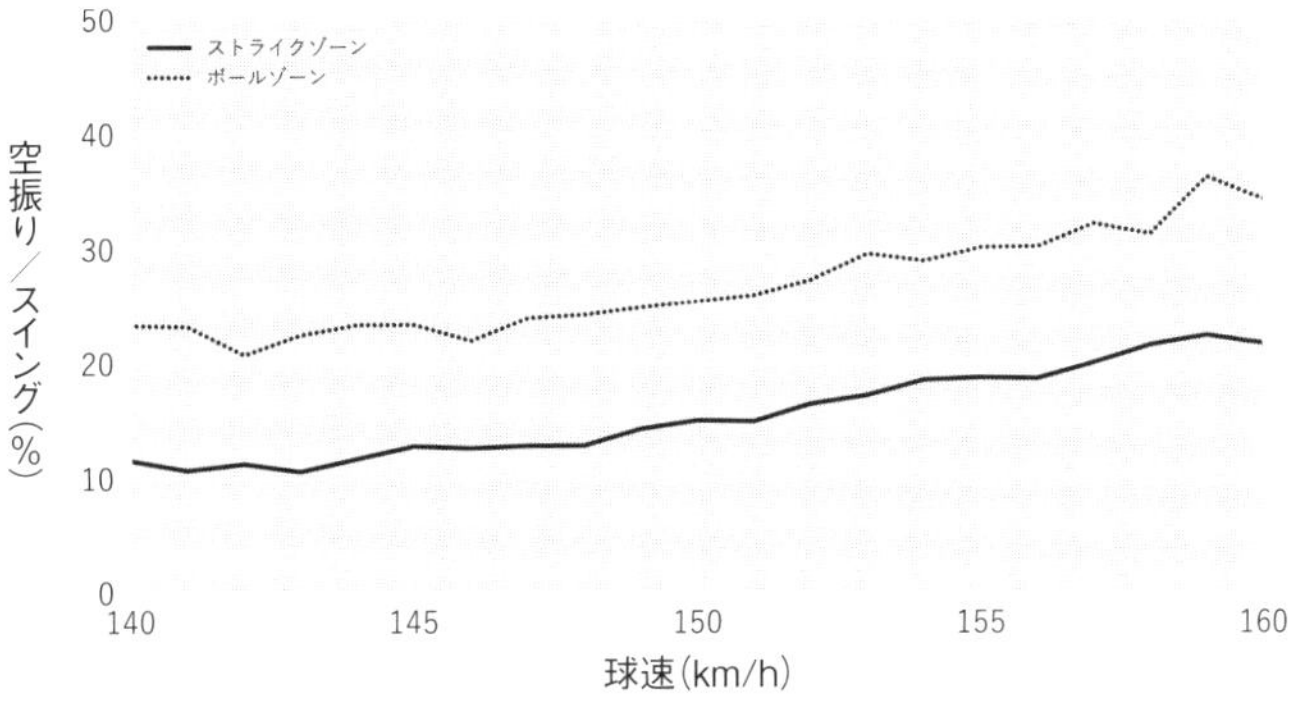

［表7］フォーシームの球速とスイング結果の関係性

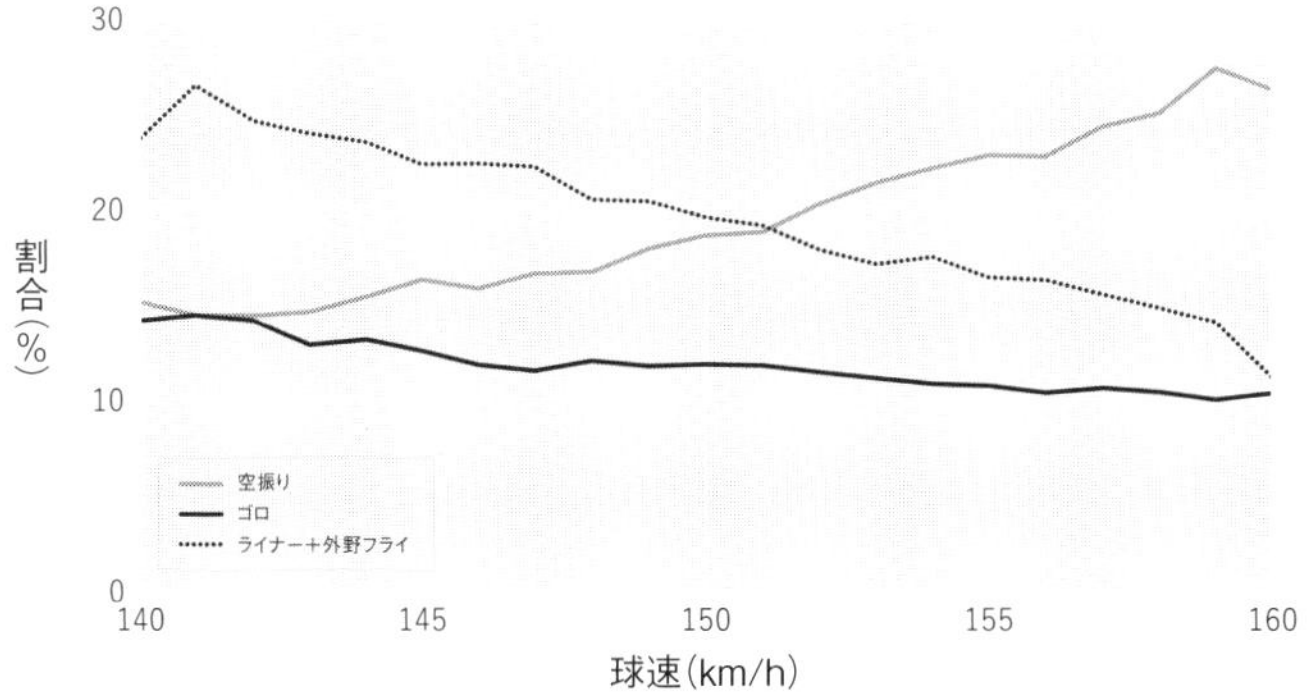

［表8］過去10年の年度別フォーシームの平均球速

年度	球速（km/h）
2012	149.2
2013	149.5
2014	149.8
2015	150.1
2016	150.3
2017	150.4
2018	150.0
2019	150.4
2020	150.4
2021	150.8

ートした選手たちのデータを見てみると、ＮＰＢ投手は約１４５キロ、大学生投手は約１４０キロ、高校生投手は約１３５キロ、このあたりがフォーシームの平均球速と考えていいだろう。

２１３ページから秋山翔吾選手のインタビューを掲載しているが、ＮＰＢとＭＬＢの大きな違いにフォーシームのスピードを挙げていた。体感で５～７キロほど速い印象を持ったという。速さに対応するために、バッティングを変える必要があったと語っている。なかなか興味深い話なので、ぜひ読んでみてほしい。

球速を上げるために、アメリカでは通常の硬式球よりも重たいボール（Weighted Ball）を投げるトレーニングが流行っている。シアトルにある『ドライブライン・ベースボール』という施設での取り組みが有名で、日本の球団からも投手を派遣した事例がある。

ただ、研究結果によると「６週間のトレーニングによって、３・３パーセントの球速の増加が認められた一方で、トレーニングを行った投手のうち24パーセントがヒジに障害を負った」（出典：Reinold, M. M., Macrina, L. C., Fleisig, G. S., Aune,

K. & Andrews. J. R.〈2018〉）との報告があり、障害のリスクもある。どんなトレーニングも万能なものはなく、やりすぎや、やり方の違いによって、副作用は生まれるものだ。当然、個々の体格も筋力も違う。これらのことを頭に入れたうえで、トレーニングに励みたい。

今はトレーニング理論が発達し、食事に関する知識も広まっている。体を作ること、筋量を増やすことに関しては、以前とは比べられないほど充実した環境にある。日本のプロ野球を見ていても、20代後半でフォーシームのスピードが3～5キロ増える投手がいる。技術的にフォームを固めることも必要ではあるが、現役生活を続けている限り、土台となる体を鍛えるのも同じように大事であることは間違いない。

球速が上がるほど打球の角度は下がる

スピードが速いことのメリットはまだまだある。

表9は【フォーシームの球速と打球速度／打球角度の関係】を示している。速い球をバットの芯で捉えられたとき、鋭い打球をはじき返されている印象があるかもしれないが、実際のところはそうではない。ほぼ横ばいであり、155キロを境にして打球速度は落ちていく。

打球角度のほうは、145キロあたりを基点にして徐々に下がっている。角度が下がれば下がるほど、バレルゾーン（181ページ参照）に入る長打の割合は減っていくわけで、投手自身のリスクを下げることにつながる。

実際に【フォーシームの速球と安打割合／長打割合の関係】（表10）を見ると、安打割合には目立った特徴は出ていないが、長打割合は下がっているのがわかる

［表9］フォーシームの球速と打球速度／打球角度の関係

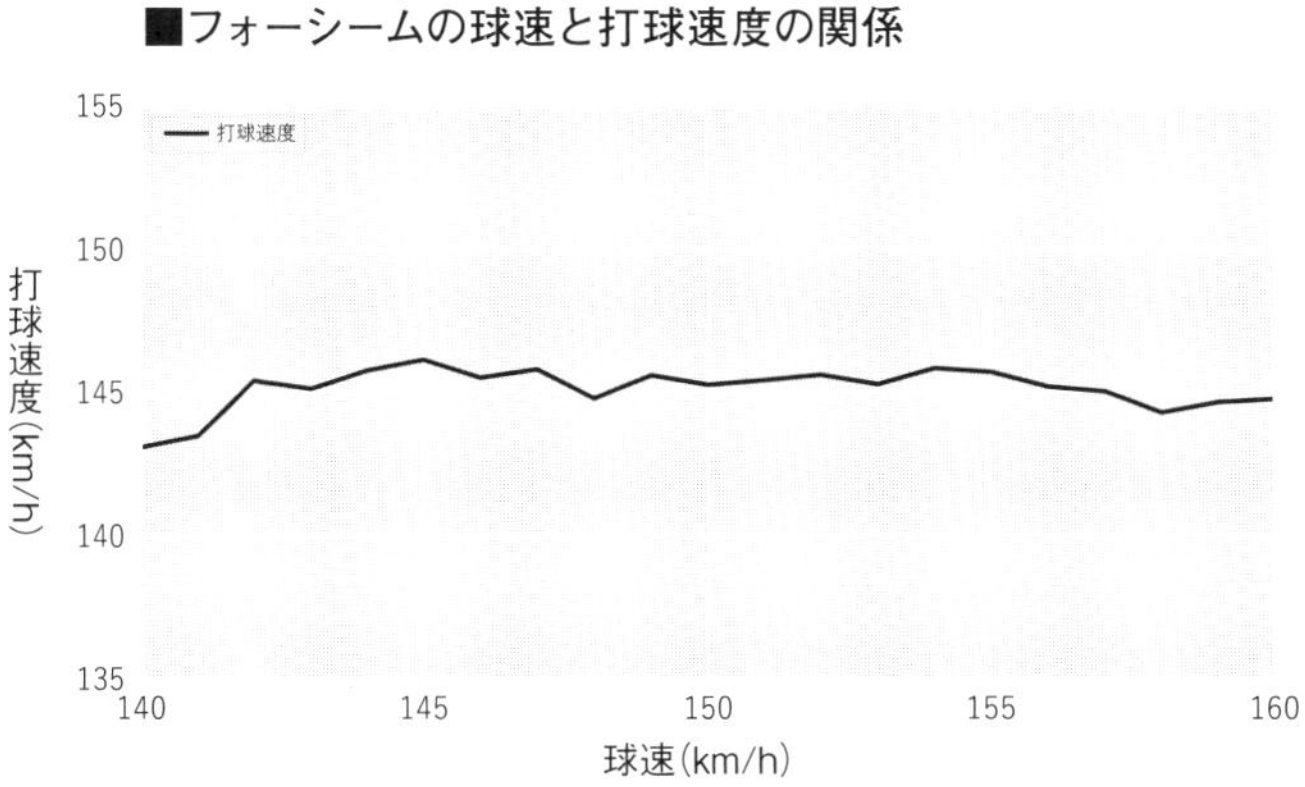

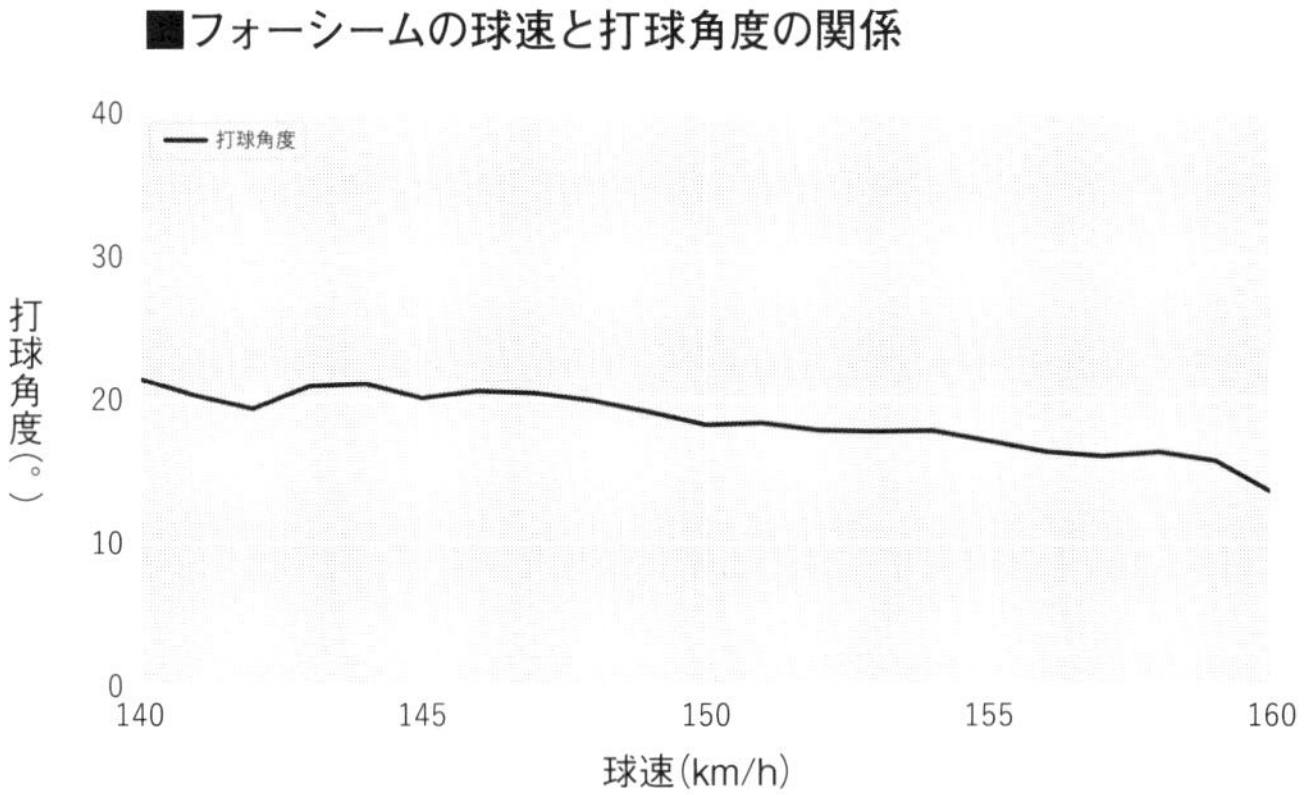

はずだ。

なぜ、速い球を打とうとすると、打球の角度が出づらくなるのか。これには、明確な理由がある。バットスイング軌道は、真横から見て「U」や「V」のようなイメージで表現されることがあるが、「U」や「V」の最下点から、バットが上がるところでボールを捉えることによって打球に角度が付く。軌道の後半になると、バットが加速された状態でインパクトを抑えやすいので、打球の速度も高まりやすい。

これが、フォーシームの球速が速いと、どうしても差し込まれる可能性が高くな

［表10］フォーシームの球速と安打割合／長打割合の関係

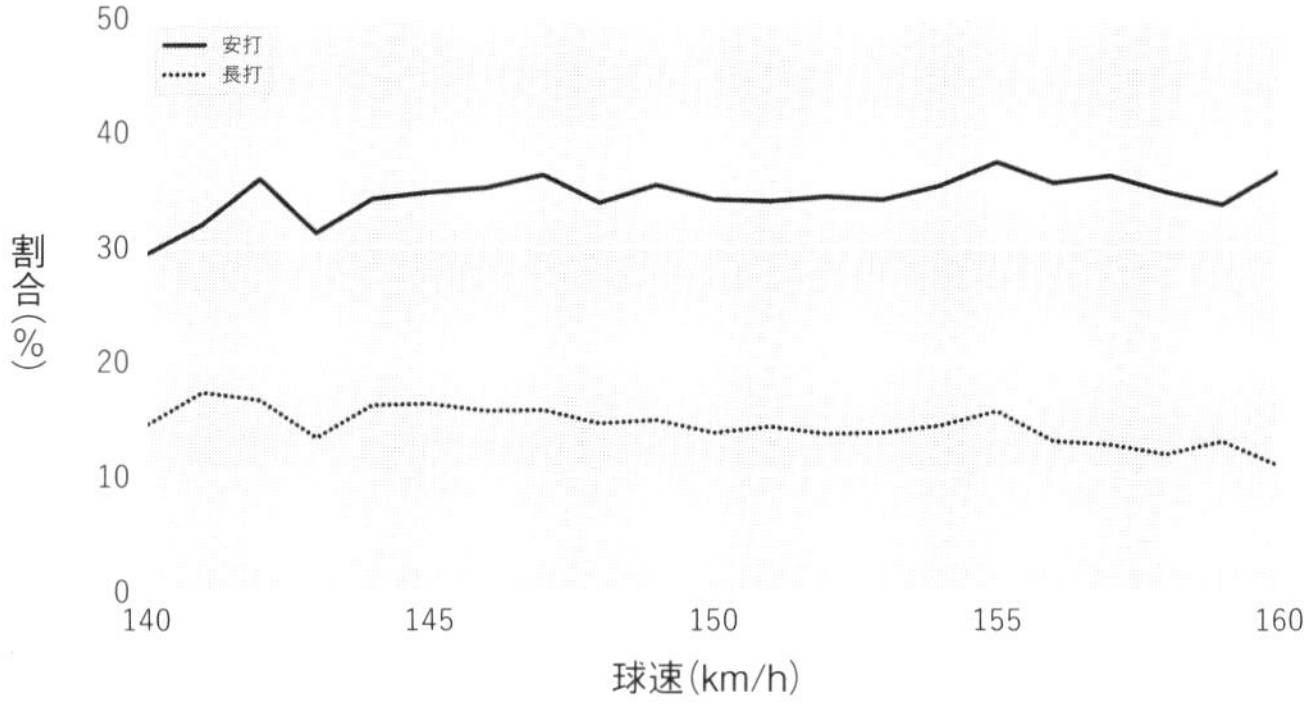

る。差し込まれたときには、バットが上がる前のダウン局面でバットとボールが当たっていることが多く、このミートポイントでは長打につながる角度を生み出すのは難しい。いわゆる「ポイントが後ろ」と呼ばれる打ち方である。

打球角度が下がることは、【フォーシームの球速と打球結果の関係】（表11）を見るとわかりやすいはずだ。１４７キロあたりを境にして、ゴロの割合が一気に増えるとともに、フライの割合がじりじりと下がっていく。ゴロを打たせるときに、低めに変化球を丁寧に投げて……、というイメージを持つ人がいると思うが、それだけではなく、球速を高めることもゴロを増やすことにつながっていくのだ。

さらに、打者は「差し込まれたくない」と思うと、本能的にミートポイントを前に持っていきたくなる習性があり、早いタイミングで振り出そうとする。速いフォーシームに詰まることを嫌う打者は多い。

この結果、何が起きるかというと、フォーシームよりも遅い変化球を待ち切れなくなる。データでよくわかるのが、表12の【フォーシームの平均球速とスライダーの空振り割合の関係】だ。フォーシームの平均球速が上がっていくと、スラ

［表11］フォーシームの球速と打球結果の関係

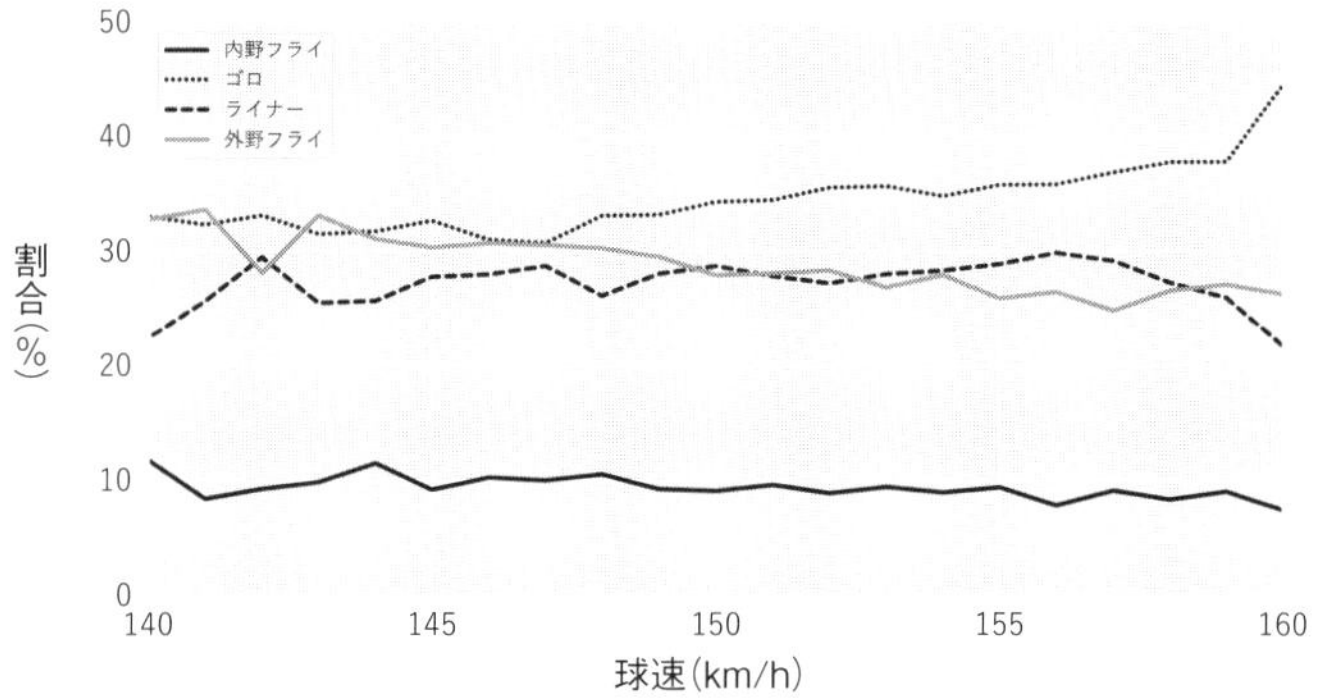

［表12］フォーシームの平均球速とスライダーの空振り割合の関係

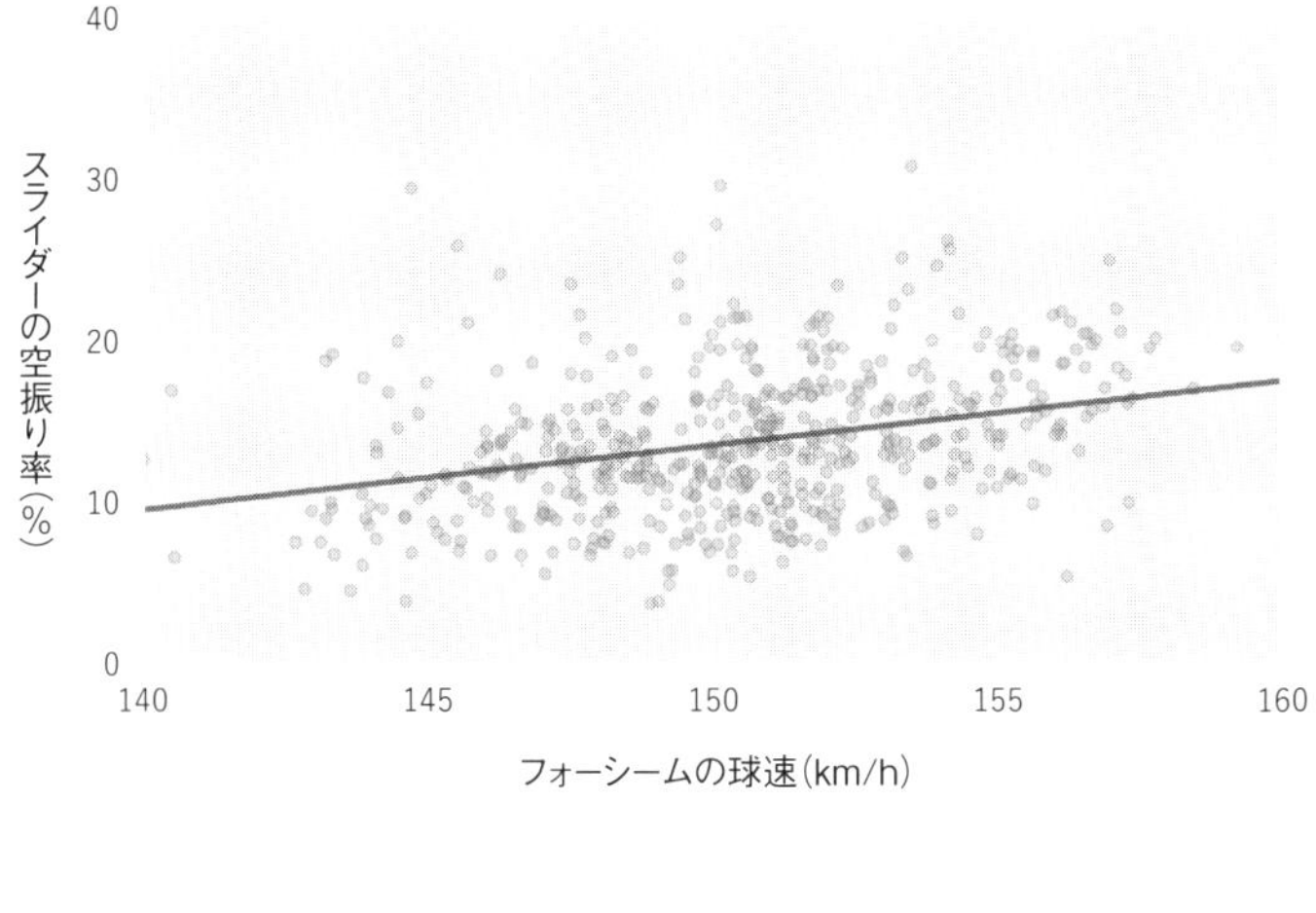

イダーの空振り割合も右肩上がりで徐々に増えていく。フォーシームの球速アップに焦点を当てることによって、変化球も効果的に使えるようになる。

「回転数」だけでなく「回転軸」に着目する

とはいっても、「球速がすべて」と言い切れるほど、投手対打者の関係性は単純なものではない。トップレベルで勝つためのピッチングを目指すのであれば、「球速」だけでなく「球質」も大事になってくる。続いて、球の質について詳しく見ていきたい。

近年、回転数を計測できる機器が普及した影響で、「回転数が多い＝球の質が良い」と評価される風潮があるが、決して単純にそうではないことを知っておいてほしい。

おそらくは「回転数が多いと、伸びるフォーシームにつながる」、もっと細かく言えば「回転数が多いと、ボールを持ち上げる揚力の働きが強くなり、ボールの変化も大きくなる＝伸びるフォーシームにつながる」という解釈をしている人が多いのではないだろうか。厳密には、投手のリリースから捕手が捕球するまでの間に、ボールが伸びることは物理的にありえないので、正しい表現は「落ちにくいフォーシーム」となる。

たしかに、ボールにバックスピン（＝ボールの回転軸が進行方向と直角）がかかると、周りの空気の流れが変わり、ボールの上と下で圧力の差が生じる。これにより、重力とは反対方向にボールを持ち上げようとする揚力が働く（＝マグヌス効果／表13）。ただし、ここでは「バックスピンがかかっていること」が、重要なカギとなる。これが、ジャイロスピン（＝ボールの回転軸が進行方向と平行）がかかっていると、空気の流れが変わらずに揚力が発生しなくなる（表14）。

ジャイロスピン＝スライダーのイメージを持っている読者が多いかもしれないが、じつはそうではない。フォーシームであってもジャイロスピンがかかっている投手が多く、この場合はどれだけ回転数が増えても、落ちにくいフォーシーム

［表13］マグヌス効果の説明

■ボールに作用する力

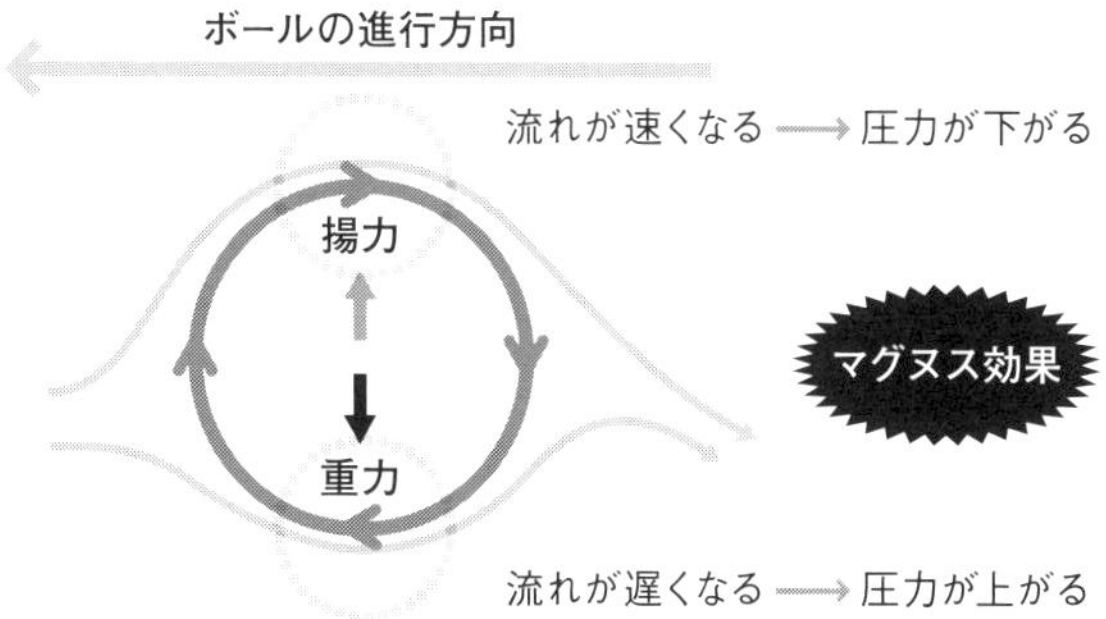

［表14］マグヌス効果が生まれない場合

■もしジャイロ回転していたら…

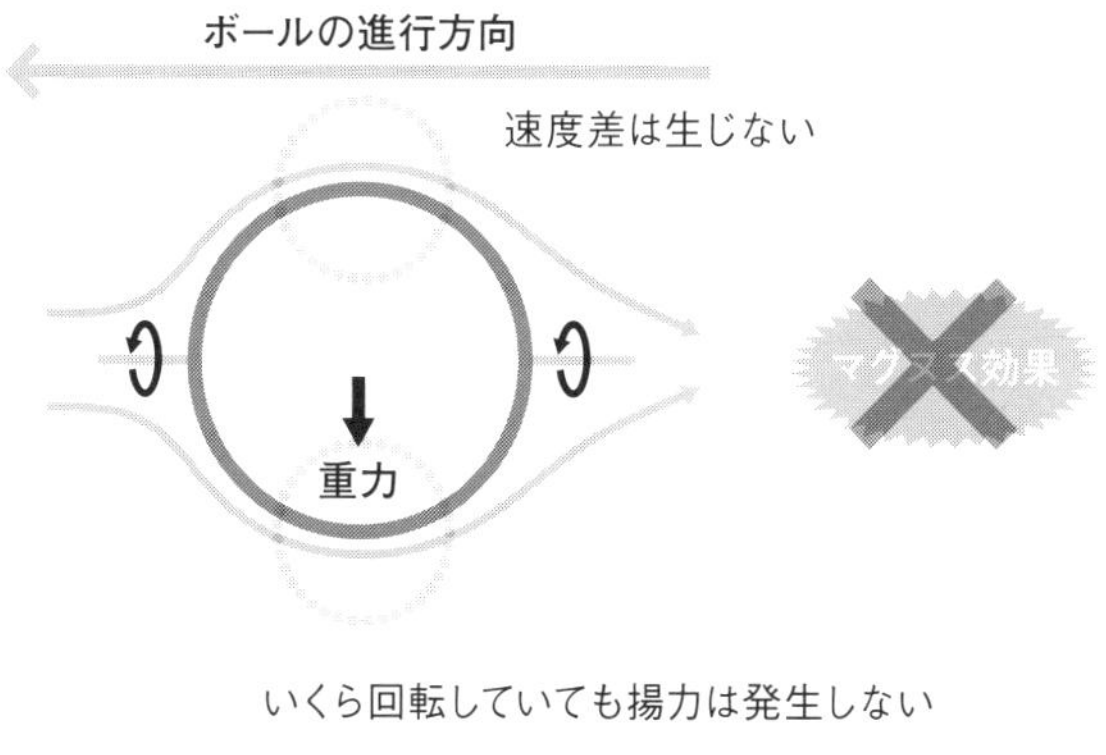

ではなくなるのだ。すなわち、回転数だけでは球の質を測れないことになる。

表16は、リリースの瞬間を上から見たイラストになる。αは回転軸の角度を示したものであり、投球方向に対して90度の軸でリリースできれば、純正なバックスピンがかかる。手の平が真っすぐ捕手方向に向いた状態で、リリースしていることになる。

ただし、これはかなり難しい技術だ。表15にあるように、どの世代の投手であっても、多少なりとも回転軸が傾き、ジャイロスピンの成分が入っている（出典：神事努〈2013〉）。右投手であれば手の平が一塁ベンチ側に傾き、小指からリリースしているイメージだ。プロ野球の投手でさえも回転軸の平均角度は70度であることがわかっている。俗に「真っスラ回転」のフォーシームを投げている投手は、回転軸の傾きが強いと考えられる。

若い世代ほど回転軸が傾いているのは、手の大きさと関係している。特に子どもたちは、まだ指が短いためにボールの中心をしっかりとつかむことができない。必然的に浅い握りにならざるをえず、極端なことを言えばドッジボールを握って

［**表15**］ボール回転軸角度α

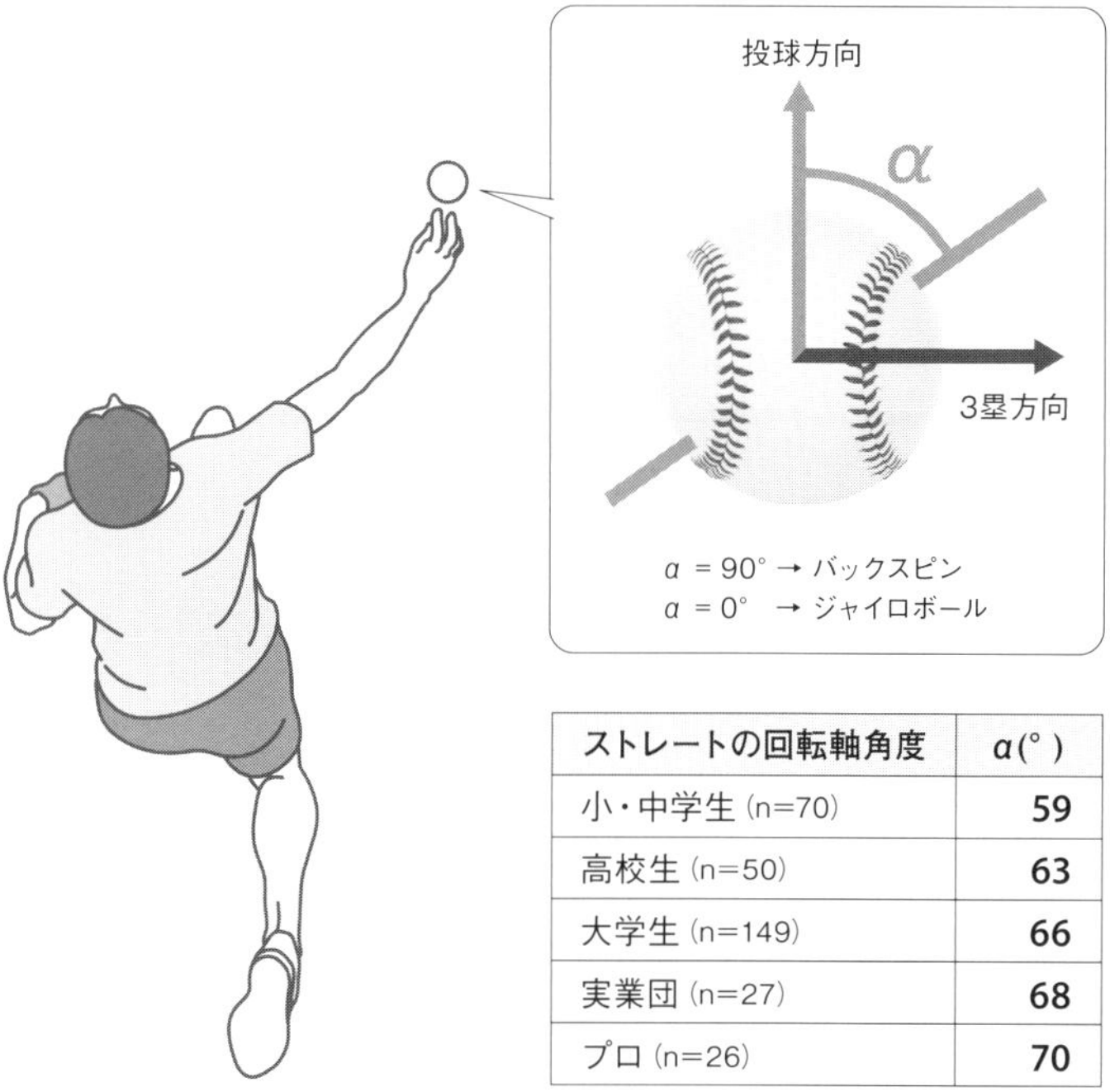

ストレートの回転軸角度	α(°)
小・中学生 (n=70)	59
高校生 (n=50)	63
大学生 (n=149)	66
実業団 (n=27)	68
プロ (n=26)	70

いる感じになるのだ。ボールの回転を制御するのが難しく、リリースでボールがどこかに飛んでいかないように押さえ込んで投げようとする。こうなると、ジャイロ回転になりやすい。ある意味では仕方ないことなので、手の大きさが大人に近づくまでは、細かい回転などとは言わずに、さまざまな動きを獲得することに重きを置くほうがいいかもしれない。

149ページからの平良海馬投手のインタビューでも触れているが、平良投手はフォーシームの質を高めるために、回転軸の角度を90度に近づける取り組みを続けてきた。すでに報道されているように、平良投手は先発で勝負したい願望がある。先発で長いイニングを投げるには「空振りを奪える伸びるフォーシーム」が必要だと自覚し、自分でラプソードを購入して、回転数だけでなく回転軸にも意識を向けるようになった。詳しい数字は明かせないが、回転軸は90度に少しずつ近づいている。

「ボールの変化量」を知ることで自分の特徴がわかる

「球質」という観点から、今大きな注目を集めているのが「ボールの変化量」である。

ラプソードやトラックマンの普及により、ボールの縦と横の変化量が「何センチ」という細かい単位でわかるようになった。とてつもない技術革新であり、自分の変化球がどのぐらい曲がっているのか、定量的に評価できるようになったのだ。「スライダーをあと3センチ曲げたい」と、目標の変化量を先に決めたうえで、ボールの回転軸や握りを微調整することも可能になった。

ダルビッシュ投手や、トレバー・バウアー投手（ロサンゼルス・ドジャース）は、こうしたやり方でピッチングをデザインしていると聞く。数年前までは考えられなかったことである。

変化量とは、回転によってボールがどれくらい変化したかを示した指標である。先述したように、回転したボールには揚力が働き、それによってボールが変化する。重力どおりに落下した位置を0とし、揚力による変化との差分を定量化しているのがこの指標である。

小難しい説明であったと思うので、実際に投球されたボールの例を見てみよう。縦軸と横軸が交わる0の位置を基点として、シュート成分、スライド成分、ホップ成分、ドロップ成分の4つのゾーンに分けて説明する（表16／17）。表18は【MLBの平均的なボールの変化量】を投手目線で示したもの、表19はMLBの各球種の平均球速や変化量、回転数や投球割合を一覧でまとめたものになる。

これを見てもらうと、先の説明よりもイメージがつきやすいはずだ。この変化量の最大の特徴は「スライダーはスライド方向に14・2センチ曲がっている」「フォーシームのシュート成分は平均18・3センチ」といったように球質を数値で表現できることである。野球界でよく言われる「手元で伸びるストレート（フォーシーム）」も、実はホップ成分を使って説明することができる。ホップ成分

［表16］ボールの変化量

■ボールの変化の大きさ

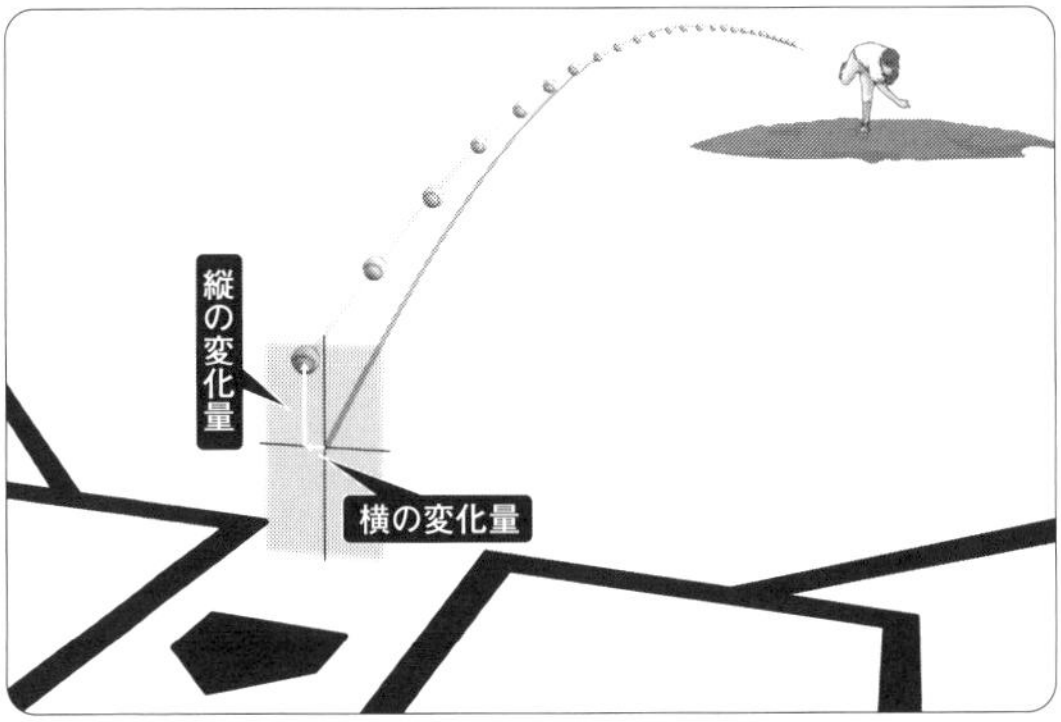

［表17］ボールの変化量の定義

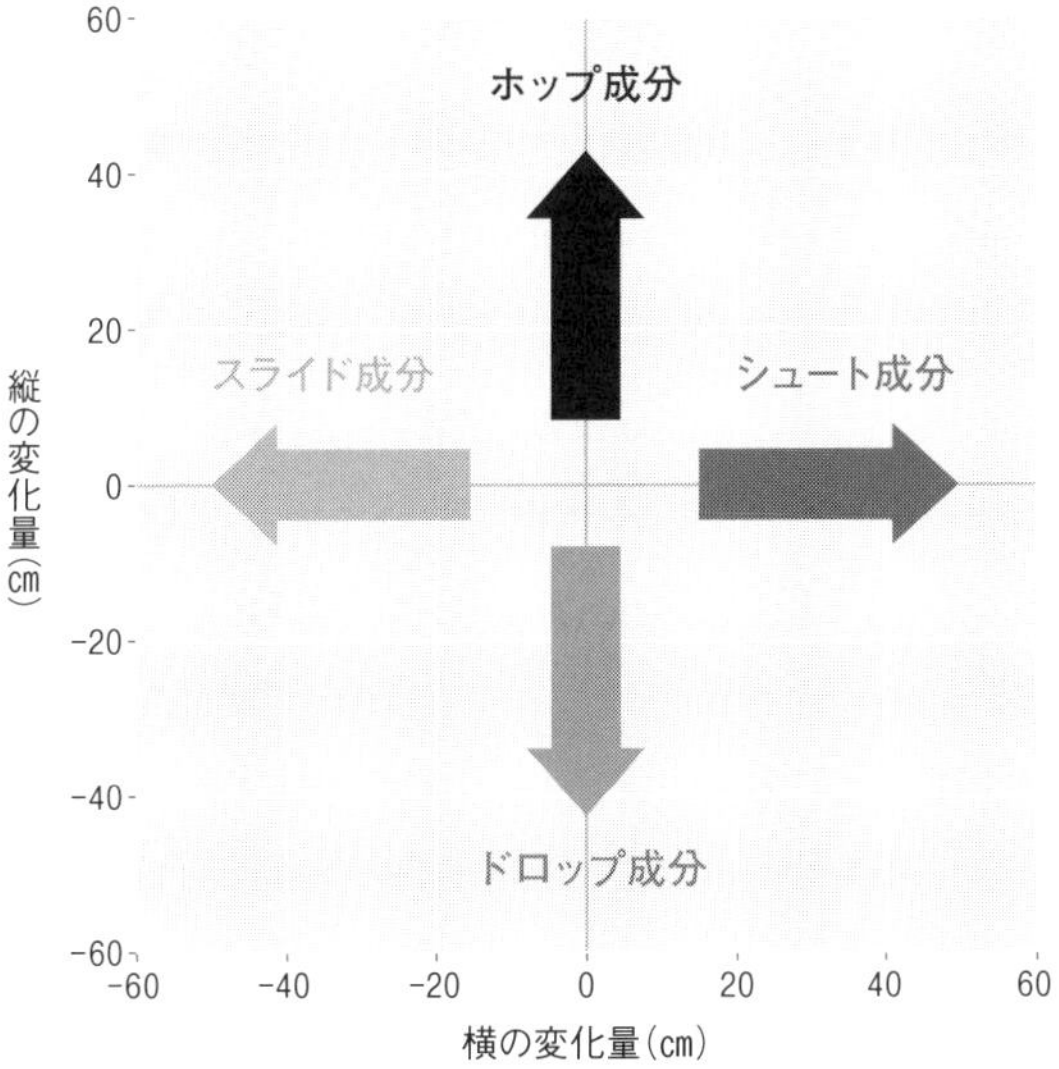

［表18］MLBの平均的なボール変化量

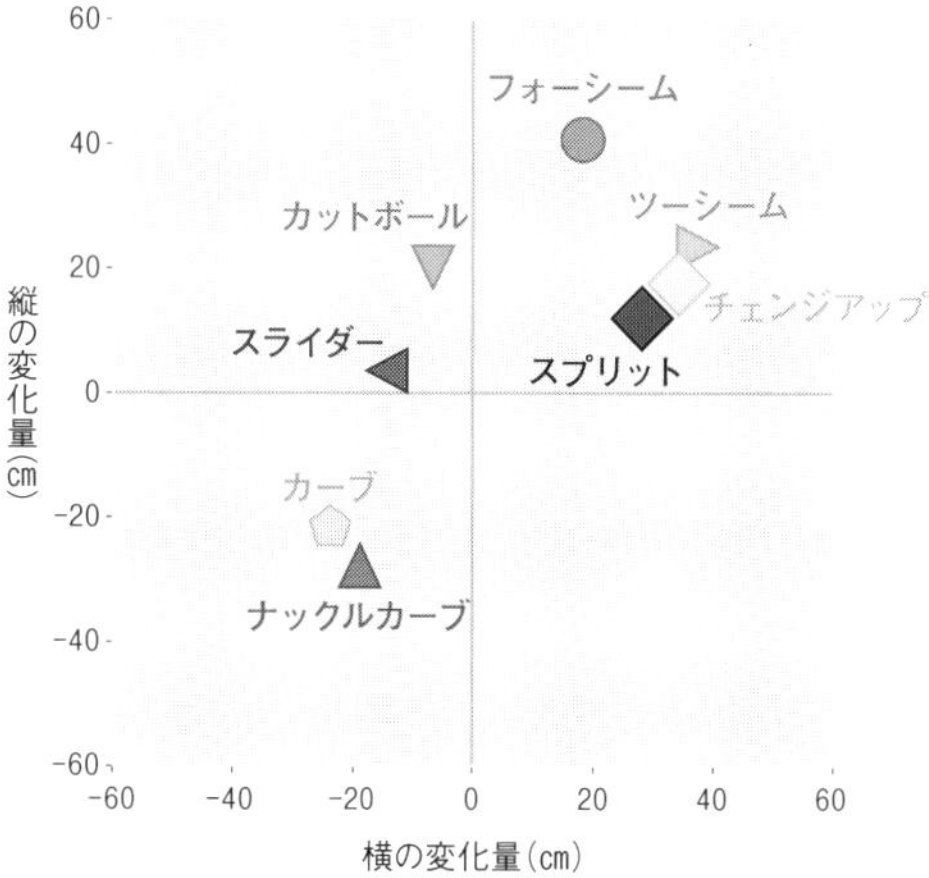

［表19］MLBの各球種の平均球速／投球割合ほか

球種	球速(km/h)	球速(%)	回転数(rpm)	ホップ成分(cm)	シュート成分(cm)	投球割合(%)
フォーシーム	150.2	99.9	2302.2	40.4	18.3	34.3
ツーシーム	149.3	99.6	2167.2	23.8	37.3	16.1
カットボール	142.0	95.5	2385.5	20.1	-6.8	6.6
スプリット	137.1	91.6	1475.4	12.4	28.0	1.7
チェンジアップ	135.9	91.2	1765.3	17.5	34.0	11.8
スライダー	135.8	90.2	2436.4	3.6	-14.2	17.8
ナックルカーブ	131.0	86.9	2534.4	-27.0	-18.2	2.3
カーブ	126.2	85.0	2531.5	-20.6	-23.4	9.4
ナックル	95.7	79.2	2850.8	8.9	-1.1	0

があればあるほど、空振り割合も増えていくことになる。

【フォーシームのホップ成分と空振り割合の関係】（表20）に示しているとおり、50センチのホップ成分があれば、25パーセントの確率で空振りを奪える。4回スイングしたうちの1回は空振りを取れると考えると、かなりの高確率だ。

このような変化量に関して、「ラプソードやトラックマンがないと測れないから、自分には関係ない」と思ってしまうのは、ちょっともったいない。34ページで記したように、フォーシームを投げたときに空振りが多いのか、フライが多い

［表20］フォーシームのホップ成分と空振り割合の関係

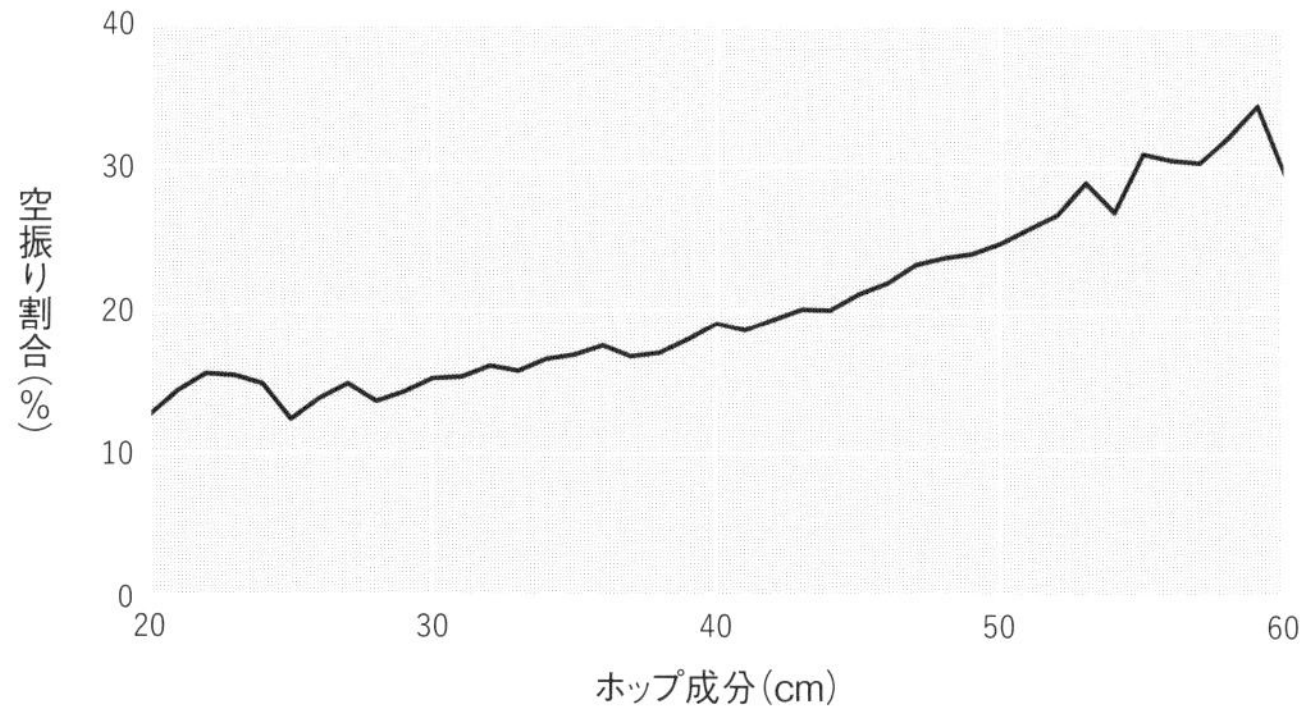

のか、あるいはゴロが多いのか。打撃結果を見ることで、自分の変化量をある程度は予測することができる。

また、スピードガンが一般に普及したのと同じように、近い将来にはボールの変化量を測るのが当たり前の時代が訪れると思っている。それぐらいテクノロジーは急速に発展していて、プレーヤーの技術向上をサポートしてくれている。

変化量を見るときに大事なのは、「平均的な変化量と比べて、どんな特徴を持っているのか」に尽きる。「外れ値」と表現されることもあるが、大きく曲がるスライダーや極端に落ちるスプリットは、打者にとっては見慣れていないボールになり、少ない打席の中で対応するのは難しくなる。

MLBで活躍する日本人投手それぞれの特徴

実際に、MLBで活躍する日本人投手は、どのような特徴を持っているのか。

少し見づらいところもあるかもしれないが、5人の投手のボール変化量を紹介していきたい。

【ダルビッシュ有投手（サンディエゴ・パドレス）】（表21）

灰色の◯がMLBの平均で、▷や◇が実際に投じたボールになる。

もっとも注目してほしいのが、スライダーの変化量だ。MLBの平均がスライド方向におよそ18センチで、ダルビッシュ投手のスライダーは42センチ前後のところに集まっている。曲がりすぎるぐらい曲がっているの

［**表21**］ダルビッシュ有投手のボール変化量　2020年

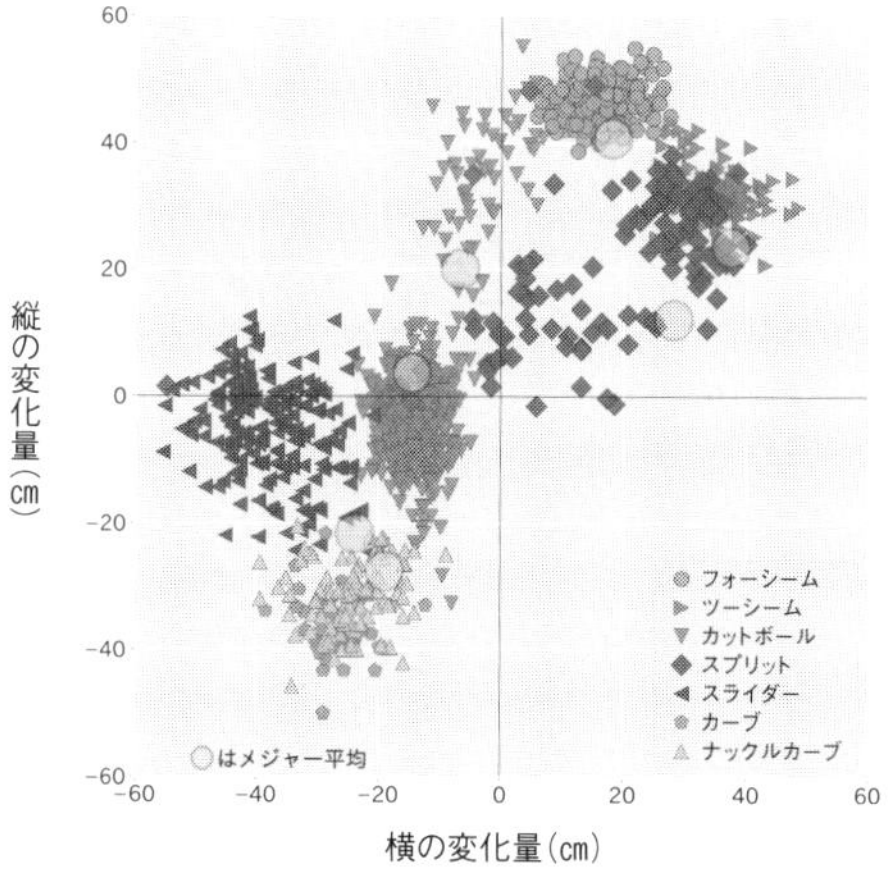

だ。右バッターからすると、振っても届かないところにまでボールが逃げていく。MLBでは「ブーメランスライダー」と呼ばれることもある。
数年前までは、フォーシームが「真っスラ気味」であったが、近年はホップ成分が非常に大きな球質に変貌し、空振りを量産する投手に進化している。

【田中将大投手（元ニューヨーク・ヤンキース）】（表22）
最大の武器であるスプリットは、非常に高速で落ちていく特徴を持つ。

［**表22**］田中将大投手のボール変化量　2020年

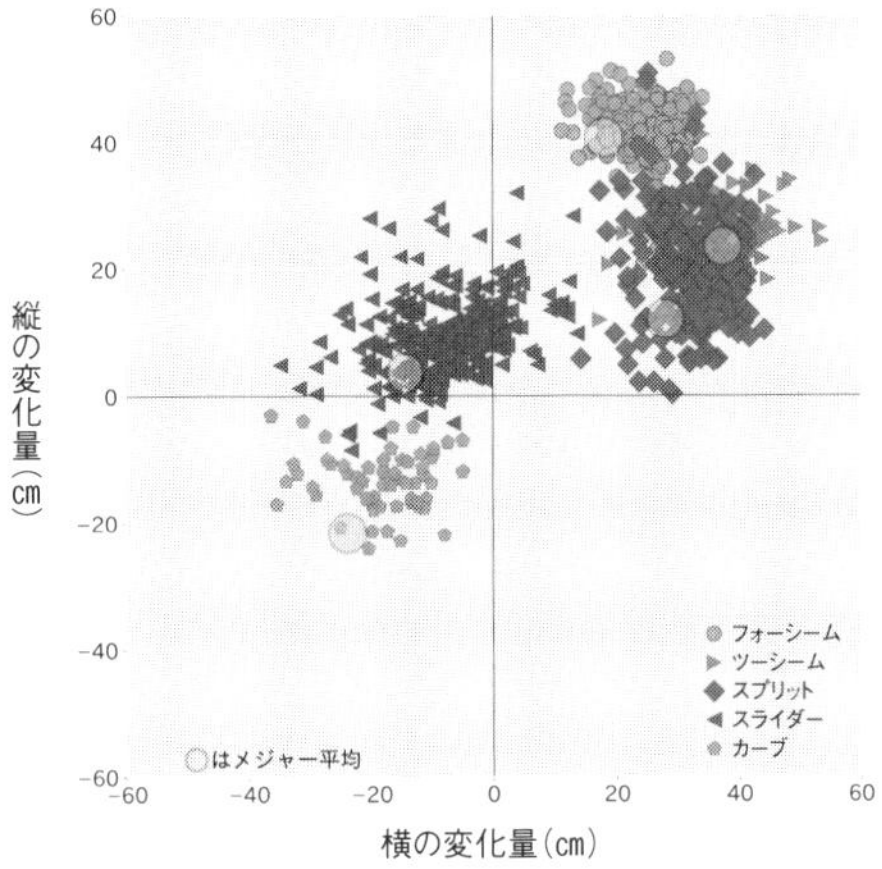

また、2019年以前には基点となる0の位置よりも、マイナス方向に落ちるスプリットも投球していた。

どこまで意識的にやっているかはわからないが、人差し指と中指でただ挟んで投げるだけではなく、トップスピン気味にボールに回転をかけている結果、落差の大きなスプリットが生まれていると推測できる。

NPBでも、トップスピンをかけたスプリットを操っている投手はいる。それでも、ごくごく稀であり、高度な技術が必要になるのは間違いない。

【前田健太投手（ミネソタ・ツインズ）】（表23）

前田投手の特徴は、田中投手と同じようなゾーンにトップスピン系のチェンジアップを投げ込んでいるところだ。MLB平均と比べると、20センチ以上もの落差があることがわかる。

2020年は、チェンジアップに対する全スイングのうち、じつに44・1パーセントの割合で空振りを奪った。ほぼ2球に1球、空振りを取っている計算だ。

「ほかの投手とは違う」ことは、投手にとっては大きな武器になる。
代名詞とも言えるスライダーは、変化の幅が大きい。小さくて速いスライダーと、球速を落とした曲がりの大きなスライダーを、意図的に投げ分けているのが見て取れる。こうした器用さこそが、MLBでローテーションを守り続けられる要因と言えるだろう。

【菊池雄星投手（シアトル・マリナーズ）】（表24）

菊池投手の武器は、MLB平均を

［**表23**］前田健太投手のボール変化量　2020年

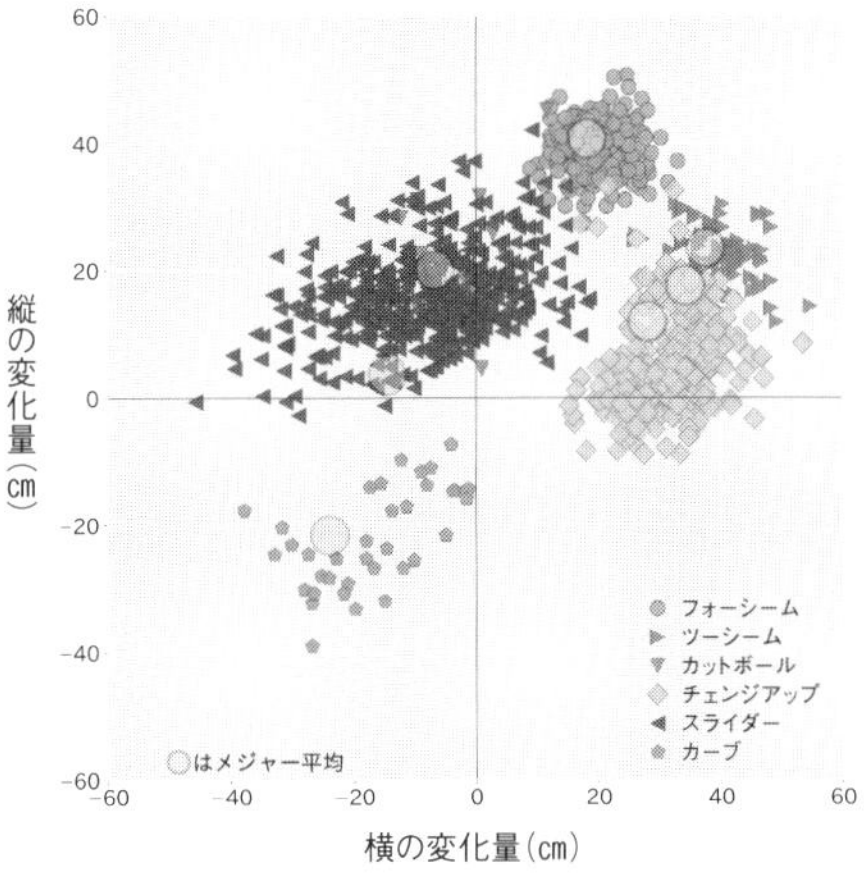

ト回るフォーシームのホップ成分にある。MLB移籍1年目の2019年は39・8センチだったが、2020年は46・6センチにまで伸び、空振り割合が14・5パーセントから27・9パーセントに向上した。

硬球の直径はおよそ7・3センチのため、1年間でボール1個分近く伸びている計算になる。打者からしてみると、まったく印象の違う投手に見えていることだろう。フォーシームの平均球速も148・8キロから152・9キロにアップし、増加幅を見れば、メジャー全体で3位、

［表24］菊池雄星投手のボール変化量　2020年

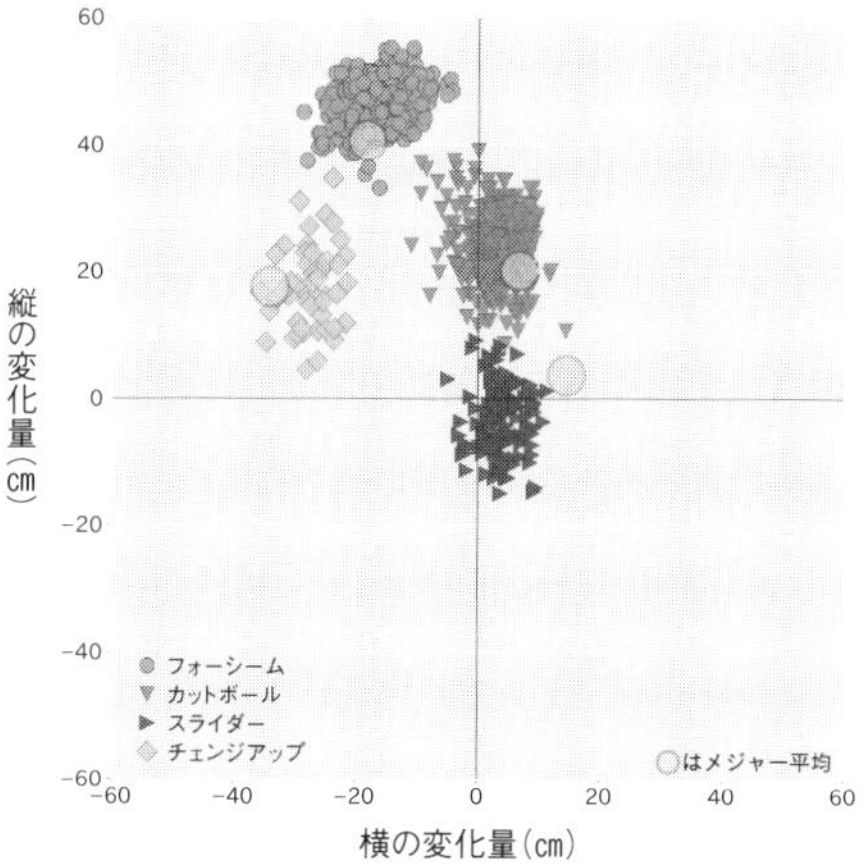

先発投手に限定すれば1位の伸び幅だった。

菊池投手は埼玉西武ライオンズでプレーしているときから、回転数や回転軸に強い関心を示し、データをうまく活用していた。MLBに渡ってから、その探求心がさらに深まり、ピッチングのレベルを上げている。

【大谷翔平投手（ロサンゼルス・エンゼルス）】（表25）

大谷投手のスプリットは、MLBでもトップクラスの落差を持つ。MLB平均の12センチに比べて、大谷

［**表25**］大谷翔平投手のボール変化量　2021年前半

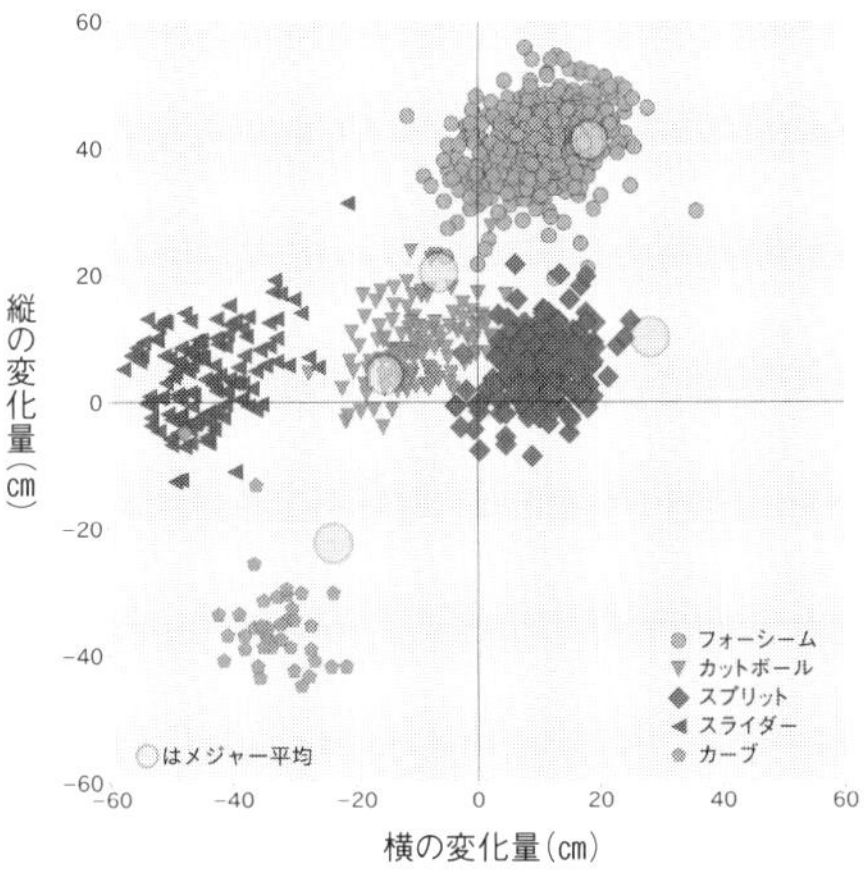

投手は7センチ。揚力が発生しない0に近い位置まで、ボールが落ちているのだ。スプリットの変化そのものに慣れていないMLBの打者にとっては、攻略が難しい球種と言えるだろう。

さらに特筆すべきは、スプリットの横への変化量が9・6センチと少ないことだ。MLB平均は28センチで、スプリットを武器にする田中将大投手でも32・6センチ、シュート方向に変化している。この数字から、「大谷投手のスプリットは、真っすぐ縦に落ちている」と表現することができる。

右打者にスプリットを投じるとき、シュート成分が強いと、どうしても「打者に当てたくない」との心理が働いて、腕が振りにくくなるものだが、大谷投手にはその不安がない。

変化球はフォーシームとの球速割合が重要

変化球についても、フォーシーム同様に球速がカギを握る。単純に速ければ速いほどいいわけではなく、フォーシームと比較したときの球速割合がポイントになる。

昔から「緩急が大事」という考え方があり、この言葉だけを見るとフォーシームとのスピード差があったほうがいいと思いがちだが、話はそう簡単ではない。最適な球速バランスが存在するのだ。

わかりやすい例を挙げると、フォーシームに対するスプリットの球速割合が97パーセントの場合、フォーシームが145キロであれば、スプリットが140キロ前後となる。バッターはフォーシームだと思って打ちにいく中で、ボールがちょっとだけ沈む。5キロ程度の差しかないため、高いレベルの打者になると当てられてしまうのだ。

たとえヒットは打てないにしても、ファウルで逃げることができる。投手からすると空振りを奪いたい球種であるにもかかわらず、球数が増えていく可能性が出る。ゴロやファウルを打たせるためにスプリットを使うのであれば構わないが、空振りを取りたいのであれば、もう少し球速を落とす必要があるのだ。

具体的に言えば、スプリットは91パーセント前後の球速が望ましい。145キロのフォーシームであれば、132キロのスプリット。そもそも、スプリットは球速がありすぎると落差が小さくなるので、その意味でも空振りを取りにくい球種となる。

では、さきほど紹介した大谷投手のフォーシームとスプリットの球速はどうか。2021年前半戦のフォーシームの平均球速は154キロで、スプリットは141キロ。割合で計算すると、スプリットはフォーシームの92パーセントの球速となっていて理想に近い。

このような感じで、「だいたいこのぐらい」という球速割合が存在する。空振りを取ることを考えるのなら、スライダーなら90パーセント、チェンジアップなら80パーセント後半がベストと言える。

レベルの高い話になるが、最終的にはさまざまな球速帯の球種をマスターできるのが理想だ。150キロ、140キロ、130キロ、120キロ、110キロと、それぞれに扱える球種を持っているかどうか。

表26は、ダルビッシュ投手の2020年における球速・球速比を示した一覧表である。110キロ台から150キロ台まで、幅広い球速帯のボールを投げていることがわかる。高校生や大学生にこのレベルを求めるのはまだ早いが、最終的な目標として頭に描いておいてほしい。

高校生を見ていると、フォーシームの球速は伸びているのに、それに比べて変化球の球速割合の遅い投手が目立つ。フォーシームと変化球で腕の振りが緩んでしまうのが一番の原因であり、「変化球の球速を高めよう」とアドバイスをしている。「曲げたい」「落としたい」と思えば思うほど、どうしても腕の振りが緩みがちになるので注意が必要になる。

特に気をつけたいのが、高校生がよく投げるスライダーだ。フォーシームに対して球速割合80パーセント前半のスライダーが多いが、これではなかなか空振りが取れない。プロ野球選手のカーブの平均がおおよそ80パーセントなので、高校生が投げるスライダーとプロのカーブが同じような球速割合になってしまっている。140キロのフォーシームを投げているのなら、スライダーの球速を125キロ以上には持っていきたい。

アドバイスを送るとしたら、リリースの角度に意識を向けてみてはどうだろうか。小指を捕手方向に少し向けて（右投手は手の平がやや一塁側に向く）リリースするだけで、回

［表26］ダルビッシュ有投手の球速・球速比

球種	球速	球速比
フォーシーム	154.0 km/h	100%
ツーシーム	153.3 km/h	99.5%
スプリット	145.1 km/h	94.2%
カットボール	139.6 km/h	90.6%
スライダー	131.8 km/h	85.6%
ナックルカーブ	128.4 km/h	83.3%
カーブ	117.4 km/h	76.2%

転軸が傾いてフォーシームとは違う変化が生まれる。手首を使って捻ろうとしなくても、リリースの角度ひとつで変化させることが可能となる。一般的に、フォーシームに近い角度でリリースすればするほど、スライダーの球速は速くなる。

ストライクが先行すれば打球速度も打球角度も下がる

どのカテゴリーの野球にも共通しているのが、若いカウントでは打者が有利であり、ストライクが増えていくにつれて投手が有利になる。これは少年野球でも、MLBでも変わらないことだ。

バッテリーが考えるべきことは、いかにストライクを取って投手有利のカウントを作るか。状況によっては「ボールから入る」といった配球も必要ではあるが、基本的にはストライクを先行させることを考えてほしい。

興味深いデータに、**【カウント別の平均打球速度/平均打球角度】**（表27）がある。カウント0－0から3－2において、どの局面がもっとも打球速度が速いか。そして、打球角度が出ているか。投手の立場からすると打球速度を遅く、かつ打球角度を低くできれば、長打のリスクを減らすことができる。

まず、打球速度だけをピックアップすると、3－0＞3－1＞2－0＞3－2の順で速い。投手としてはこのカウントにすることは、できる限り避けたい。3－2でも打球速度が速いのは、「フォアボールを出したくないから、ストライクを入れてくるだろう」という読みが関係しているのではないだろうか。

一方、打球速度が遅いのが、0－2＞1－2＞0－1＞2－2となる。2ストライクになれば、打者は三振を避けるために、フォーシームにも変化球にもタイミングを合わせようとする。3－0や3－1のときのように、思い切ってひとつの球種やコースを狙い打ちできなくなるわけだ。その心理が、打球速度に表れている。

では、打球角度はどうか。角度が出やすいのは、3－0＞3－1＞2－0＞1－0と、打球速度とほぼ同じ結果になっている。フルスイングしやすいカウント

[表27] カウント別の平均打球速度／平均打球角度

打球速度		ストライク		
		0	1	2
ボール	0	**132.1** km/h	**131.0** km/h	**128.8** km/h
	1	**133.7** km/h	**132.0** km/h	**130.4** km/h
	2	**135.9** km/h	**134.2** km/h	**131.9** km/h
	3	**141.2** km/h	**138.3** km/h	**134.7** km/h

打球角度		ストライク		
		0	1	2
ボール	0	**17.7°**	**15.1°**	**14.0°**
	1	**18.3°**	**16.1°**	**14.4°**
	2	**20.1°**	**17.8°**	**15.6°**
	3	**23.0°**	**21.5°**	**18.4°**

を作るのは、何としても避けたい。打球角度が低いのは、0-2>1-2>0-1>2-2となる。順番が多少入れ替わっているが、打球速度が出づらいカウントとまったく同じだ。

どうすれば、投手有利のカウントを作っていけるのか——。

そのためには、ひとつひとつの球種の特徴や使い方を知る必要が出てくる。そこで第2章では、実戦で使える投球術を解説していきたい。

第2章

各球種の活用術

ＭＬＢでは
フォーシームの投球割合が減っている

フォーシーム、ツーシーム、スライダー、カットボール、カーブ、スプリット、チェンジアップ、シンカーなど、野球にはさまざまな球種が存在する。ＭＬＢの一流投手は自分の持ち球をどのように生かし、強打者を抑えているのか。第2章では、それぞれの球種の活用方法について解説していきたい。

まず、ＭＬＢのトレンドとして一番に挙がるのが、フォーシームの投球割合が徐々に減っていることである。ここ8年のデータを見ると、最多は２０１６年の36・4パーセントで、最少は２０２０年の33・3パーセント。２０２１年は前半戦のみのデータであるが、34・9パーセントと前年に近い数字になっている。だいたい3球に1球がフォーシームの計算になる。

２０２０年の「日本人投手のフォーシーム投球割合」（表1）を見ても、前田

［**表1**］日本人投手のフォーシーム投球割合

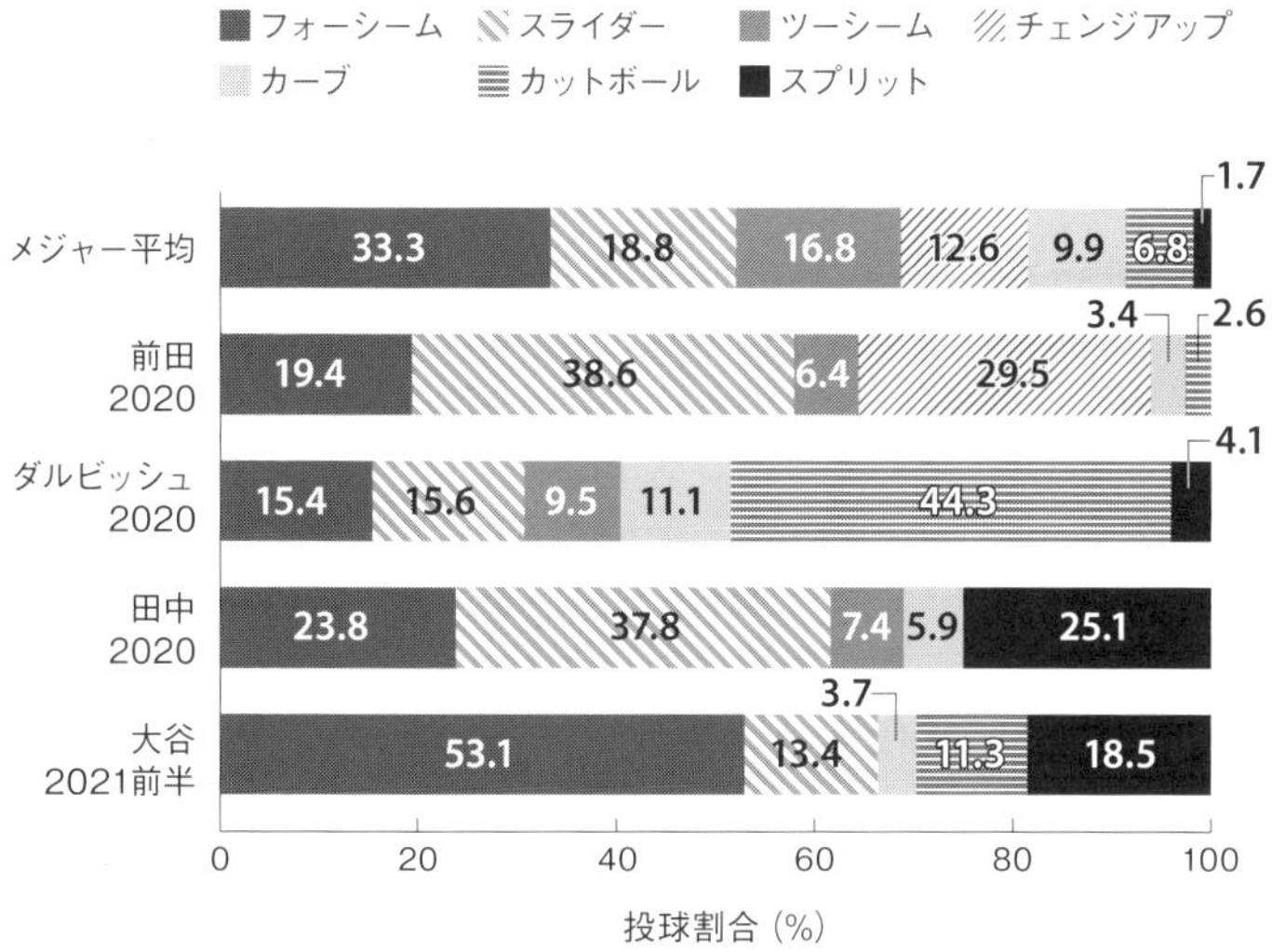

健太投手、田中将大投手、ダルビッシュ有投手は、ＭＬＢ平均よりもフォーシームの投球割合が低いことが見て取れる。

その理由はどこにあるのか。答えは至極シンプルで、打たれるリスクが高いからだ。

表2が【球種別の平均打球速度・平均打球角度・平均飛距離】になる。フォーシームだけを取り出すと、平均打球速度は145・6キロともっとも速く、平均打球角度は18・7度と長打になりやすく、平均飛距離は59・3メートルともっとも飛ばされている。打者からすれば、こんなに美味しいボールはないだろう。そもそも、多くの打者は若いカウントではフォーシームに狙いを絞っているわけで、いきなり変化球を狙う打者はそうはいない。

【球種別の空振り・ゴロ・フライ・ファウル割合】（表3）を見ても、フォーシームに関する不利な数字が表れている。空振り率はツーシームに次いで二番目に低く、ゴロ率は一番低い。空振りを取ること、ゴロを打たせることが、失点のリスクを下げると考えると、フォーシームの価値は下がる。唯一データ上で優れて

［表2］球種別の平均打球速度・平均打球角度・平均飛距離

球種	打球速度	打球角度	飛距離
フォーシーム	145.6km/h	18.7°	59.3m
ツーシーム	143.0km/h	4.9°	42.9m
カットボール	139.4km/h	12.9°	51.3m
スライダー	138.1km/h	13.7°	50.4m
スプリット	139.3km/h	5.5°	42.6m
チェンジアップ	137.3km/h	7.7°	44.8m
カーブ	139.4km/h	11.3°	49.8m

［表3］球種別の空振り・ゴロ・フライ・ファウル割合

球種	空振り率	ゴロ率	内野フライ率	外野フライ+ライナー率	ファウル率
フォーシーム	19.9%	11.7%	3.1%	19.7%	45.5%
ツーシーム	13.9%	24.2%	1.9%	18.6%	41.4%
カットボール	24.2%	15.6%	2.9%	17.9%	39.5%
スライダー	34.7%	13.8%	2.9%	15.4%	33.3%
スプリット	33.3%	19.4%	1.8%	14.6%	30.9%
チェンジアップ	30.5%	19.6%	2.0%	16.4%	31.4%
カーブ	31.6%	15.7%	2.4%	16.9%	33.5%

いるのは、ファウルの確率が45パーセント以上あること。スイングのうち半分はファウルになり、カウントを稼ぐ球種としては重宝できる。

昔から、「ストレート（フォーシーム）はピッチングの基本。ストレートあっての変化球」という考えが根強い。特に日本は、フォーシームを過大評価する傾向にあるが……、今紹介したデータを見ても本当にそう言い切れるだろうか。

149ページに登場している平良海馬投手は、フォーシームのリスクを理解したことで、その投球割合を意識して減らすようになった。ちなみに、大谷翔平投手の2021年前半戦は全投球の53・1パーセントがフォーシームである。持ち球による投手のタイプの違いはあるが、意図的に減らすことで、さらに進化した投手になる可能性も秘めている。

ただし、まったく投げないとなると変化球を狙われやすくなるので、そうなるとまた別問題だ。速いフォーシームがあるからこそ、それよりも遅くて変化する球種が生きてくる。「フォーシームはピッチングスタイルの中心であってはいいが、投球割合の中心にするのはリスクが高い」と言えばいいだろうか。後述するが、今話題の「ピッチトンネル」を作る意味でもフォーシームは大きなカギを握る球種となる。

高校生を見ていると、持ち球が少ないことも関係していると思うが、投球の6割近くがフォーシームであることも珍しくはない。肩・ヒジのことを考えても、球速の速いフォーシームがもっとも負担がかかりやすいとも言われており、変化球の割合をもっと増やしてもいいのではないだろうか。

おそらくは、変化球でカウントを取る自信がないために、ストライクがほしい場面でフォーシームを選ぶ投手が多いと推測する。野球を始めてから、もっとも多く練習してきた球種はフォーシームであるはずなので、変化球の制球に不安を持つのはある意味では当たり前のことだ。中学生から変化球が解禁になることを考えると、中学生や高校生はそもそも変化球を投げている経験が少ない。失点のリスクを抑えるには、変化球の習得は必須事項となる。

高めに投げてこそフォーシームの価値が高まる

投手にとって不利なデータが並ぶフォーシームだからこそ、使い方には十分に注意を払いたい。大事なポイントは「どの高さに投げるか」だ。高さを間違えなければ、フォーシームは大きな力を発揮してくれる。

打者の目線に立つと、『フライボール革命』を実現するには、アッパー気味のスイングで打球に角度を付ける必要がある。低めはバットを加速させるための距離が作りやすく、角度も付けやすいが、高めになると加速させる距離が短くなる。こうした『フライボール革命』を封じるために、高めの攻めが見直されている。

表4は、【フォーシームの高低と空振りの関係】を示したグラフになる。横軸＝ボールがホームベースを通過したときの地面からの高さ、縦軸＝空振り割合（パーセント）であり、ストライクゾーンの下限（地面から47センチあたり）と

上限（地面から103センチあたり）の平均を縦線で表現している。

一目でわかると思うが、ボールの到達点が高くなればなるほど空振り割合が増えている。低めギリギリのストライクは7パーセント程度であるが、高めギリギリになると30パーセント近い空振りを取れている。MLBでは「捕手のスロートガード（のどを守るための防具）を狙って投げなさい」という教えもあり、高めのフォーシームの重要性が広がっている。

続いて【フォーシームの高低とファウルの関係】（表5）を見てほしい。ストライクゾーンの下限から上限にかけて、ファウル割合が上がっているのがわかるはずだ。ゾーン下限では40パーセント程度であるが、ゾーン上限付近では50パーセント近くにまで上がっている。

さきほど「フォーシームはファウルを奪うのには適している」と書いたが、高めに投げてこそ、その確率を上げることができる。高めのフォーシームは、長打のリスクが高いように感じられがちだが、空振り以外にファウルになってくれる可能性も高い、むしろ安全なコースなのである。ちなみに、地面から100セン

［**表4**］フォーシームの高低と空振りの関係

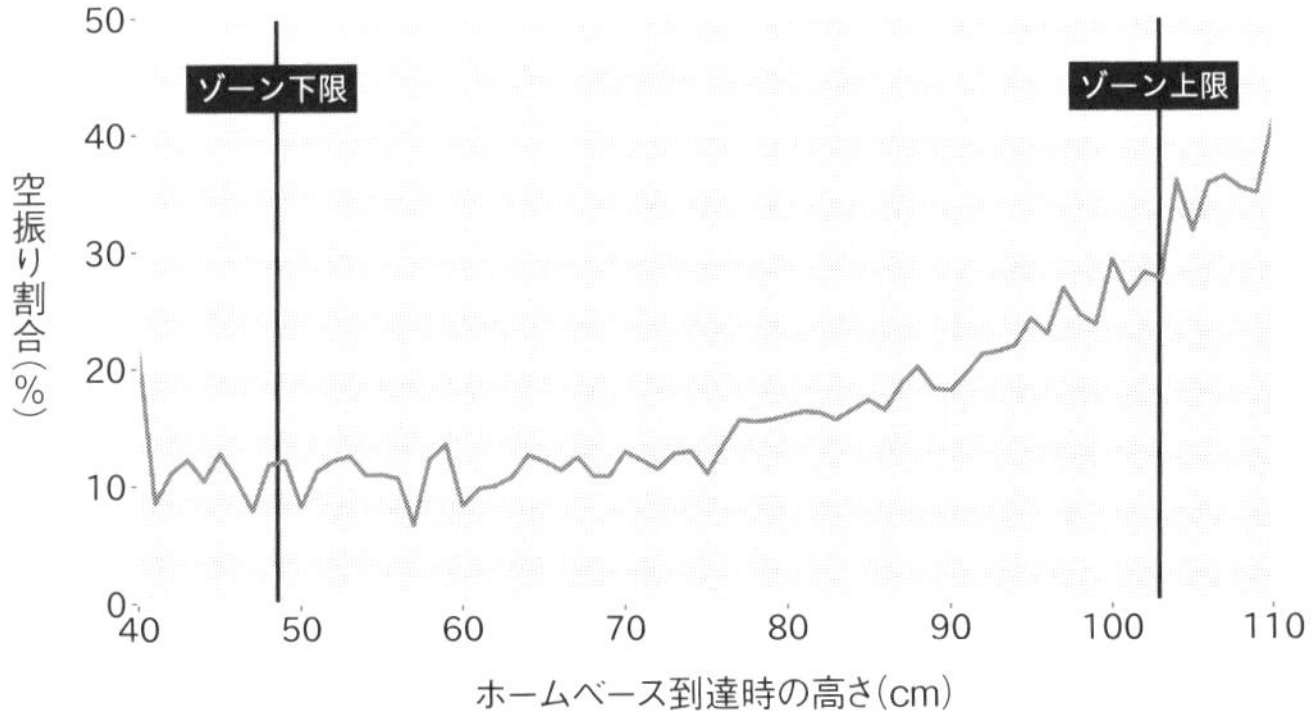

［**表5**］フォーシームの高低とファウルの関係

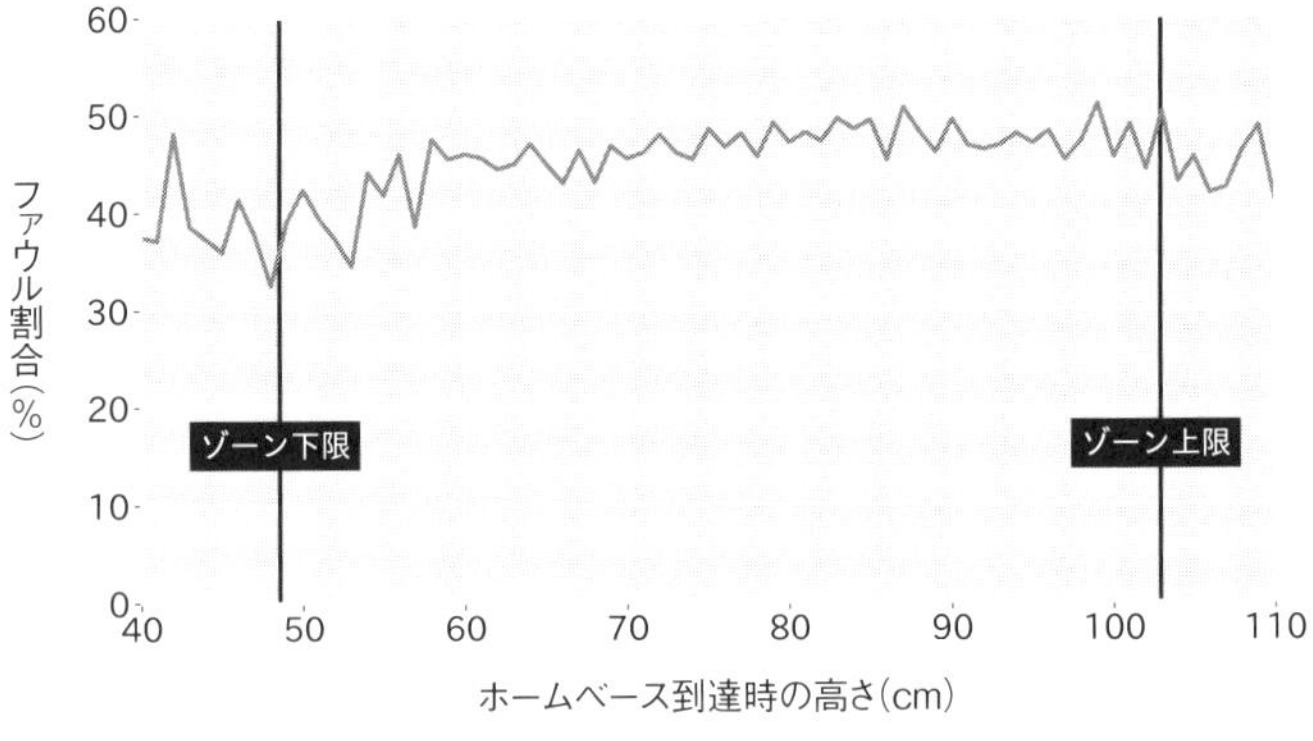

チの高さにフォーシームを投げた場合には、ファウルが50パーセント、空振りが25パーセント。残りのフライ・ゴロ・ライナーが25パーセントだと思うと、勇気を持って投球できるのではないだろうか。

この本を読んでいる高校生や大学生も、空振りを取りたいのであれば高めのフォーシームを練習してほしい。指導者のみなさんには、高めに投げる重要性をぜひ伝えてほしい。日々のブルペンでのピッチング練習を振り返ってみたとき、高めにどれだけ投げているだろうか。おそらくは、低めに投げる練習に比べると圧倒的に少ないはずだ。

ＭＬＢのように『フライボール革命』が浸透していなくても、高めは低めよりもバットを加速させづらいため、打者からすると対応が難しい。「低めに投げるのが投手の基本」という考えを変えてみるだけで、今までとは違う抑え方ができるのではないだろうか。ヤンキース時代の田中投手は高めのフォーシームの使い方がうまく、高めには強く速い球、低めにはスプリットと、高低の攻めを徹底していた。

この話をすると「スピードがある投手に限った話では？」「球速がないと打たれてしまうのでは？」という疑問を必ず受けるのだが、決してそんなことはない。【フォーシームの高低と空振りの関係】を、さらに詳細に分析したのが【フォーシームのタイプ別に見る高低と空振りの関係】（表6）となる。フォーシームを「ホップ成分が多い（43・3〜69・9センチ）／普通（37・4〜43・2センチ）／少ない（20・0〜37・4センチ）」「球速が速い（152・2〜165・6センチ）／普通（148・7〜152・2センチ）／遅い（135・0〜148・7

［**表6**］フォーシームの高低と空振りの関係

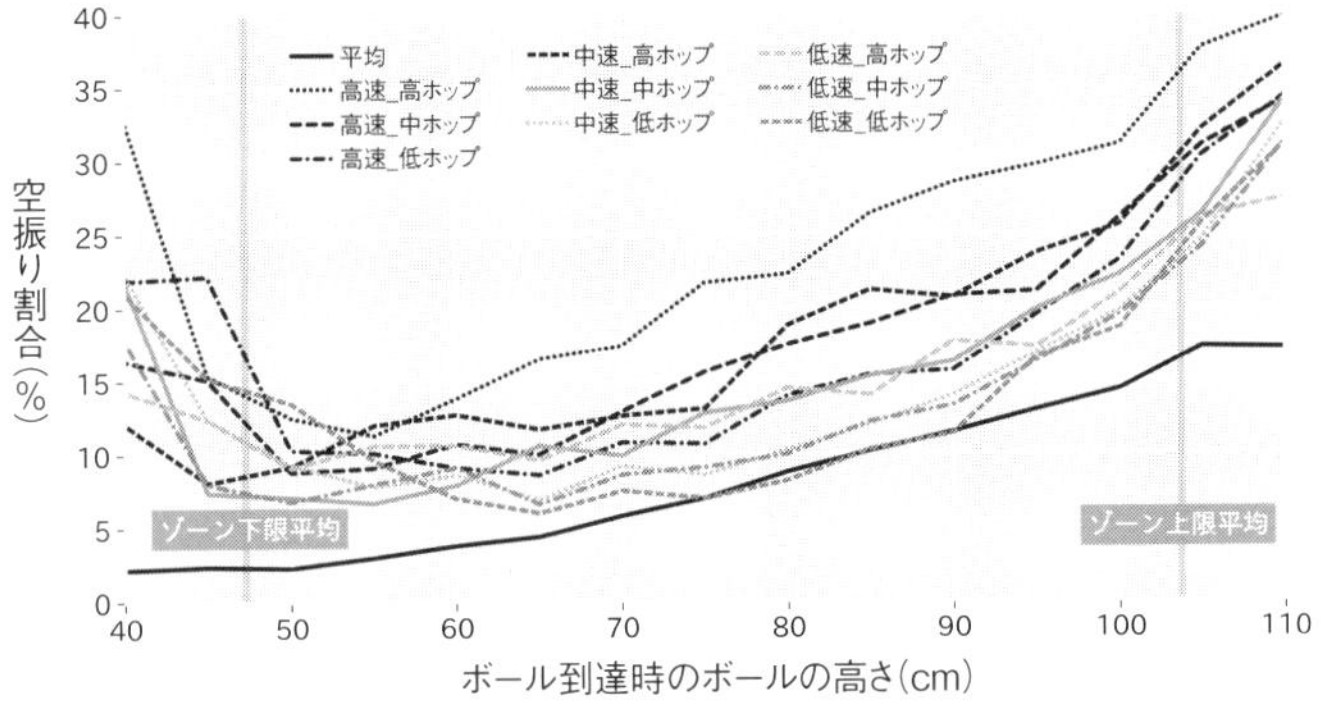

センチ）」をそれぞれ組み合わせて、9パターンで分析してみると、どのパターンでも高めにいくほど空振り割合が高まっている。「自分は球速がないから低めに丁寧に集める」という考えを持つ投手もいると思うが、低めのフォーシームは空振りを奪うことには適していないことを理解してほしい。

高めのフォーシームを基点にピッチトンネルを作る

もうひとつ、「ピッチトンネル」という考え方からも、高めのフォーシームの重要性を説明することができる。

投手はフォーシーム、カーブ、スライダー、スプリットなどさまざまな球種を投げ分けているが、ボールが手から離れた瞬間に「スライダーだな」と打者にばれると、簡単に打ち返されてしまう。できるかぎり、ホームベースに近いところまで同じような軌道に見せる投球術が、「ピッチトンネル」の概念となる（表7）。

実際には、途中からボールが急激に変化することはないが、打者が判断するギリギリのポイントまで、複数の球種を同じ軌道の「トンネル」に通すことができれば、打者は球種の判断ができないというカラクリである。

では、ピッチトンネルにおいて、なぜ高めのフォーシームが必要になってくるのか。

ヤンキース時代の田中投手を例に挙げて、説明していきたい。60ページで解説したとおり、田中投手のスプリットはＭＬＢの平均以上の落差がある。フォーシームとスプリットを低めに投げようとすると、スプリットは少し上方向に投げる必要が出てくる。これによって、ピッチトンネルから外れるボールになってしまうのだ。

［表7］ピッチトンネルの概念

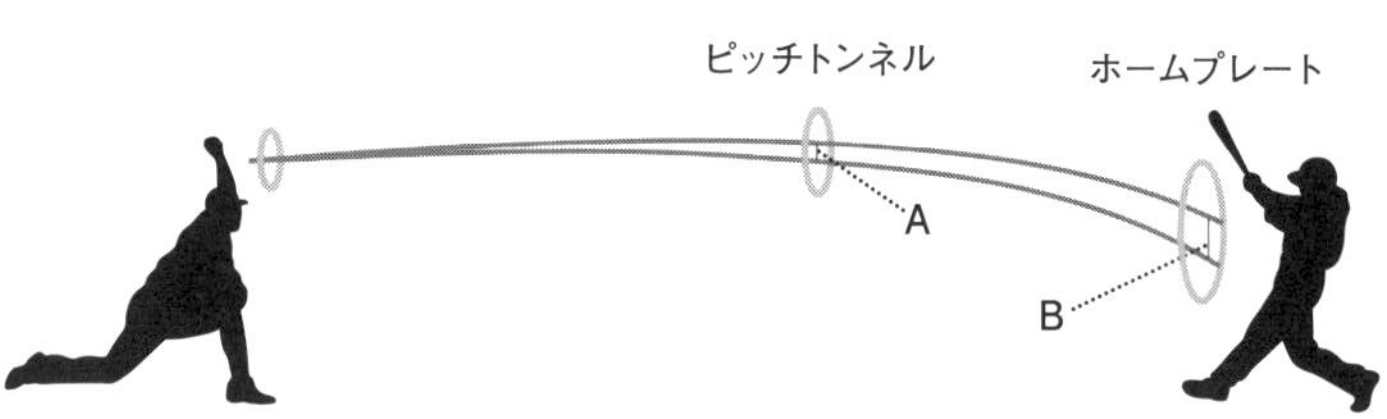

フォーシームと同じ高さで低めに投げたら、ワンバウンドにしかならないだろう。このときに、フォーシームを高めに投げておけば、フォーシームとスプリットを同じ軌道で操ることができるようになる（表8）。打者からすると、途中まではフォーシームなのかスプリットなのか判断がつきにくいはずだ。

基本的に、この考えはどの球種にもあてはまる。持ち球の中で、一番速くて伸びるボールを高めに設定しておくことで、ほかの球種をより生かすことができる。考えてみればわかることだが、フォーシームに比べるとほかの球種はすべて球速が遅く、当然のことながら打者の手元でフォーシーム以上に落ちていく。だから、基準となるフォーシームを低めに設定すると、投球の幅を自ら狭めることにつながってしまうのだ。

もちろん、低めのフォーシームと低めのスプリットの組み合わせで攻める方法もあるが、この場合のスプリットはほとんどがボール球になるので、打者に見極められると苦しい。投球数が多くなり、長いイニングを投げるのが難しくなるだろう。高めのフォーシームを基点にできれば、ストライクゾーンの中で勝負がし

［**表8**］フォーシームを低めに投げた場合と高めに投げた場合の比較

なぜフォーシームを高めに投げないとピッチトンネルを通らないのか

フォーシームを低めに投げた場合 ➡ **変化球はワンバウンドになってしまう**

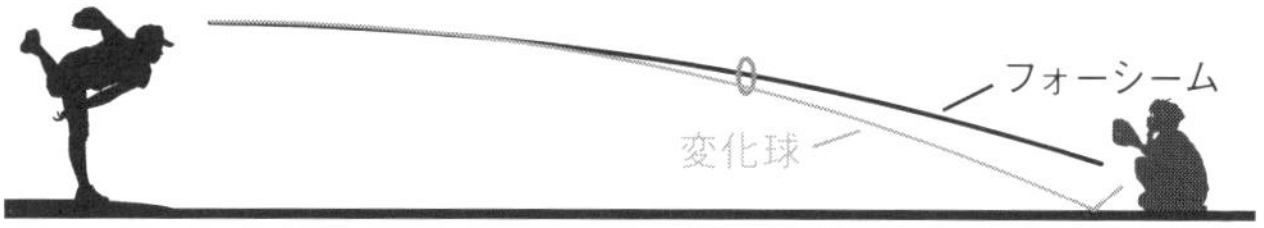

フォーシームを高めに投げた場合

やすくなるのだ。

　変化の大きさから考えて、ピッチトンネルから外れやすい球種がひとつだけある。それが縦のカーブだ。一度、浮き上がってから落ちてくるカーブの場合、ピッチトンネルを通すのは難しい。ただ、初球からカーブを狙う打者はめったにいないので、ストレート系を狙っている打者に対しては、カウント球として効果的に使うことができる。追い込んでから、何でも対応しようとしている打者に投げるにはリスクがあることを覚えておいてほしい。

　このカーブにしても、高めのフォーシームと組み合わせることができれば、より威力を発揮することができるだろう。ピッチトンネルを通らないまでも、軌道を近づけることは可能だ。秋山翔吾選手が213ページからのインタビューで、「メジャーリーグは高めのストライクゾーンが確立されているうえに、カーブがあるので余計に難しい」と語っているのは、まさにこのこと。高めを使うことで、縦の攻め幅を広げることができる。

低めの利点は打球の角度が出にくい

どのコースに投げるかに関して、非常に面白いデータがある。

表9に示しているのが、【フォーシームのコース別打球速度／打球角度／打球飛距離】である（投手方向から見た数字で、左打者は反転させる）。スタットキャストの導入のおかげで、MLBではこうした細かいデータまでもが容易に記録できるようになった。

一番注目してほしいのが【コース別打球速度】だ。低めよりも高めのほうが、打球速度が低いのが見て取れるはずだ。「低めが基本」と言われるが、真ん中低めの打球速度が143・1キロと9分割の中でもっとも高く、インローは141・2キロで二番目に高い。それに対して、打球速度がもっとも低いのがインハイの129・4キロとなる。

［表9］フォーシームのコース別打球速度／打球角度／打球飛距離

■フォーシーム打球速度

138.3 km/h	135.8 km/h	129.4 km/h
140.4 km/h	140.2 km/h	134.2 km/h
137.0 km/h	143.1 km/h	141.2 km/h

■フォーシーム打球角度

34.0°	36.4°	35.3°
28.4°	30.0°	27.0°
18.5°	20.6°	17.6°

■フォーシーム飛距離

65.1m	63.7m	57.1m
63.1m	62.7m	54.9m
53.0m	56.8m	50.9m

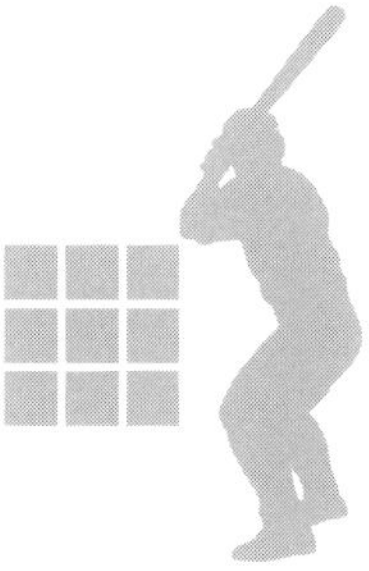

高さ別の平均を出すと、高めが134・5キロ、真ん中が138・3キロ、低めが140・4キロ。打球速度が低いということは、それだけ長打になるリスクが少なくなるわけで、フォーシームを高めに投げることの意味がこのデータからもわかるはずだ。

しかし――、低めに投げる意味がまったくないわけではない。『フライボール革命』の普及で、低めをスタンドに放り込む打者が増えてきてはいるが、【コース別打球角度】を平均してみると、今の時代でも低めのほうが角度は浅い。高めは35・2度、真ん中は28・5度、低めは18・9度となる。ただ、高めの35・2度はホームラン性の角度よりは打球角度が上がりすぎていて、内野フライや外野フライになるような当たりだ。フォーシームの球威と球速に押されている姿が想像できる。低めの18・9度は低いライナーと言ったところだろう。言うまでもなく、真ん中に投じるのはリスクが高い。

もうひとつ、低めはゴロになりやすい利点があり、打球の飛距離は真ん中と高めと比べると、平均で10メートルほど短い。

こうして考えると、フォーシームで空振りやファウルを取りたいときには高めに投じ、ゴロを打たせたいときは低めを狙う。打者の特徴によって多少の違いは出てくるが、これが一般的なセオリーとなるだろう。

では、フォーシームを除いた【変化球のコース別打球速度／打球角度／打球飛距離】（表10）を調べてみるとどんな結果になるか。フォーシーム以上に顕著な差が見えるのが【打球角度】である。低めに投じると10度を切る角度であり、特にアウトローは3・2度ともっとも低い。ここに投げておけば、ホームランを打たれるリスクは抑えることができる。さらに【打球飛距離】も【打球速度】も、低めほどリスクが低いことがわかる。

「低めに投げなさい」「困ったらアウトローに投げなさい」という考えは、じつは変化球のほうが、その意味合いが強いのではないか。9分割のデータを見ての判断ではあるが、読者のみなさんはどう感じるだろうか。

［表10］変化球のコース別打球速度／打球角度／打球飛距離

■変化球コース別打球速度

134.4 km/h	132.9 km/h	123.1 km/h
135.4 km/h	138.4 km/h	133.2 km/h
129.0 km/h	137.7 km/h	138.1 km/h

■変化球コース別打球角度

25.1°	28.1°	25.4°
15.8°	17.7°	13.1°
3.2°	4.2°	1.9°

■変化球コース別打球飛距離

56.7m	54.8m	47.2m
49.1m	50.5m	42.9m
35.9m	39.0m	33.6m

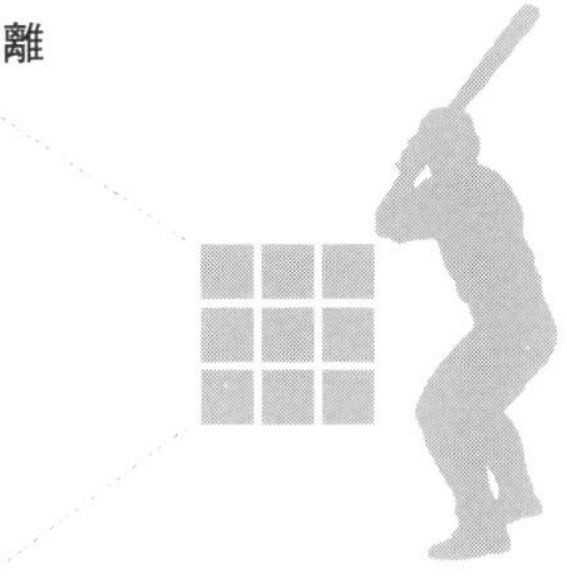

カーブは球速が上がるほど空振り率が上がる

ここからは、変化球の球種ひとつひとつの使い方を解説していきたい。どんな意図を持って投げれば、失点のリスクを抑えることができるか。まずは、近年その効果が見直され始めているカーブから話を進めていきたい。

カーブと一口に言っても、ナックルカーブやパワーカーブ、昔で言うドロップなど、さまざまな種類が存在するが、ひとつ間違いなく言えることは「球速が遅いほど見逃しが増え、球速が上がるほど空振りが増える」ということだ。すなわち、見逃しストライクを奪う球種がほしいのであれば球速を落とし、空振りを奪う球種がほしいのであれば球速を上げる。この投げ分けが、カーブの基本的な使い方と言えるだろう。

この考えをデータで実証しているのが、【カーブ系の球速と空振り率】【カーブ系の球速比と空振り率】（表11）である。

まず【球速と空振り率】を見ると、球速が上がるにつれて空振り率も上がっていることがすぐにわかる。【球速比と空振り率】を調べてみても、フォーシームとの球速比が高まるほど、空振り割合が増えている。フォーシームに対して91パーセントの球速のところで、空振り割合が跳ね上がる。面白いのが、それ以上速くなると、バットに当てられてしまうことだ。66ページの「変化球はフォーシームとの球速割合が重要」で説明したように、フォーシームとのスピード差がなくなると、空振りを奪いにくくなる。

では【カーブ系の変化別の空振り割合】（表12）はどうか。「変化量によって、空振り割合が増えているのではないか」という仮定のもと調べてみたが、大きな増加は見られなかった。このことから、カーブで空振りを奪うには「変化量よりも球速が大事」と結論付けることができる。

ネクストベース社に通うプロ野球選手の中にも、投球の幅を広げるために、カーブに挑戦する投手がいる。そのときにはカーブの特性をしっかりと説明したう

［表11］ カーブ系の球速別の空振り割合

■カーブ系の球速と空振り率

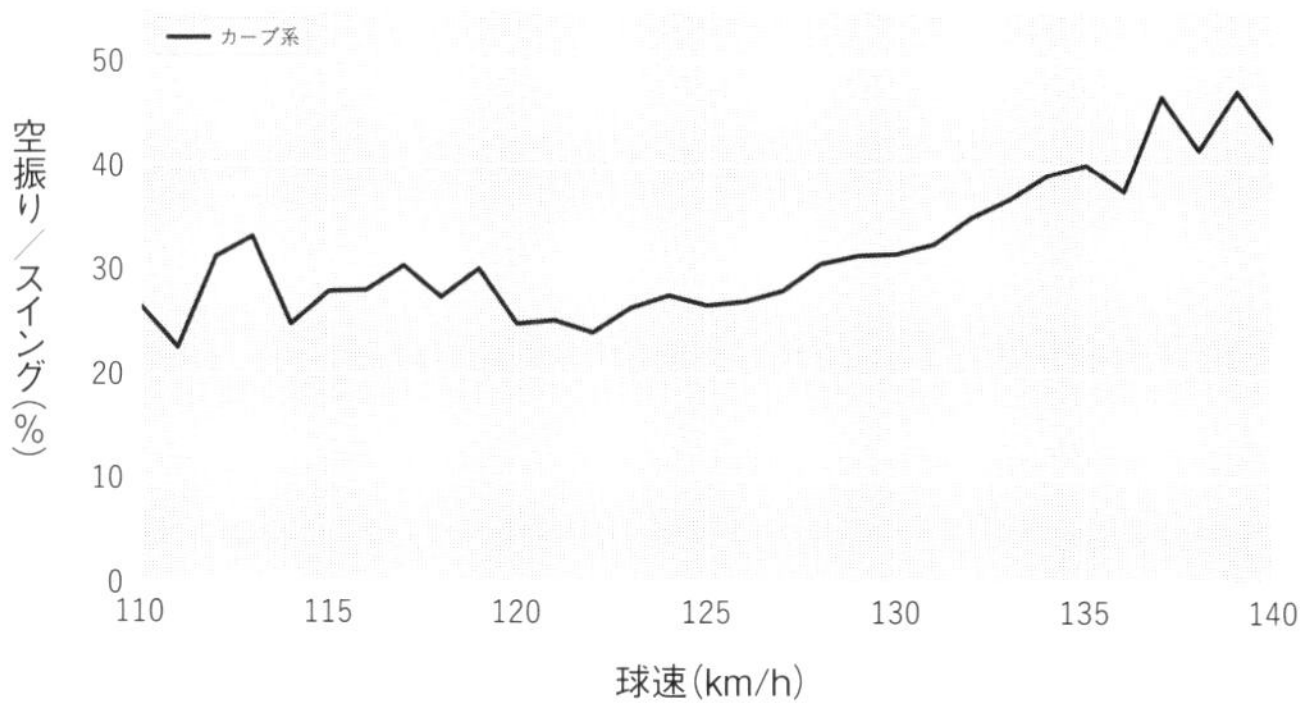

■カーブ系の球速比と空振り率

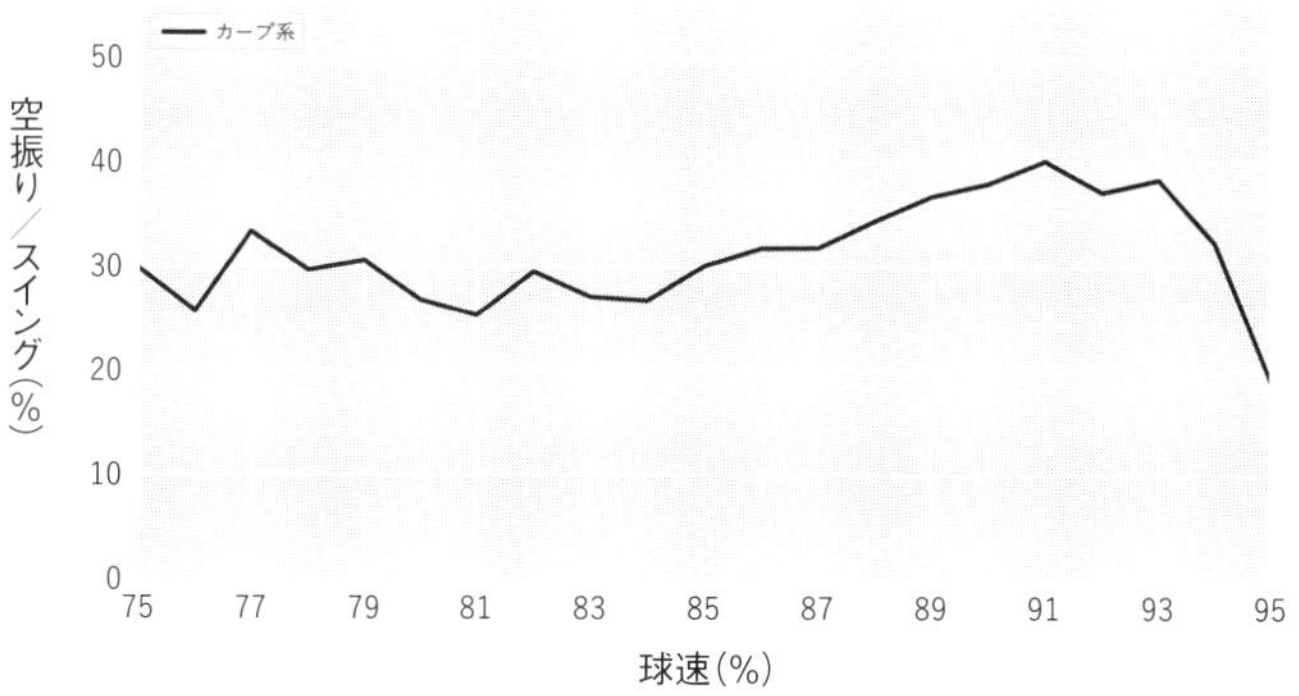

[表12] カーブ系の変化別の空振り割合

■カーブ系の横変化量と空振り率

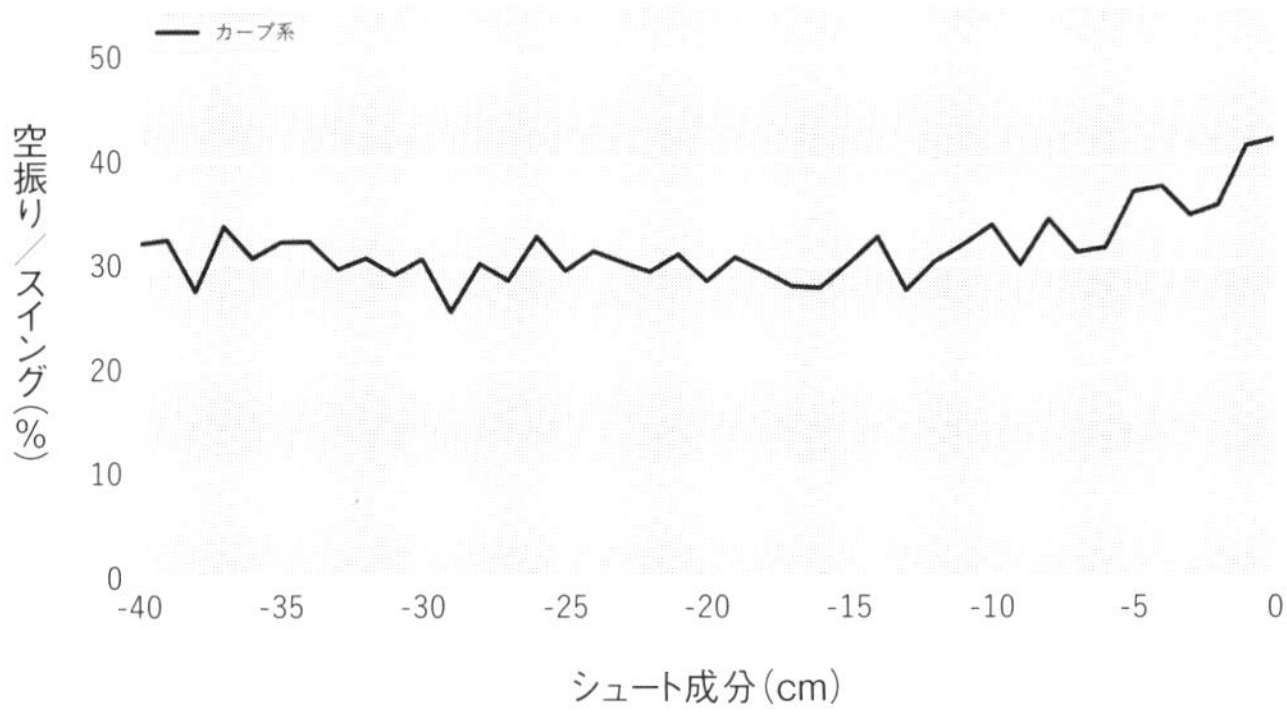

■カーブ系の縦変化量と空振り率

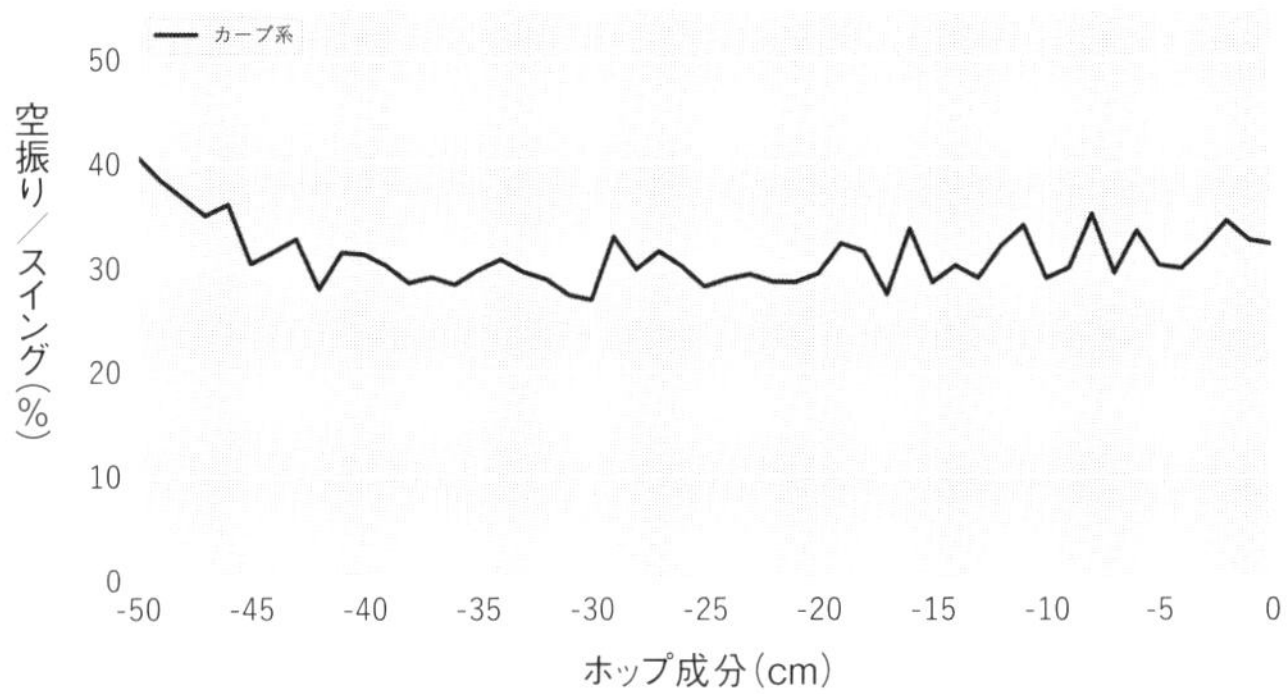

えで、「どんなカーブを投げたいですか？」と考えをすり合わせていく。見逃しを取りたいのか、あるいは空振りを取りたいのか。その用途によって、握りもリリースの感覚も変わってくるからだ。ただ漠然とカーブの練習をしているだけでは、狙いがぼやけてしまう。

球速を上げるカーブとして、MLBで流行しているのがナックルカーブだ。NPBではまだ武器にしている投手は少ないが、2019年に阪神タイガースで活躍したピアース・ジョンソン投手は、ナックルカーブを武器に防御率1・38と圧倒的な成績を残した。1年間のみの在籍であったが、印象に残っている読者の方もいるだろう。

ナックルカーブは、右投手の場合は人差し指を曲げて、指を縫い目にめり込ませる。爪を立てる握りが特徴的であるが、爪そのものではなく指を曲げることによってグリップ力を高める狙いがある。一般的なカーブは、ボールを深く握ってスポッと抜くイメージが強いので、どうしても球速は出にくい。すなわち、空振りを奪いにくいボールとなる。

ここからさらに踏み込んで、どのコースにカーブを投げれば、空振りを取りやすいのかを示したのが【カーブの投球位置と空振り率の関係】（表13、14）と、【カーブの投球位置とスイング率の関係】（表15、16）になる。右投手対右打者・左投手対左打者と、右投手対左打者・左投手対右打者に分けて、データを分析してみた（右投手から見た分布図で、左投手は反転させる／以下、同様の分布図に共通）。

このあとに紹介するスライダーによく似ているのだが、右投手対右打者・左投手対左打者ではアウトローのボールゾーンの空振り割合が高く、これが対角の関係になると、ヒザ元のボールゾーンの空振り割合が増える。体の近くにカーブを投げる怖さがあるかもしれないが、空振り三振がほしいときにはヒザ元が狙いどころとなる。しかし、基本的にはスイング率は低く、見逃しが多いボールであるため、空振りを奪いたいのであれば高速カーブを推奨したい。

［表13］ カーブの投球位置と空振り率の関係
（右投手対右打者・左投手対左打者）

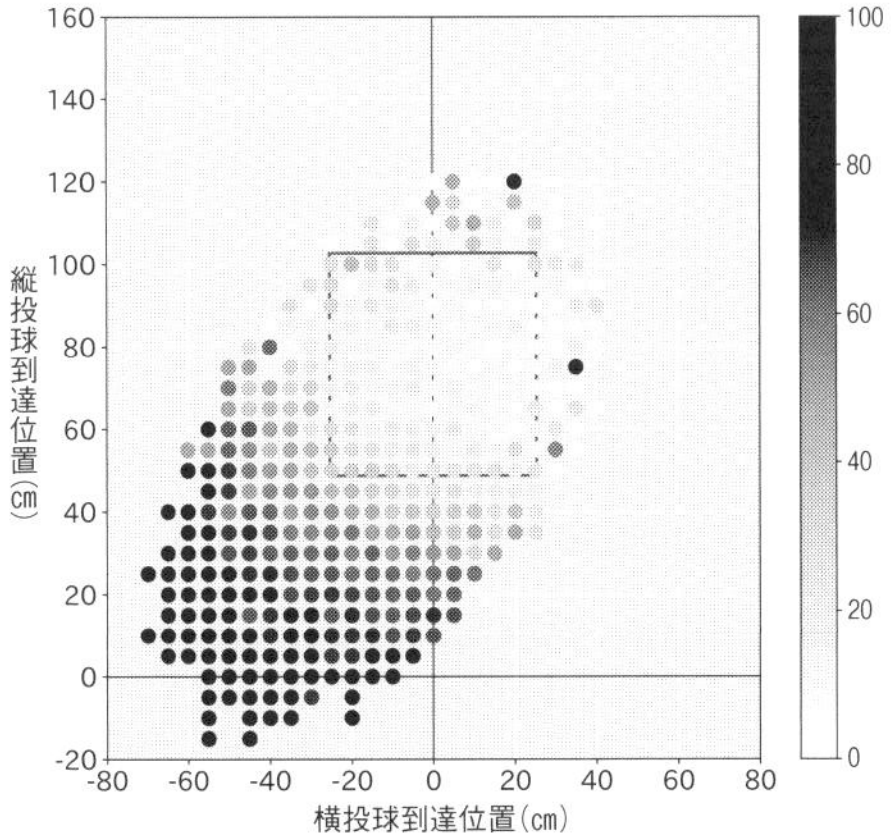

［表14］ カーブの投球位置と空振り率の関係
（右投手対左打者・左投手対右打者）

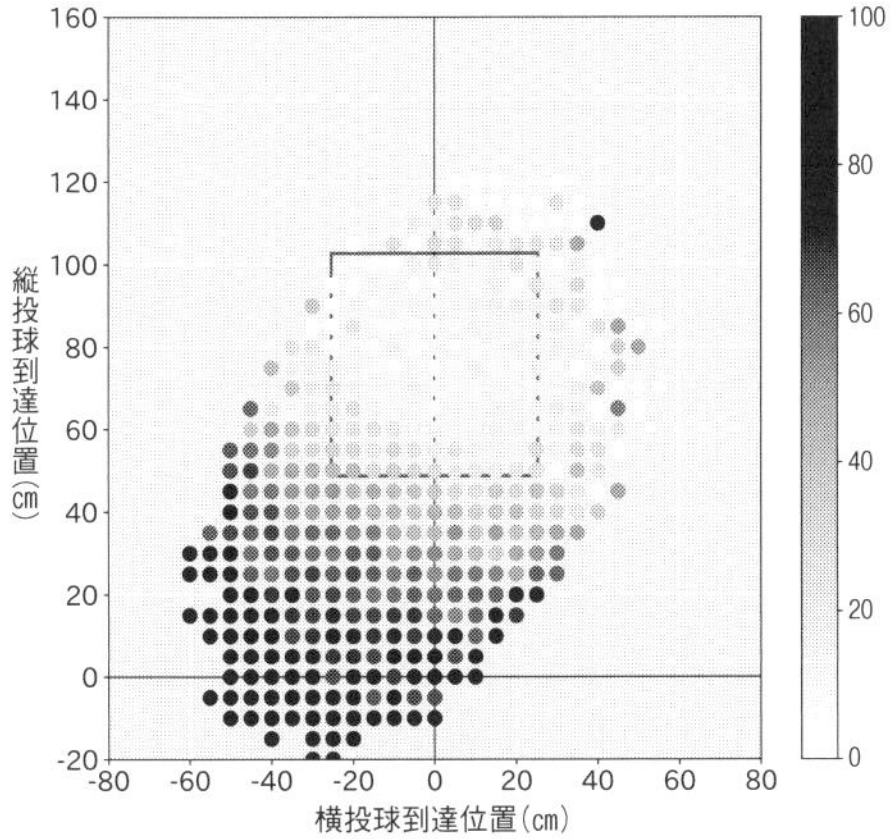

［表15］　カーブの投球位置とスイング率の関係
（右投手対右打者・左投手対左打者）

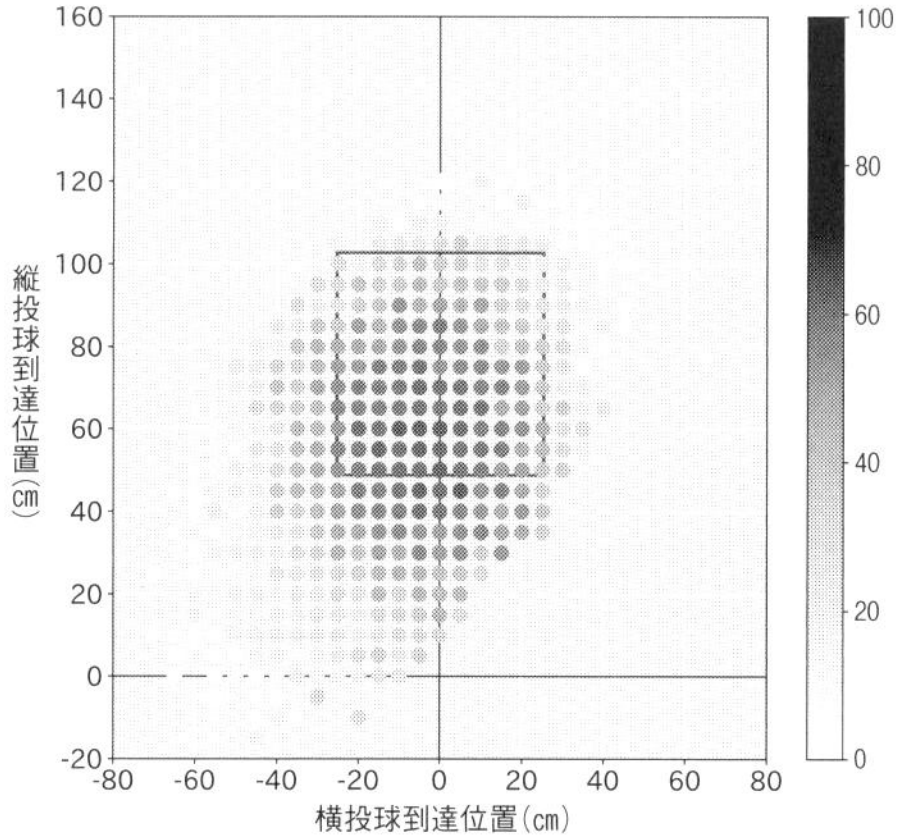

［表16］　カーブの投球位置とスイング率の関係
（右投手対左打者・左投手対右打者）

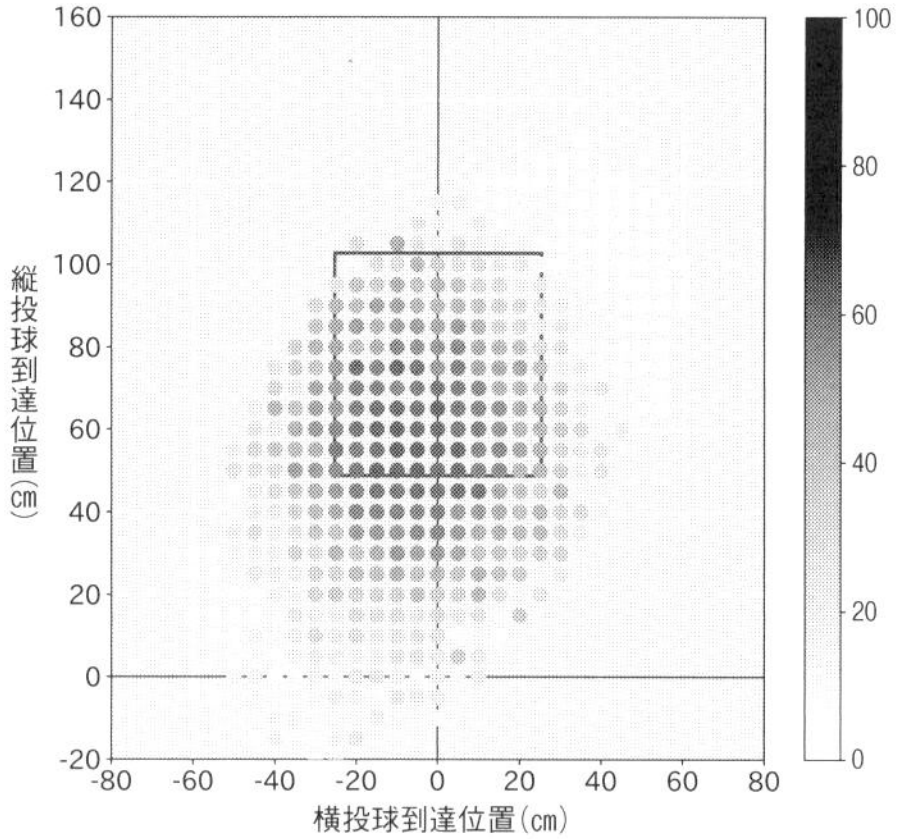

ブーメランスライダーは対右、対左で役割が変わる

続いては、ほぼすべての投手が持ち球として使っているスライダーについて。中学生で変化球が解禁になるとき、以前はカーブから覚える投手が多かったと思うが、今はスライダーから覚えるのが一般的な流れになっているのではないだろうか。回転軸を少し変えるだけで、フォーシームとは違った変化を見せるので、比較的投げやすい球種と言える。

フォーシームの軌道と比べると、スライド回転で横に曲がっていくのがスライダーの特徴であるが、その変化量はほかの球種に比べると投手によってバラバラである。ダルビッシュ投手の解説のところで少し触れたが（59ページ参照）、ダルビッシュ投手やMLBトップクラスの奪三振率を誇るトレバー・バウアー投手、大谷投手は「ブーメランスライダー」と呼ばれる曲がり幅の大きなスライダーを

持ち球のひとつとして重宝している。

このブーメランスライダーは、対右打者、対左打者で、その役割が大きく変わってくる。表17は【ダルビッシュ投手の対左打者／対右打者イベント割合】となる。すべての球種に対して、見逃し／空振り／打球／ファウル／ボールの割合がどのぐらいあったのかを示した表だ。上が対左打者、下が対右打者となるが、スライダーに注目してほしい。対左には見逃し割合が35パーセント、空振り割合が7パーセントであるのに対して、対右になると見逃し割合が16パーセント、空振り割合が32パーセントとなる。対右では見逃し割合が減り、空振り割合が上がっているのだ。

もっと顕著な数字が出ているのが、バウアー投手だ。【バウアー投手の対左打者／対右打者イベント割合】（表18）を見ると、対左打者の見逃し割合が22パーセントで、空振り割合はわずか8パーセント。これが、右打者になると見逃し割合が9パーセントで、空振り割合が18パーセントに増える。

この数字から言えるのは、「ブーメランスライダーは左打者には見逃しストライク、右打者には空振りストライクを取るのに適している球種」ということだ。曲がり幅が大きいがゆえに、左打者のインコースにコントロールするのは難しい。だがその代わりに、左打者のアウトコースのボールゾーンからストライクゾーンに曲げることで、見逃しストライクを稼ぐ。右打者に対しては、外に大きく逃げるスライダーで空振りを取りやすい。

「ブーメラン」と名付けるほど大きな曲がりではなくても、高校生や大学生の中にも「右打者にはスライダーを投げやすいけど、左打者になるとデッドボールが怖い」という投手がいるのではないだろうか。その場合は「右には空振り、左には外から曲げてカウントを取る」と役割を変えて、足りないところはほかの球種で代用したほうがいい。右打者も左打者も、同じ球種で同じように攻めようとすると、たいていうまくいかないものだ。

［表17］ダルビッシュ投手の対左打者／対右打者イベント割合

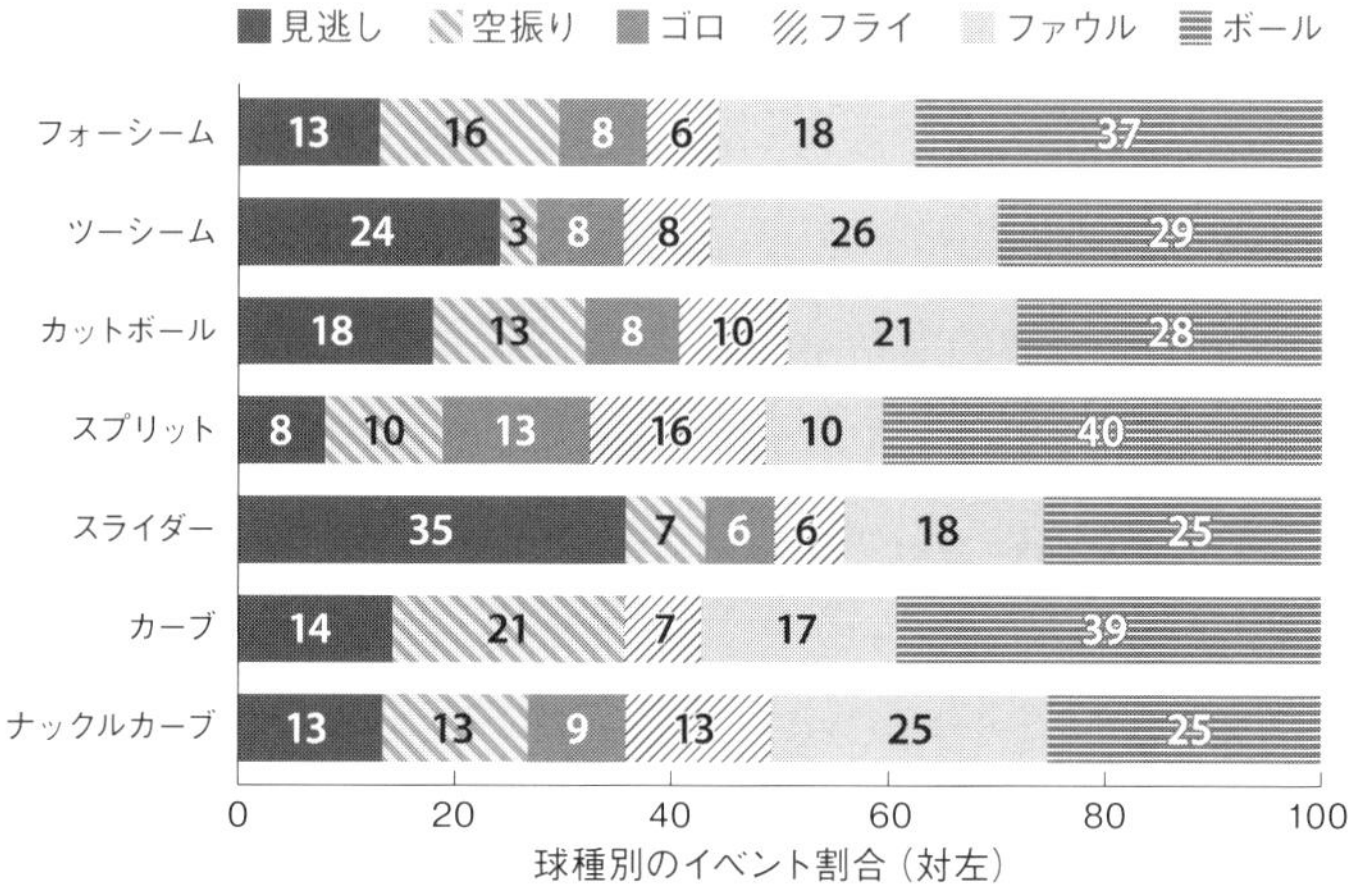

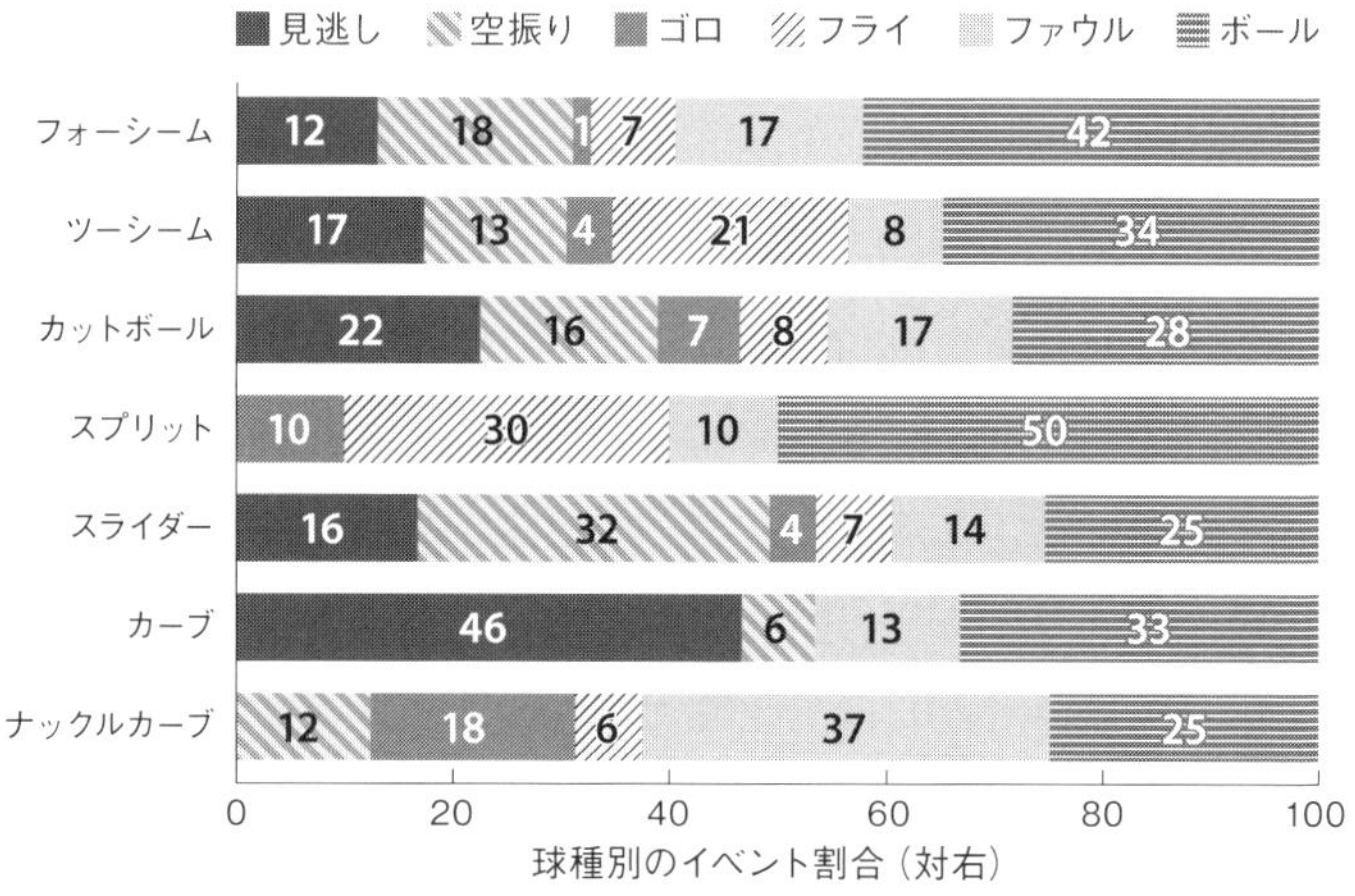

［表18］バウアー投手の対左打者／対右打者イベント割合

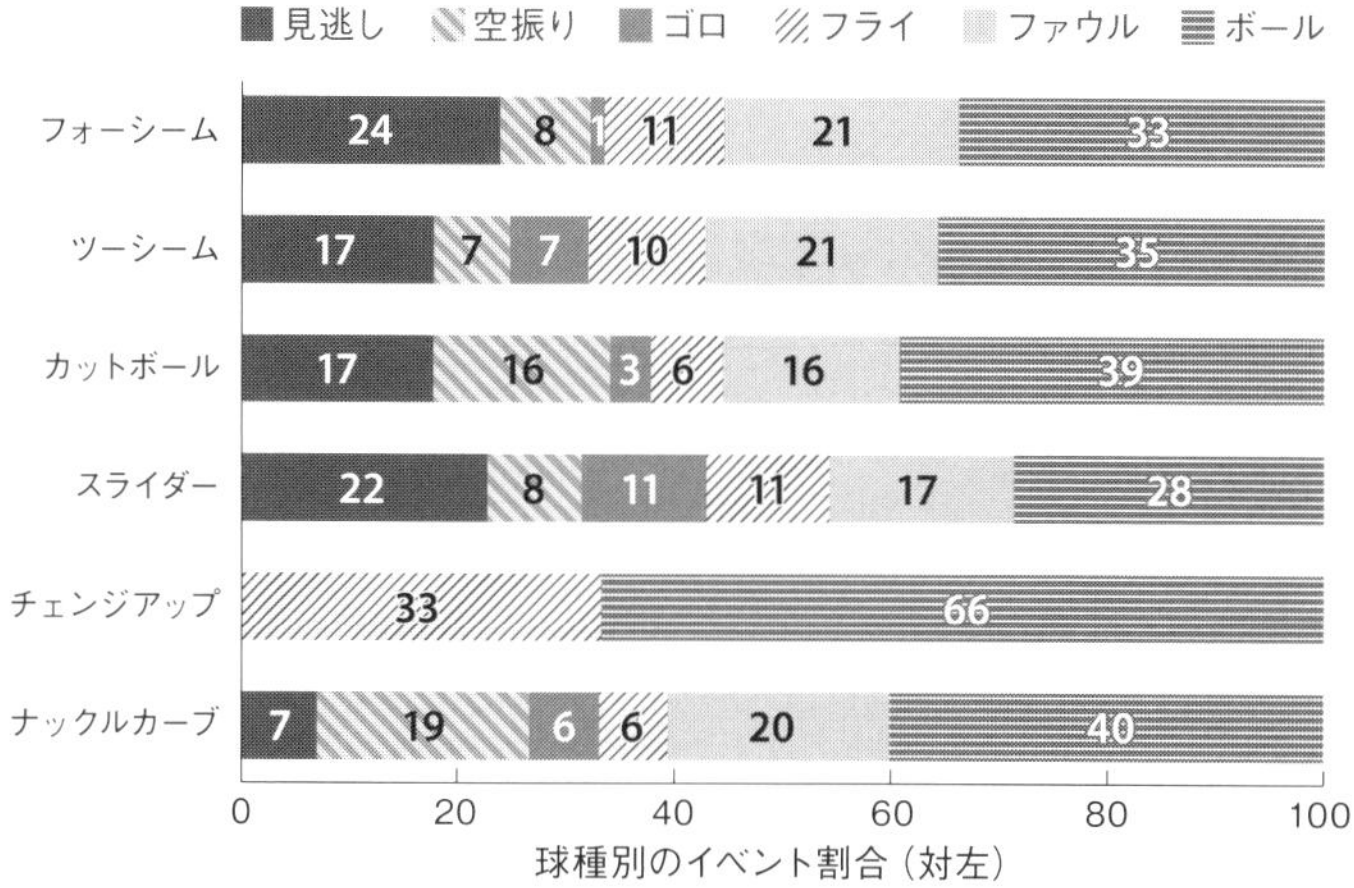

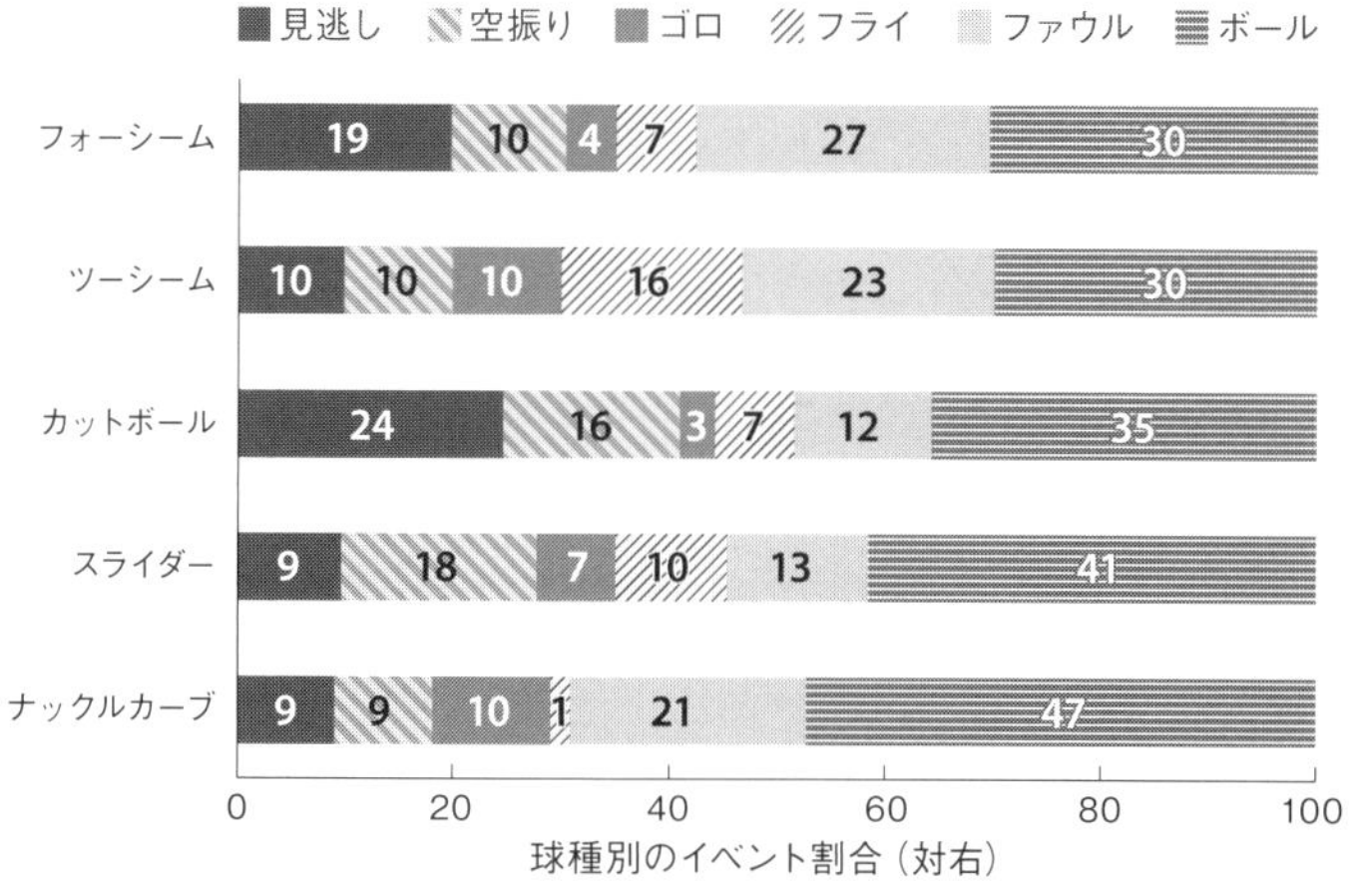

小さくて速いスライダーは対右にも対左にも使える

これが、カット系の小さく横に曲がるスライダーになると、また考え方が変わってくる。今、MLB最高級の投手として注目されているジェイコム・デグロム投手（ニューヨーク・メッツ）を例に挙げながら、解説していきたい。

まず、見てほしいのが【デグロム投手の投手方向から見たボール変化量】（表19）である。スライダーの曲がりが原点となる0に近く、59ページのダルビッシュ投手の曲がり幅と比べると、20センチほど小さいことがわかるだろうか。カットボールと呼んでも違和感のない変化量をしている。

続いて【デグロム投手の対左打者／対右打者イベント割合】（表20）に目を向けると、スライダーを投じた際、対左打者、対右打者ともに、見逃しよりも空振り割合のほうが上回っている。これは、バウアー投手やダルビッシュ投手にはなかった特徴である。曲がり幅が小さい分、左打者のインコースにきっちりとコントロールできていることが読み取れる。

同じようなスライダーを投げる投手に、ＭＬＢで最多勝を３度獲得しているジャスティン・バーランダー投手（ヒューストン・アストロズ）がいる（データは２０１９年）。【バーランダー投手の投手方向から見たボール変化量】（表21）を見てわかるとおり、バーランダー投手のスライダーも原点の０に近い位置にあり、速くて小さく曲がるのが特徴だ。さ

［**表19**］デグロム投手の投手方向から見たボール変化量　2020年

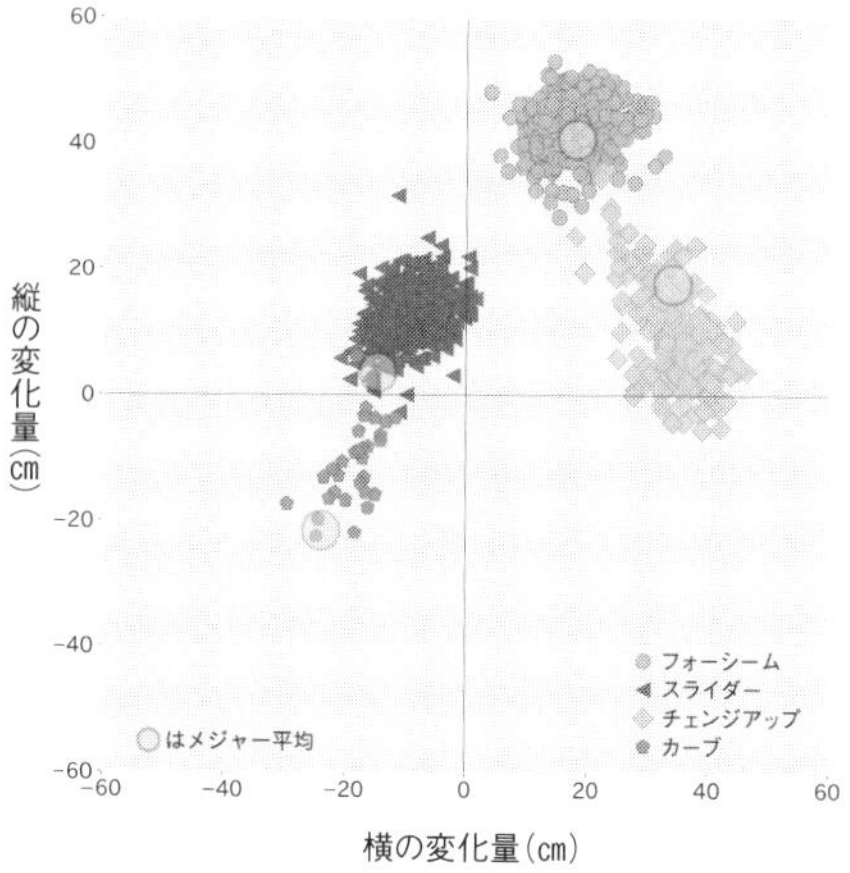

［**表20**］デグロム投手の対左打者／対右打者イベント割合

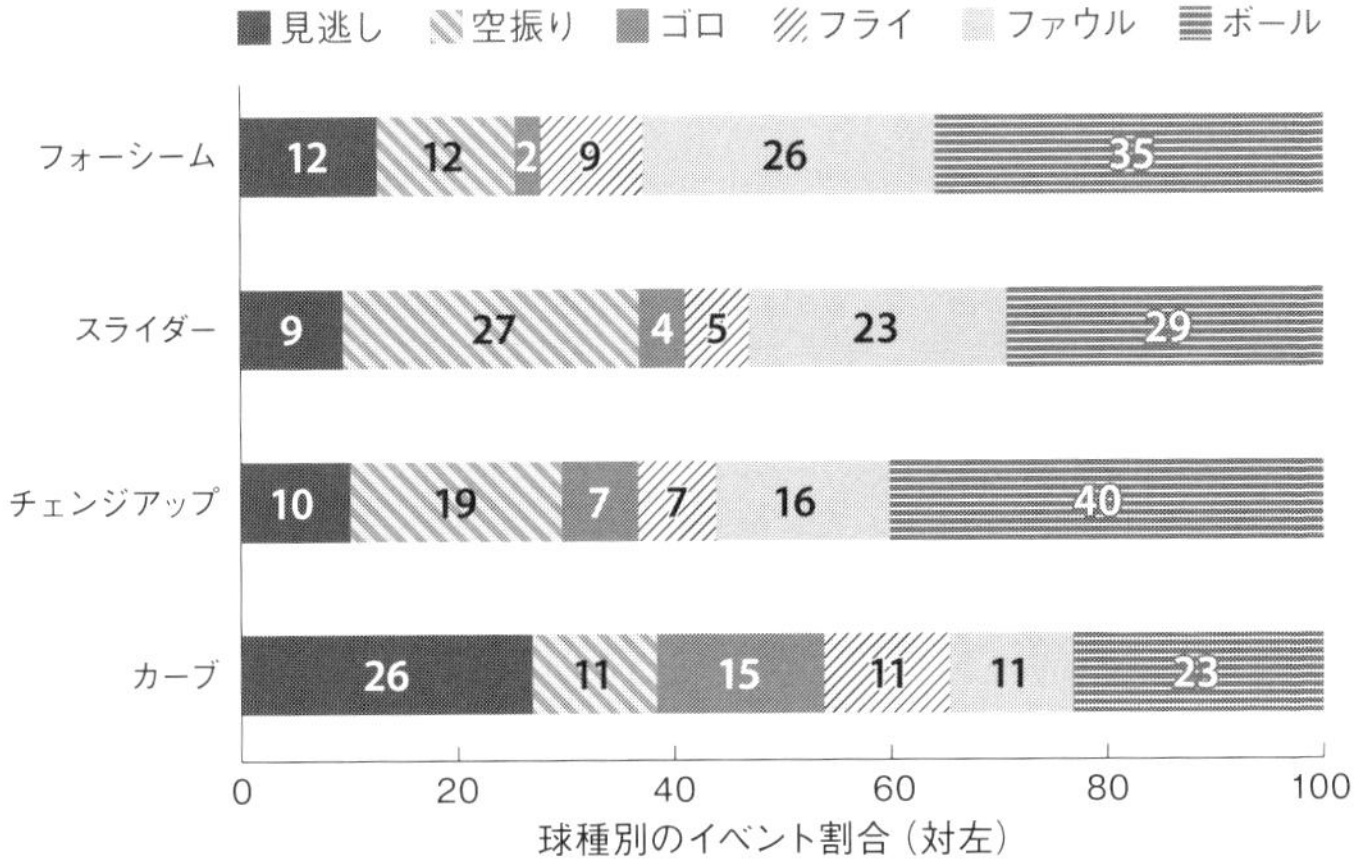

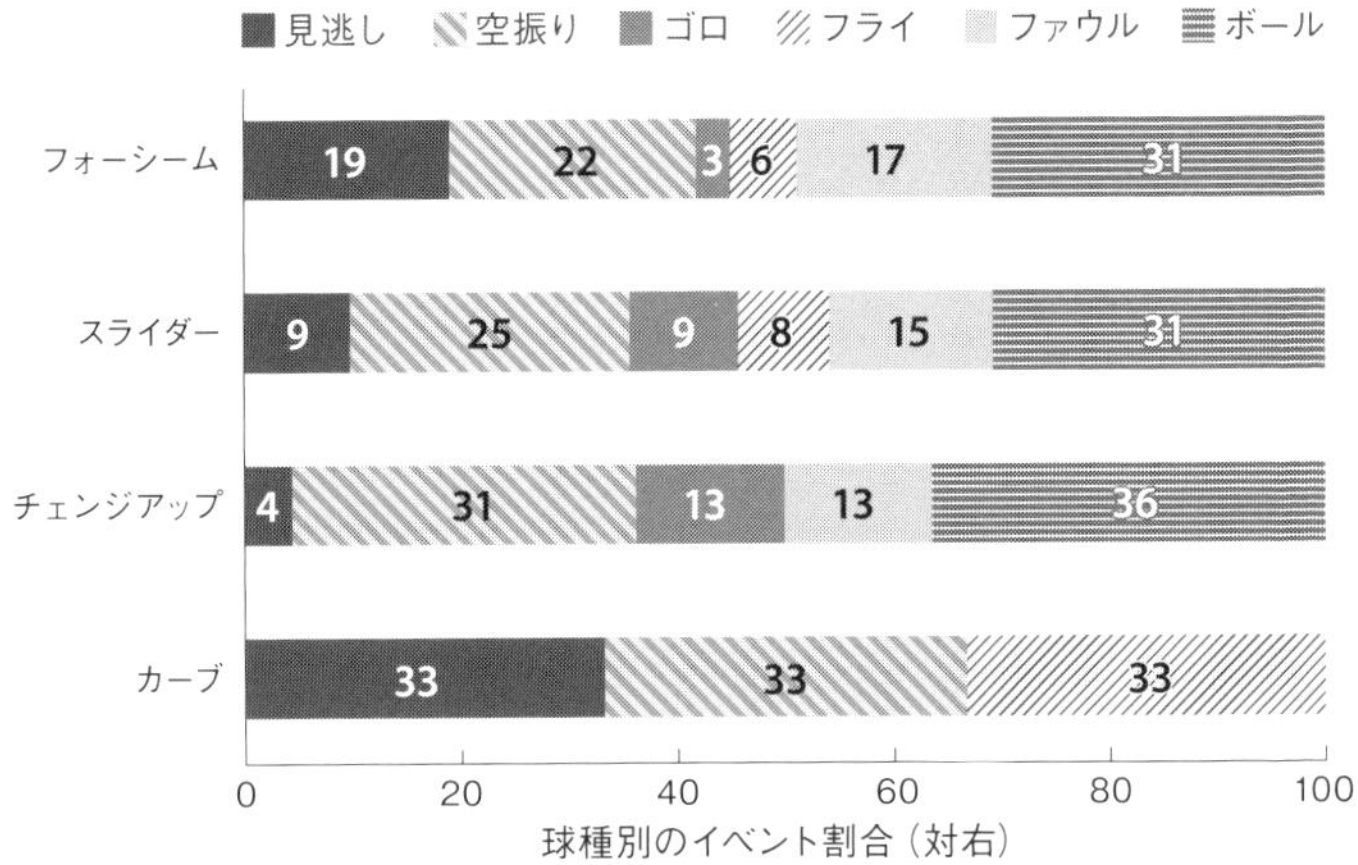

らに【バーランダー投手の対左打者／対右打者イベント割合】（表22）を見ると、対左打者、対右打者に関係なく、スライダーで空振りを奪えていることがはっきり読み取れる。

ダルビッシュ投手や大谷投手のようにブーメランスライダーを投げる投手は、小さくて速いスライダーを、カットボールで代用している。ブーメランスライダーだけでは投球幅が狭くなるので、ストライクゾーンの中で勝負できるカットボールを磨くことによって、ピッチングの引き出しを増やしているのだ。いわば、フ

［**表21**］バーランダー投手の投手方向から見たボール変化量　2019年

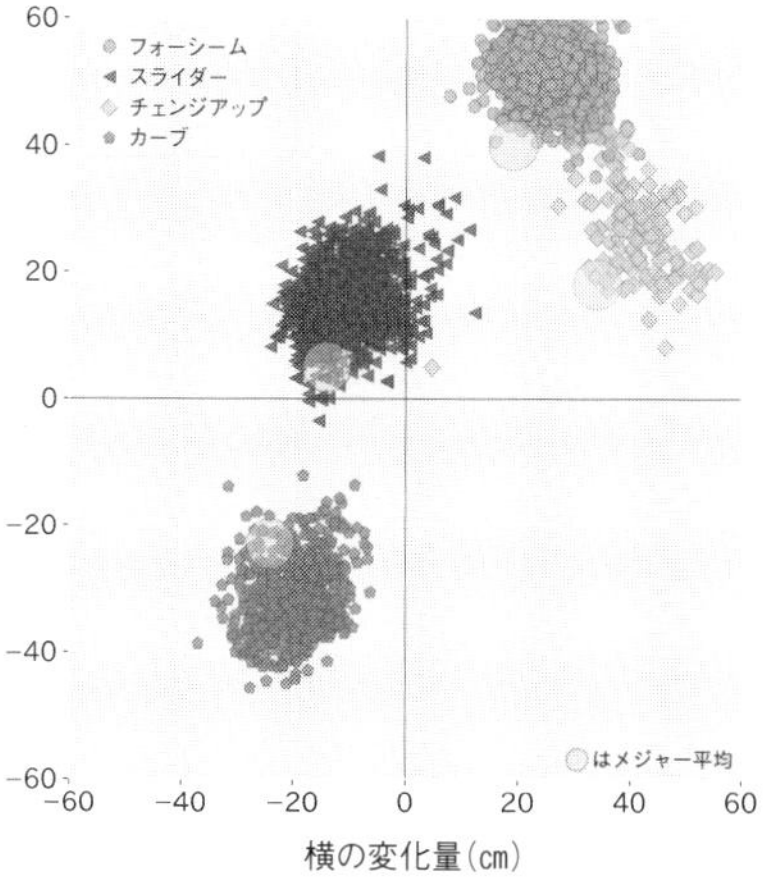

[表22] バーランダー投手の対左打者／対右打者イベント割合

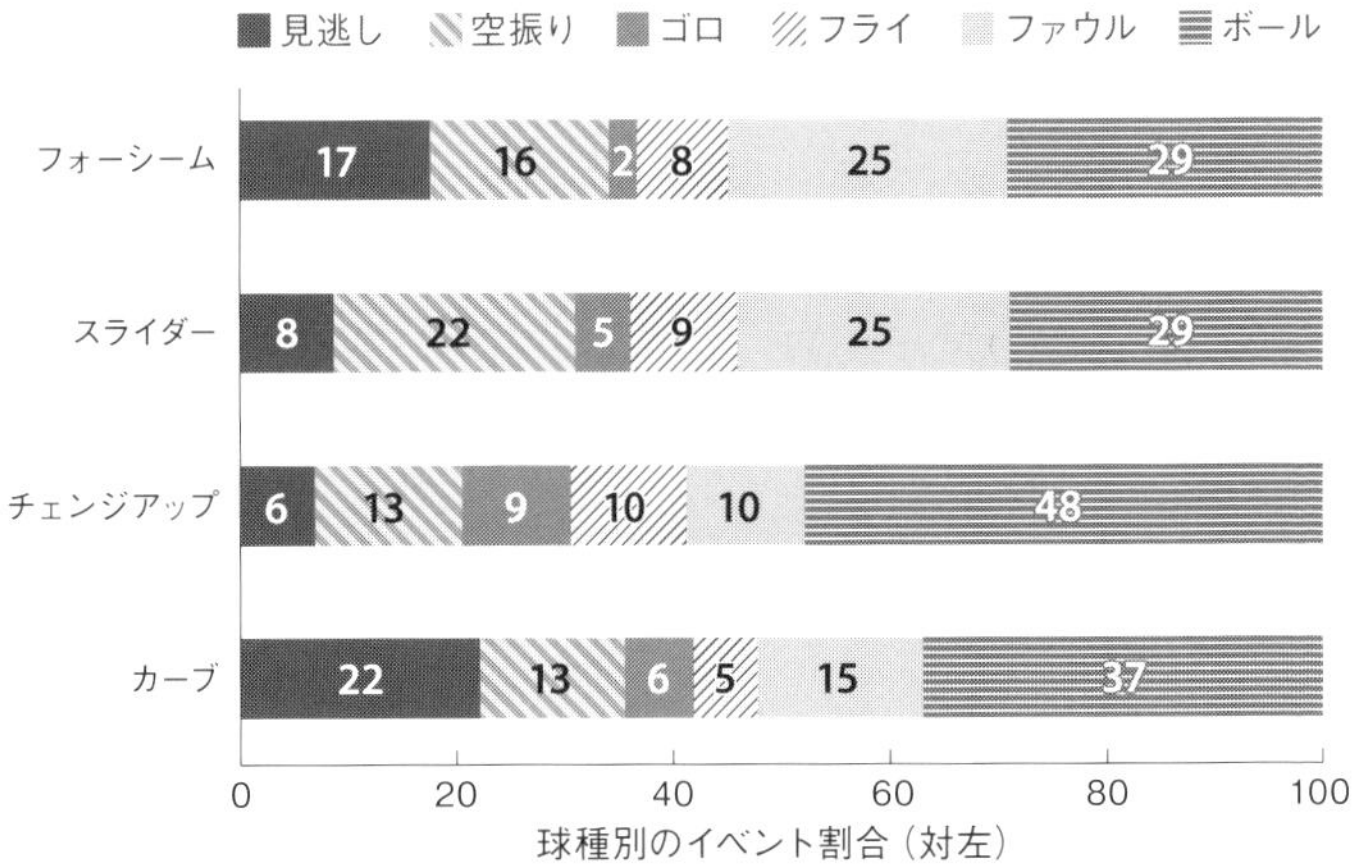

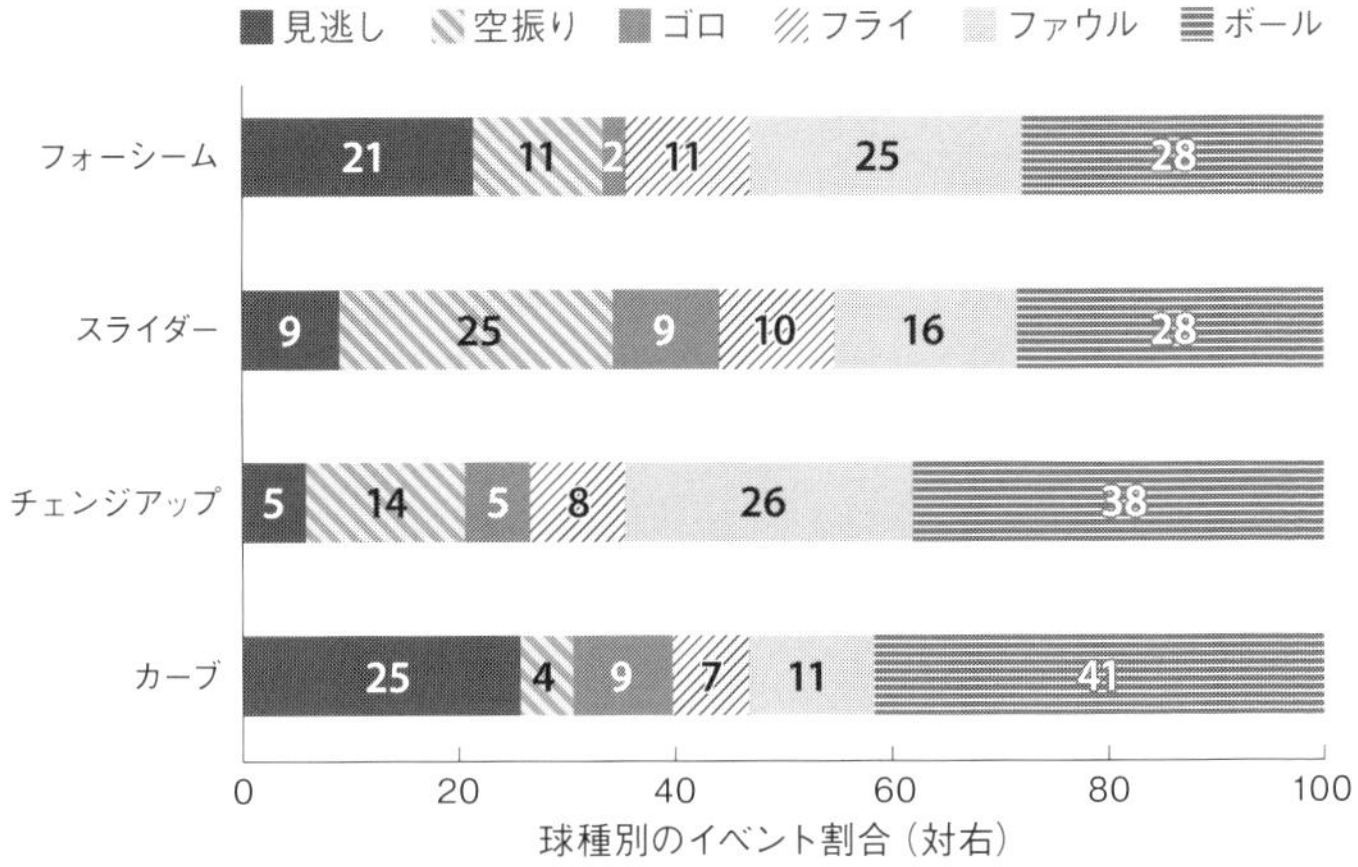

ォーシームとブーメランスライダーの〝中間のボール〟と表現することができる。

じつは、大谷投手は2021年から本格的にカットボールを投げ始めている。自分から覚えようと思ったのか、球団に言われたのかは定かではないが、投球の幅が広がったのは事実だ。

また、大谷投手はヒジを手術したあとにフォームを少し変えた影響もあり、フォーシームにかかるシュート成分が少なくなっている。【大谷投手の2018年、2021年フォーシームの変化量比較】（表23）を見ると、変化の仕方がイメージできるはずだ。意図的ではなく、無意識のうちに回転が変わってきたのではないだろうか。いわゆる「真っスラ」に近い回転だ。打者からすると、フォーシームとカットボールの見分けが付きづらく、なかなか狙いを絞り切れないはずだ。

[表23] 大谷投手の2018年、2021年フォーシームの変化量比較

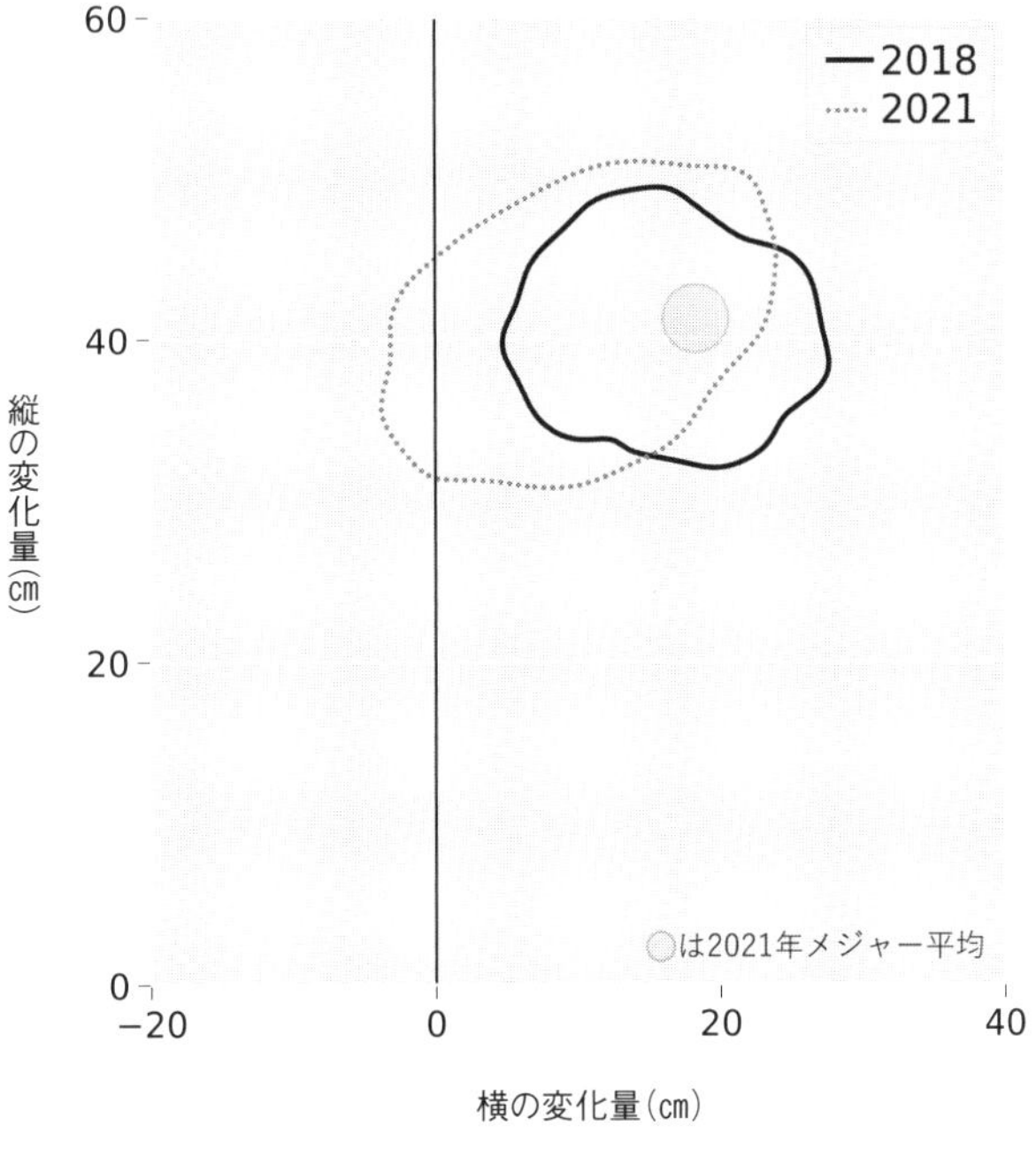

右投手のスライダーは捕手の右ヒザを狙って投げる

スライダーをどこに投げれば、空振りを奪いやすいのか。さきほどのカーブと同様に、コース別のスイング率と空振り率を見ていきたい。

【スライダーの投球位置とスイング率の関係（右投手対右打者・左投手対左打者）】（表24）と、【スライダーの投球位置と空振り率の関係（右投手対右打者・左投手対左打者）】（表25）を見ていくと、スイング率は真ん中を中心にして、低めはストライクゾーンから15センチ下のライン、アウトコースは10センチボールゾーンのあたりが、手を出しやすいコースであることがわかる。インコースのスライダーは、アウトコースのスライダーほどは手を出していない。

空振り率は、右投手では右打者のアウトロー、左投手では左打者のアウトローのボールゾーンに集中している。縦軸の0センチより下は、ワンバウンドのスラ

［表24］ スライダーの投球位置とスイング率の関係
（右投手対右打者・左投手対左打者）

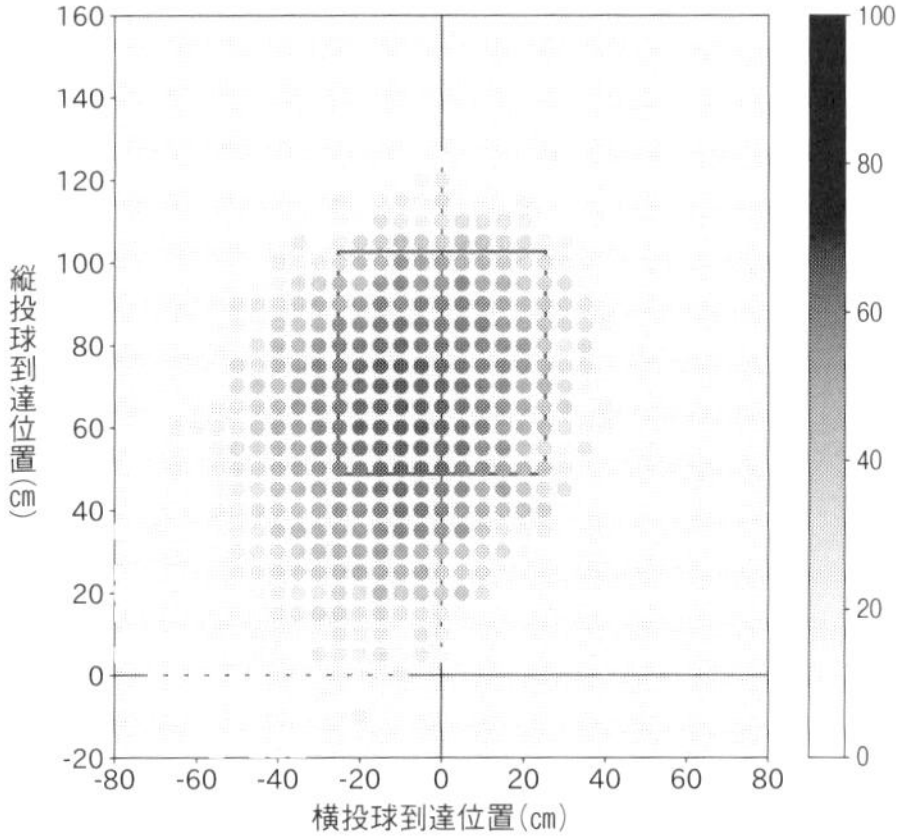

［表25］ スライダーの投球位置と空振り率の関係
（右投手対右打者・左投手対左打者）

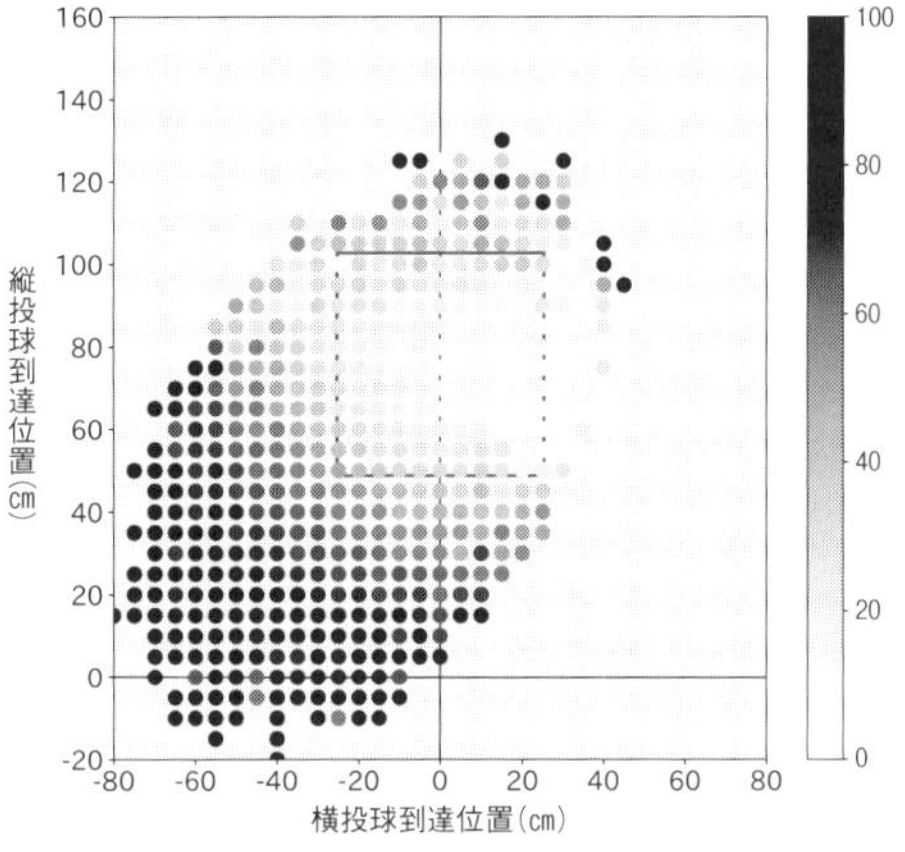

イダーを振っている意味になる。空振りを奪いたければ、外に逃げていくスライダーがもっとも効果的と言って間違いはない。

では、これが対角の関係になると、どう変化していくか。

【スライダーの投球位置とスイング率の関係（右投手対左打者・左投手対右打者）】（表26）と、【スライダーの投球位置と空振り率の関係（右投手対左打者・左投手対右打者）】（表27）を見てほしい。意外に思うかもしれないが、先に紹介した右投手対右打者・左投手対左打者の分布図とほとんど変わりがないのだ。左打者も右打者も、自分の体の近くに食い込んでくる、特にヒザ元のスライダーに対する空振り率が高い。空振りのシーンが映像に浮かぶ読者も多いことだろう。

このことから、右投手は捕手の右ヒザ、左投手は捕手の左ヒザあたりを狙ったスライダーの精度を高めることが重要と言える。対右打者、対左打者のどちらにも共通するポイントである。ここにコントロールミスなく投げ切れるようになれば、おのずと空振り率も高くなっていくはずだ。投手の心理として、ブルペンでいろんなコースに投げたがる傾向があるが、ひとつのコースだけを徹底して磨い

［表26］ スライダーの投球位置とスイング率の関係
（右投手対左打者・左投手対右打者）

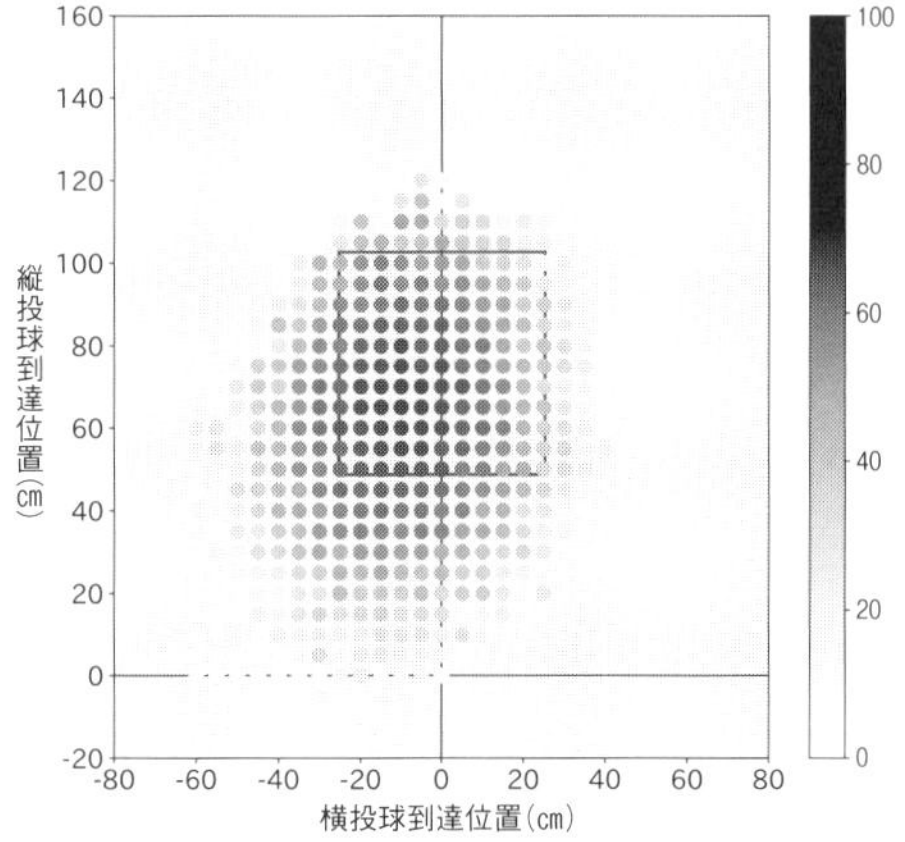

［表27］ スライダーの投球位置と空振り率の関係
（右投手対左打者・左投手対右打者）

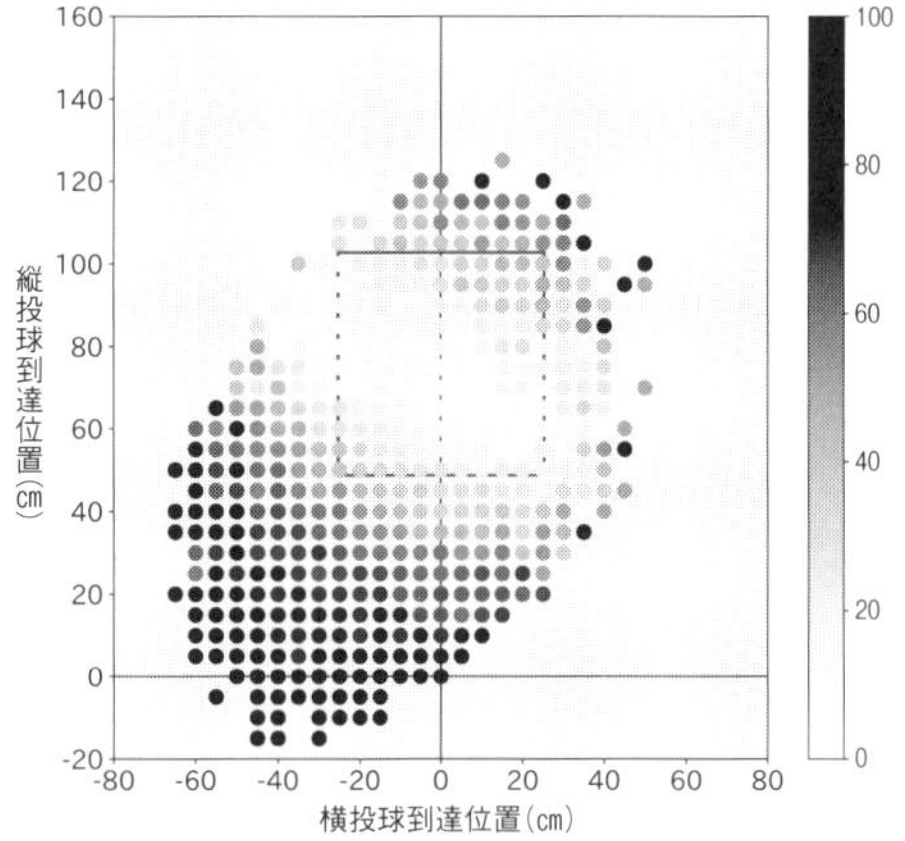

ていくのもおすすめだ。

さきほど例に挙げたデグロム投手もバーランダー投手も、スライダーを捕手の右ヒザ近辺に投げ続ける傾向がある。フォーシームを高めに投げて、スライダーを捕手の右ヒザに集める。もちろん、ひとつひとつの球種の質が高いからできることでもあるが、配球自体はものすごくシンプルだ。

サイドスローの投手が比較的多く使うのが、右のサイドが左打者の外から曲げてくるスライダーである。ボールゾーンから入れてくることで、打者は反応が遅れて見逃しストライクを取ることができる。「外巻きスライダー」と呼ばれることもあるが、あくまでも見逃しを狙うボールであって、2ストライクから空振りを取るにはそれほど適していない。ストライクゾーンを広げている打者は、積極的に手を出してくるため、ファウルで粘られて球数が増えるケースもある。

見逃しがほしいのか、あるいは空振りを取りたいのか、バッテリーで共通理解を持ったうえで、投げるコースを選択したほうがいいだろう。

チェンジアップは投じる高さがポイント

今では、高校生も当たり前のように投げているチェンジアップ。フォーシームとの球速差を生かして、打者のタイミングをずらす役割を持っている。78ページで紹介した【球種別の平均打球速度／平均打球角度／平均飛距離】を見てわかるとおり、チェンジアップは打球速度がもっとも低く、打球角度も7・7度と浅く、長打になりにくい球種と言える。

チェンジアップのポイントは、投げる高さにある。【チェンジアップの投球位置とスイング率の関係（右投手対右打者・左投手対左打者）】（表28）と、【チェンジアップの投球位置と空振り率の関係（右投手対右打者・左投手対左打者）】（表29）を確認すると、地面から50センチほどの高さに空振りが集中しているのがわかる。打者の体で示せば、地面からヒザの高さとなる。特に、追い込んでか

[**表28**] チェンジアップの投球位置とスイング率の関係
(右投手対右打者・左投手対左打者)

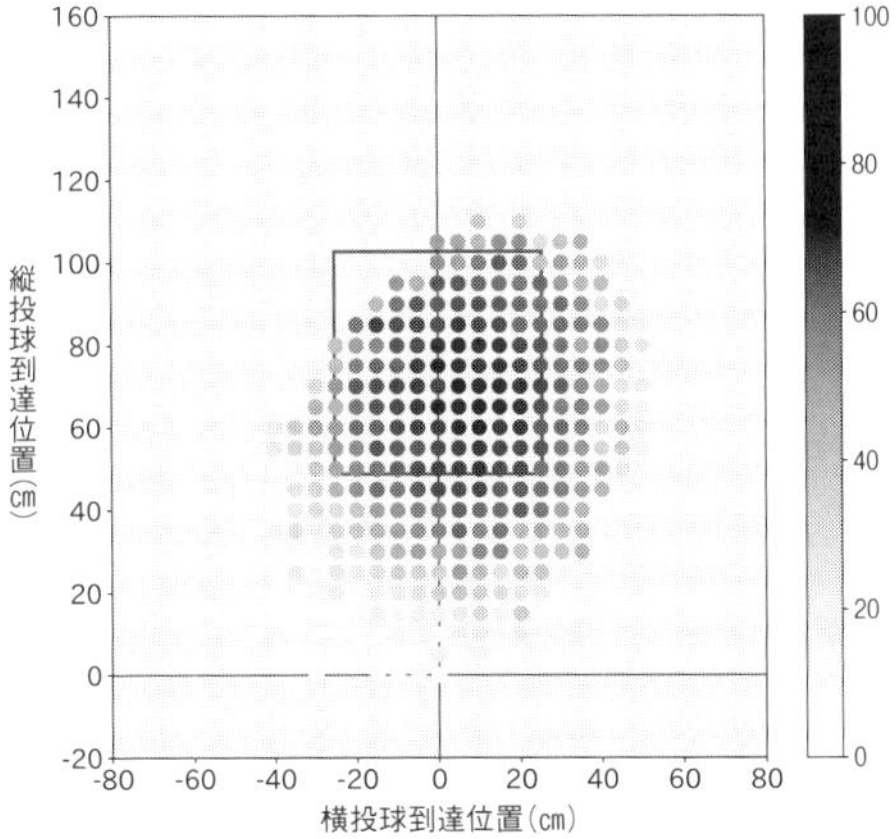

[**表29**] チェンジアップの投球位置と空振り率の関係
(右投手対右打者・左投手対左打者)

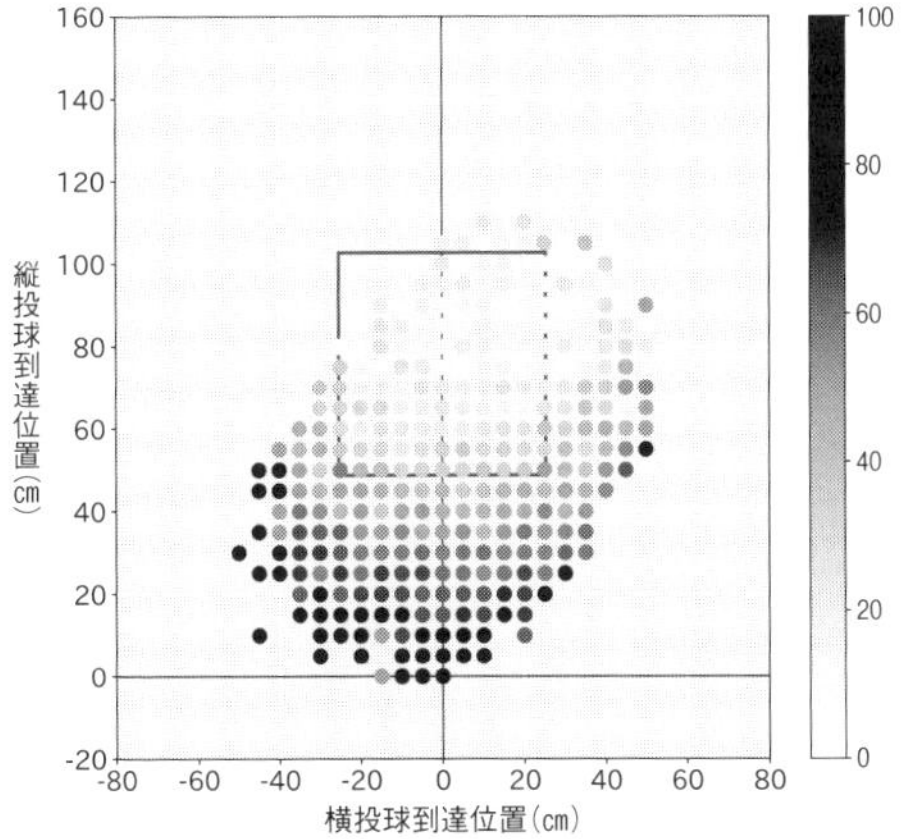

らこの高さに投げられれば、大事な場面で狙って三振を取れるようになるはずだ。

チェンジアップのコントロールが抜群に優れているのが、MLBで活躍する前田健太投手である。2020年はチェンジアップで奪った空振りの大半が、ボールゾーンで奪っていた。特に精度が高いのが低めのコントロールで、【前田投手の投手方向から見たチェンジアップの投球到達位置】（表30）を見てもらうと、そのすごさが伝わるはずだ。地面から20～50センチの間に見事に投げ込み、長打のリスクを抑えている。

右投手対左打者・左投手対右打者と、対角の関係になると【スイング率】（表31）【空振り率】（表32）ともに少しだけ変化が見える。右打者の外に逃げながら落ちていく軌道のチェンジアップに手が出やすく、空振り率も高いのがわかる。低めだけでなく、外のボールゾーンをうまく使っていくことも、頭に入れておくといいだろう。

なお、右投手対右打者、左投手対左打者のシチュエーションで、「チェンジアップを投げにくい」という投手も存在する。シュート回転がかかりすぎると、デ

［表30］前田投手の方向から見たチェンジアップの投球到達位置

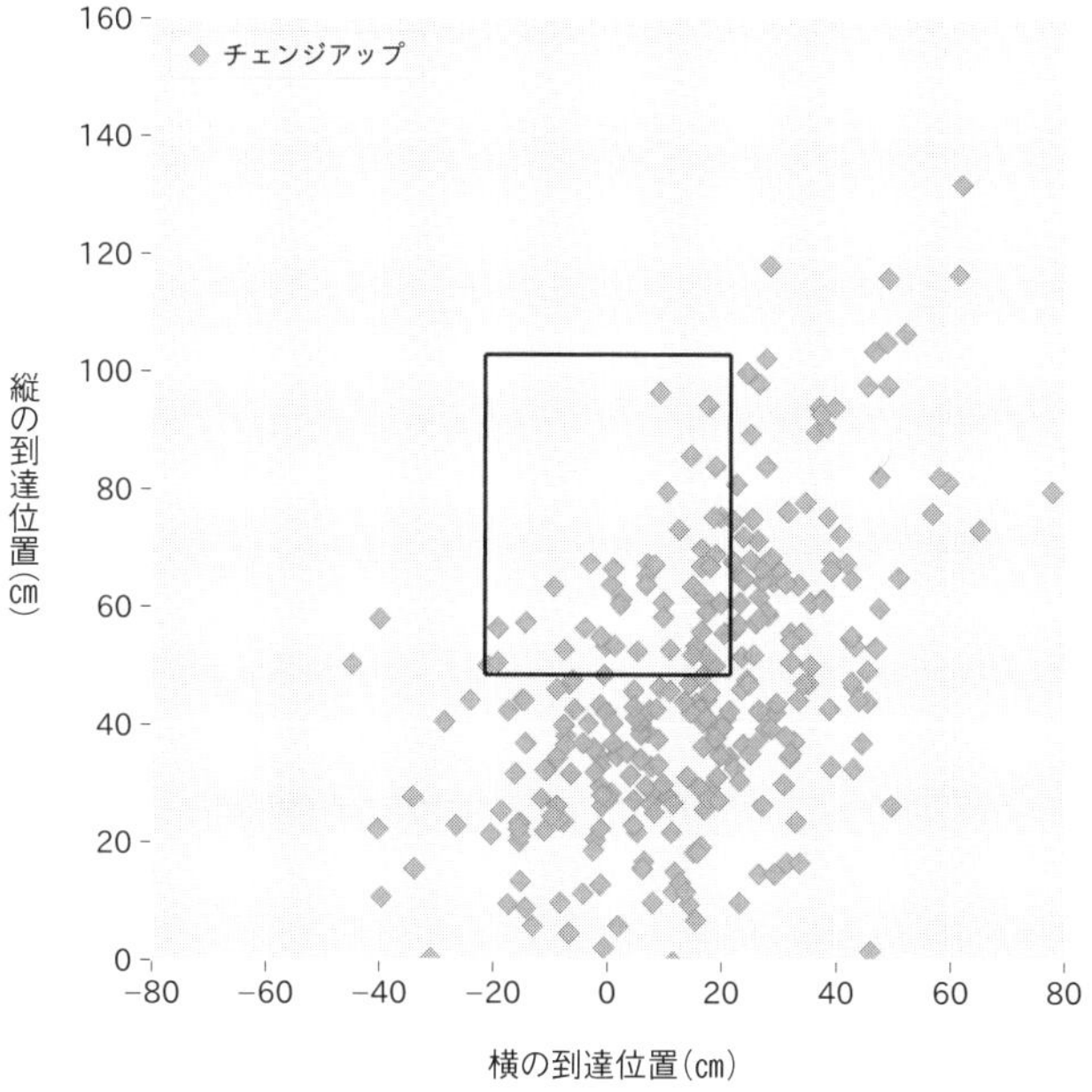

［表31］ チェンジアップの投球位置とスイング率の関係
（右投手対左打者・左投手対右打者）

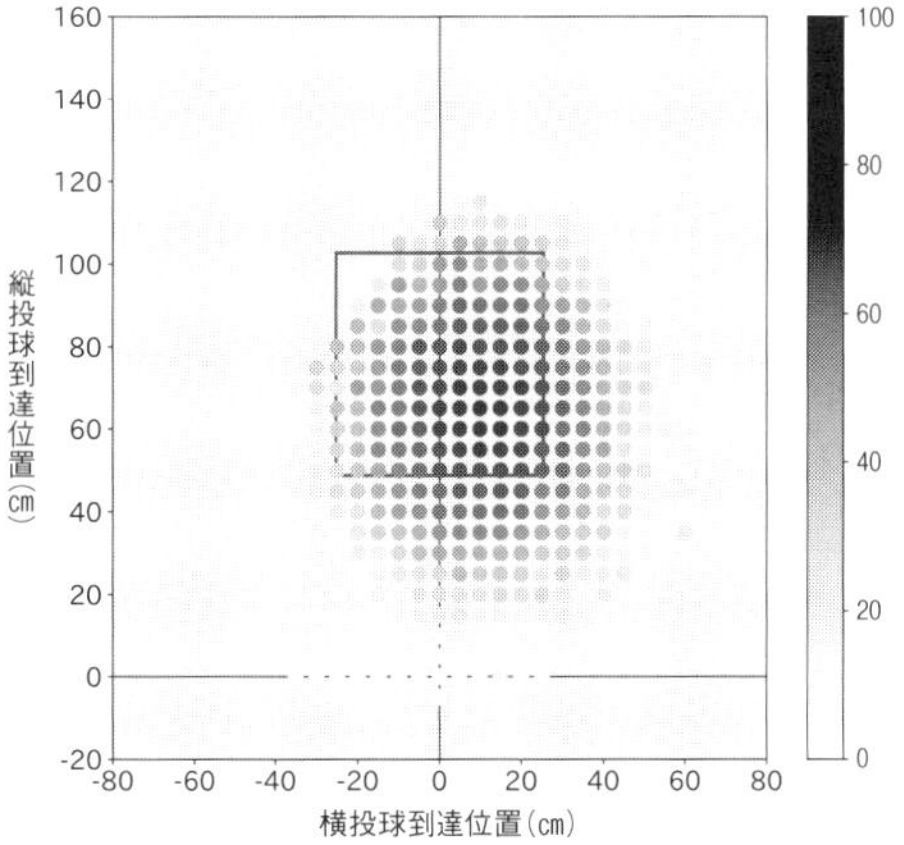

［表32］ チェンジアップの投球位置と空振り率の関係
（右投手対左打者・左投手対右打者）

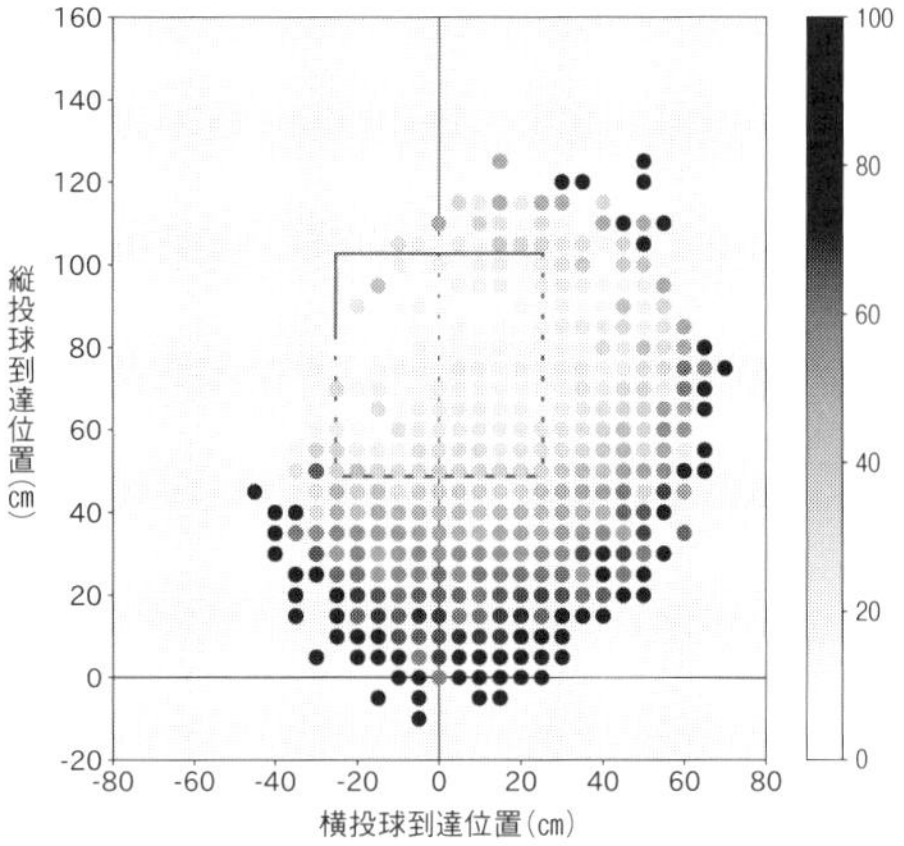

ッドボールになる怖さがあり、どうしても腕を振りにくくなるからだ。特に左投手にこの手のタイプが多く、対右打者よりも対左打者のほうが、被打率が高い傾向にある。チェンジアップを使えない投手は、アウトコース中心の配球になりやすく、踏み込んで狙われやすくなる。

チェンジアップを投げられるようになるのが一番いいが、どうしても難しいときはフォークを使うなど、ほかの球種で代用することを考えたほうがいいだろう。たとえば、有原航平投手（テキサス・レンジャーズ）は、左打者にはチェンジアップ、右打者にはフォークと、落ちる球種を変えているようだ。

スライダーの項でも解説したが、対右打者、対左打者はまったく違うものだと思ったほうがいい。自分のピッチングスタイルを頭に入れながら、右の抑え方、左の抑え方を作り上げていくことが大事になる。球種が足りないと思うのなら、必要な球種を増やしていかなければいけないだろう。

投げ方に合った変化球が存在する

「どうやって変化球を覚えればいいのか」と悩んでいる投手も、きっと多いのではないだろうか。「変化球の握り方」を謳った書籍も多くあるが、ボールの握りやリリースの感覚は千差万別であり、マンツーマンでオーダーメイドの指導が必要になってくる。そのため「こう握れば、絶対に曲がる」とは断言できない。

この考えを大前提としたうえでお伝えしたいのは、「投げ方に適した変化球がある」ということである。投げ方に合っていない変化球を覚えようとすると、マスターするのに時間がかかるだけでなく、本来持っていた自分の良さが消えてしまう恐れもある。

では「投げ方に適した」とはどういうことか。わかりやすい例として、MLBで3度の最多勝を獲得しているクレイトン・カーショウ投手（ロサンゼルス・ドジャース）の【カーショウ投手の投手方向から見たボール変化量】（表33）を使って、説明していきたい。

左のオーバースローであるカーショウ投手は、ボール変化量がほぼ縦軸に並んでいる。チェンジアップを除けば、フォーシーム、スライダー、カーブともに、おおよそ横幅40センチ以内のエリアで変化しているのがわかるだろうか。横の変化量ではなく、縦の変化量と、ストライクゾーンの前後の幅で勝負するタイプと言える。

このように、オーバースローの投手は持ち球が縦に並ぶことが多い。腕が少し下がってスリークォーターになると、今度は持ち球が斜めに並ぶ。右投手であれば、右斜め上から左斜め下にタスキをかけるようなラインが作られる。そして、サイドスローになれば、縦の変化量の幅が小さくなり、横の変化量が広がっていくことになる。

ここから言えることは、「腕を振る軌道によって変化量が決まってくる」ということだ。カーショウ投手が、ダルビッシュ投手のような横に大きく曲がるブーメランスライダーを覚えようとしても、なかなか難しい。逆にスリークォーターのダルビッシュ投手が、カーショウ投手のような縦に大きく落ちるカーブを投げるのもハードルが高い。

じつは、この原則を知っておけば、投手攻略に生かすこともできる。たとえば、左のスリークォーターに対するとき、右打者から見るとアウトハイからインローにかけてのラインにボールが集まりやすい。フォーシームが抜けて高く浮くときは、アウトハイに抜ける傾向がある。腕の軌

［表33］カーショウ投手の投手方向から見たボール変化量　2020年

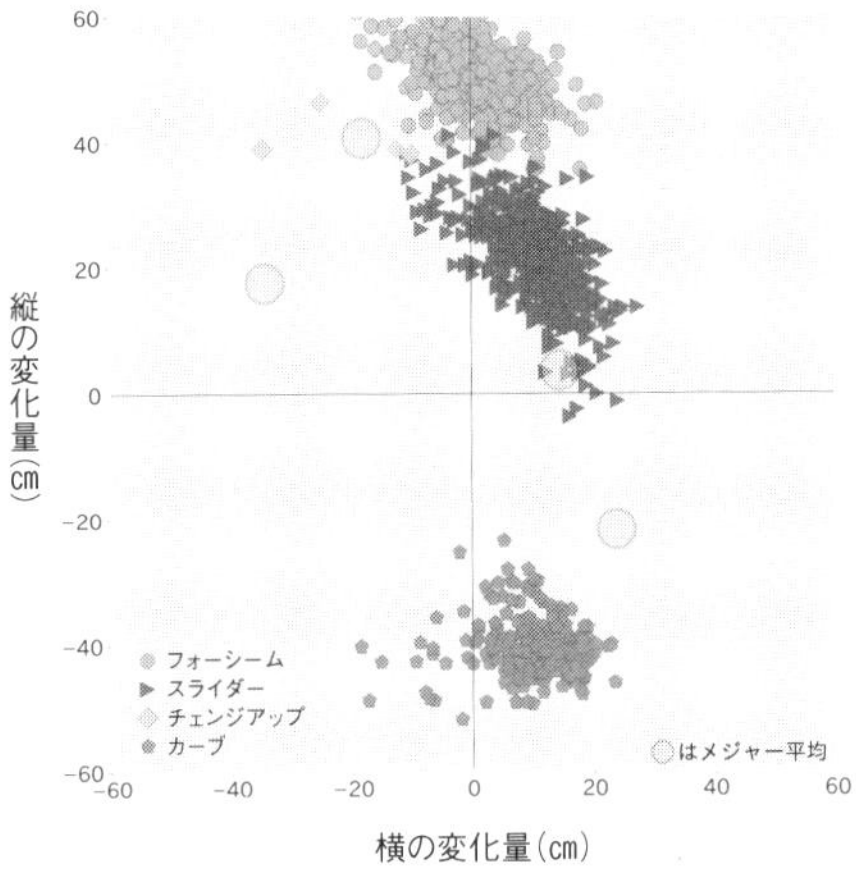

道から考えて、インハイに抜けることはめったにないものだ。

もうひとつ、変化球を覚える場合には「仲間関係」を意識することをおすすめしたい。

フォーシーム、ツーシーム、フォーク、チェンジアップは、握りを変えるだけで変化させることができるので「親戚」と考えていい。スライダーやカーブで腕の振りが弱くなる投手は、フォークやチェンジアップのほうが覚えやすいことがある。高めのフォーシームと低めのフォークの組み合わせは、ピッチトンネルを構成しやすいというメリットも存在する。

スライダー、カットボール、カーブも同じ系統の仲間だ。リリースするときの手の平の角度を変えるだけで、回転軸が変わる感覚がわかってくれば、ほかの球種に応用することができる。

私は、プロ野球選手だけでなく学生にも、新たな球種を覚えるためのアドバイスを送っているが、「どこから寄せていくか」を常に考えるようにしている。たとえば、カットボールをマスターするときに、フォーシームからカットボールに寄せていくか、スライダーの曲がりを小さくしてカットボールに近づけていくか。たいてい、どちらか得意なほうがある。

また、人によってさまざまな感覚があるが、ボールをリリースするときに、スライダーとカーブは中指、カットボールは人差し指ではじいたほうが回転をかけやすい。中指の感覚が優れている投手もいれば、人差し指のほうが使いやすい投手もいる。こうした自分の特徴を知っておくことも、変化球の習得につながっていくはずだ。

投手というポジションで生きていきたいのであれば、ボールのどこにどのぐらいの回転をかければ、どの方向にどの速さで曲がっていくのかを、イメージできるようになっておきたい。推測ではあるが、ダルビッシュ投手はこうした感覚に優れているのではないだろうか。

打者の動きはストライクカウントによって決まる

投手編の最後は、カウントに対する打者のアプローチの違いを紹介して締めとしたい。

0ボール0ストライクから3ボール2ストライクまでの間に、各球種に対して、どんなイベント（見逃し／空振り／ゴロ／フライ／ファウル／ボール）がどのぐらいの割合で生まれているのか。右投手対左打者・左投手対右打者、右投手対右打者・左投手対左打者の2パターンで分析してみた。

【カウント×球種によるイベントの変化】として、0ボール0ストライク（表34）／0ボール1ストライク（表35）／0ボール2ストライク（表36）／1ボール0ストライク（表37）／1ボール1ストライク（表38）／1ボール2ストライク（表39）／2ボール0ストライク（表40）／2ボール1ストライク（表41）／2ボール2ストライク（表42）／3ボール0ストライク（表43）／3ボール1ストライク（表44）／3ボール2ストライク（表45）の全12カウントの状況を掲載したので、カウントによるアプローチの変化を確認してみてほしい。自分が持っている球種に着目すると、カウントごとの使い方が見えてくるのではないだろうか。

全12カウントの傾向を調べたうえで、見えてきた特徴が5つある。

①初球はどんな球種でも、打者は3割見逃す。球速が遅いと、制球するのが難しい？（0－0からのカーブは約42パーセントがボール球）

②初球がボールかストライクでは、見逃し割合に大きな変化がある。ただし、1ボール0ストライクと1ボール1ストライクでは同じような傾向がある。

③3ボール0ストライクからのカーブは100パーセント見逃し。ただし、6割程度しかストライクが取れていない。

④2ストライクになると、どのボールカウントでも空振りは増える。

⑤基本的に打者の動きは「ストライクカウント」で決まる。

一番言いたいことは⑤である。0ストライク、1ストライク、2ストライクと、ストライクが増えていくごとに、打者の見逃し割合は減っていき、バットを振るようになる。振るということは、ボール球にも手を出す確率が上がっていく。少年野球もＭＬＢも「３ストライク制」であることは世界共通であり、この打者心理はどのカテゴリーでも変わらないと言っていいだろう。

70ページで解説したとおり、ストライクが増えていけば、打球速度は下がり、打球角度も低くなる。すなわち、長打のリスクを下げることにつながる。

そう考えると、投手の役割のひとつはストライクを先行させること。フォーシームを高めに投げて空振りやファウルを取るのも、若いカウントでカーブを使うのも、見逃しストライクを狙って外巻きのスライダーを投げるのもいいだろう。カウントを整えるための引き出しが増えれば増えるほど、失点のリスクを抑えたピッチングができるはずだ。

［表34］ カウント×球種イベントの変化　イベント割合0-0

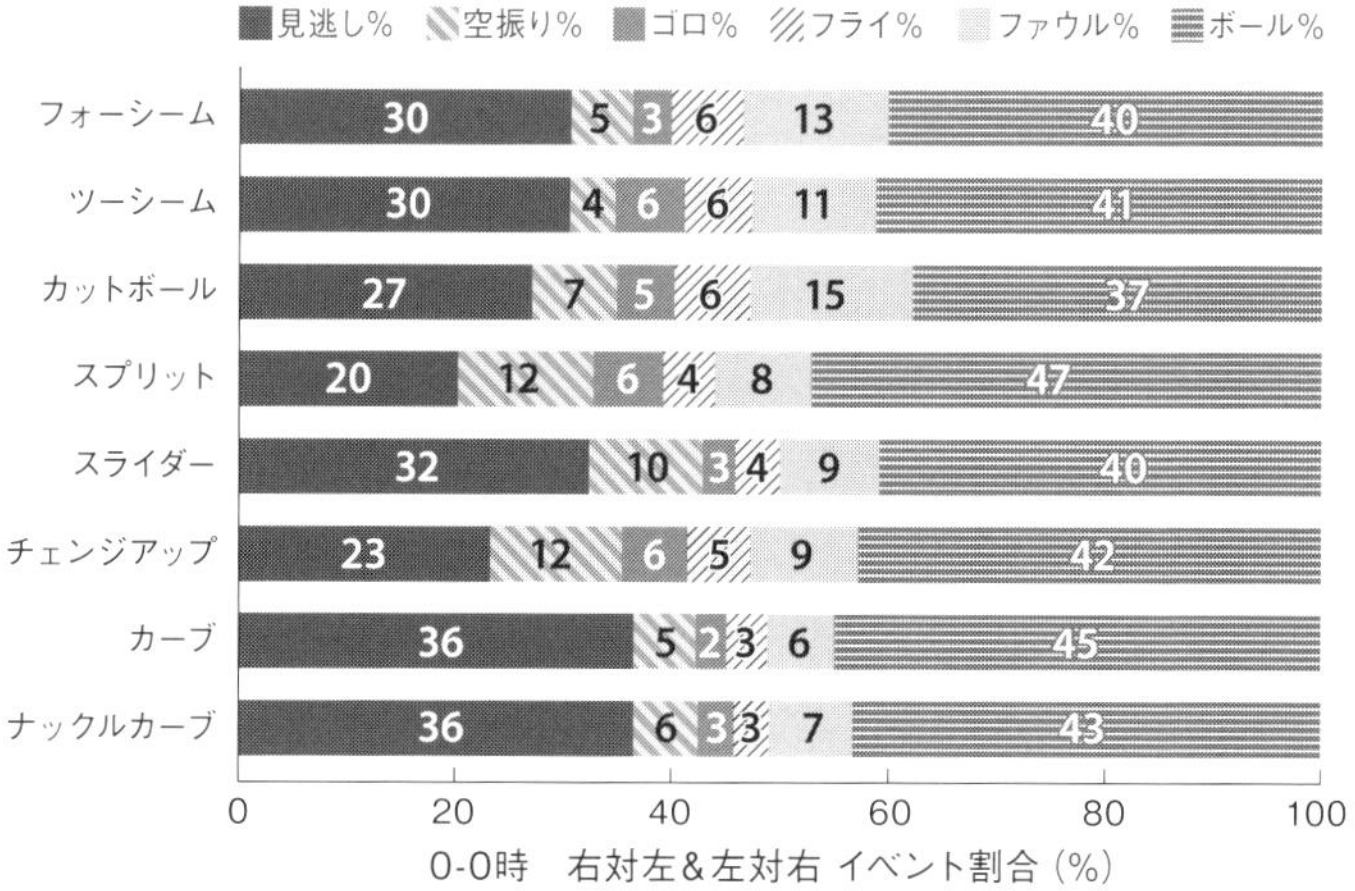

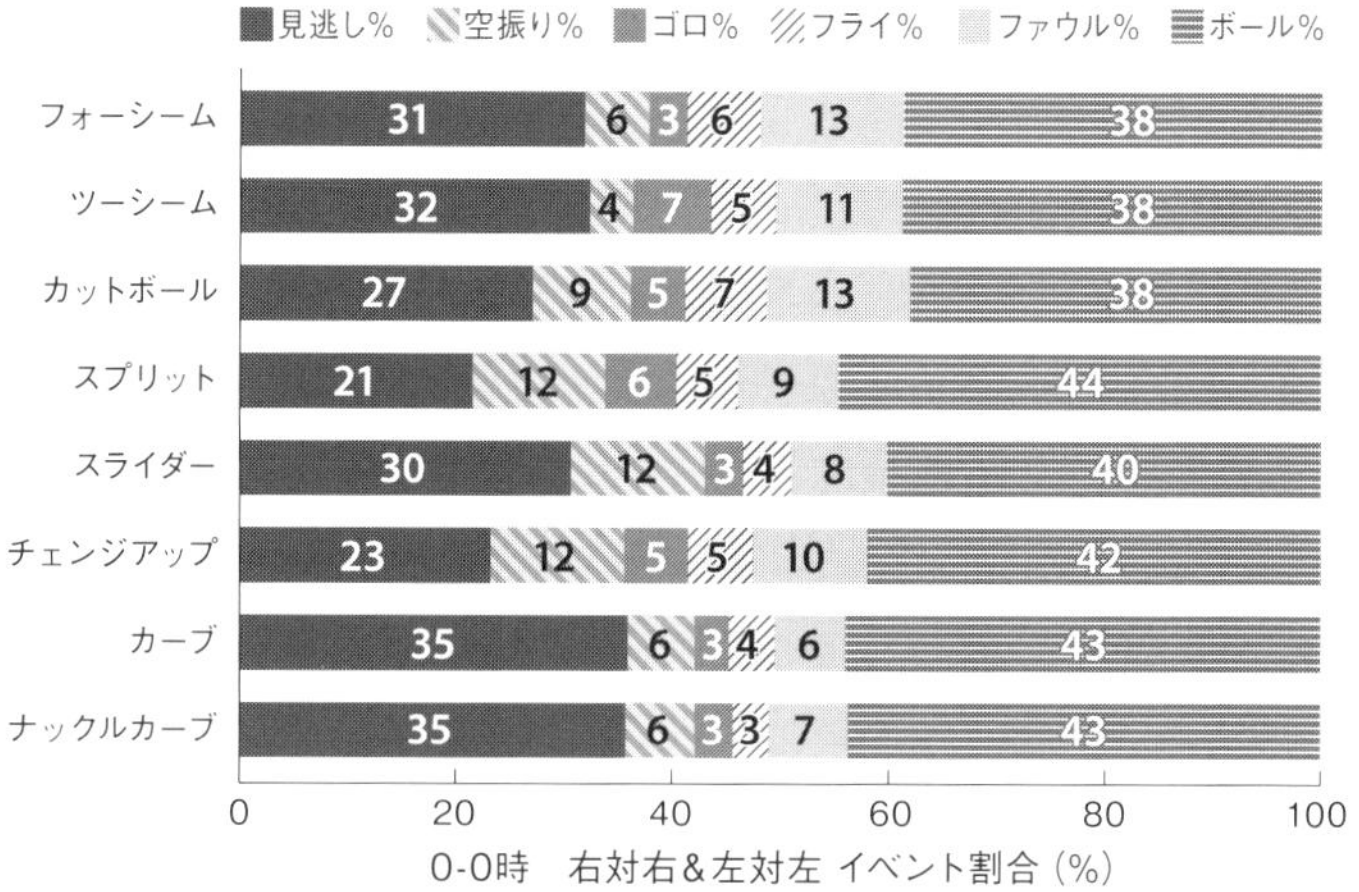

[表35] カウント×球種イベントの変化　イベント割合0-1

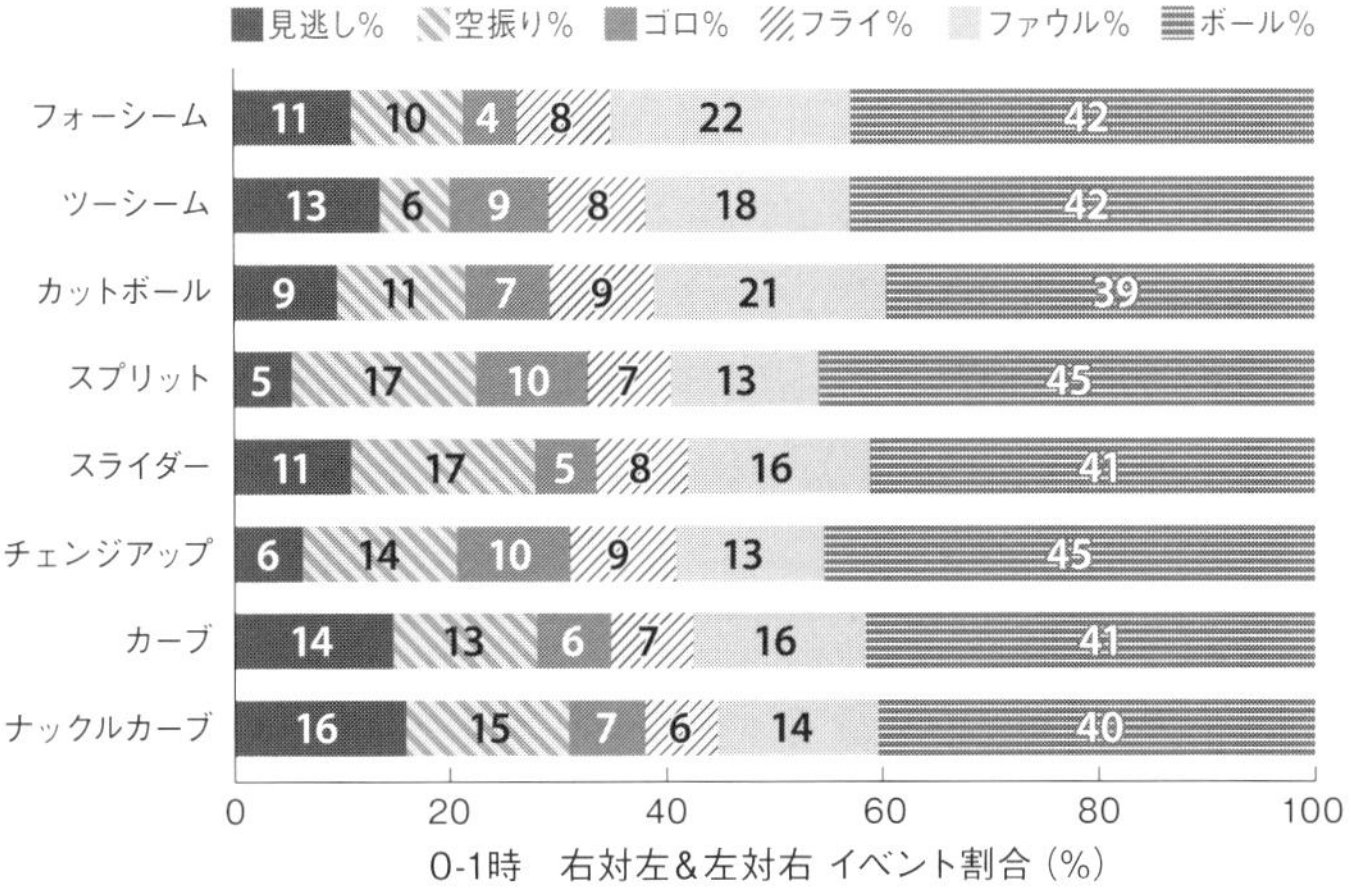
見逃し%
空振り%
ゴロ%
フライ%
ファウル%
ボール%
フォーシーム 11 10 4 8 22 42
ツーシーム 13 6 9 8 18 42
カットボール 9 11 7 9 21 39
スプリット 5 17 10 7 13 45
スライダー 11 17 5 8 16 41
チェンジアップ 6 14 10 9 13 45
カーブ 14 13 6 7 16 41
ナックルカーブ 16 15 7 6 14 40
0 20 40 60 80 100
0-1時　右対左&左対右 イベント割合（%）

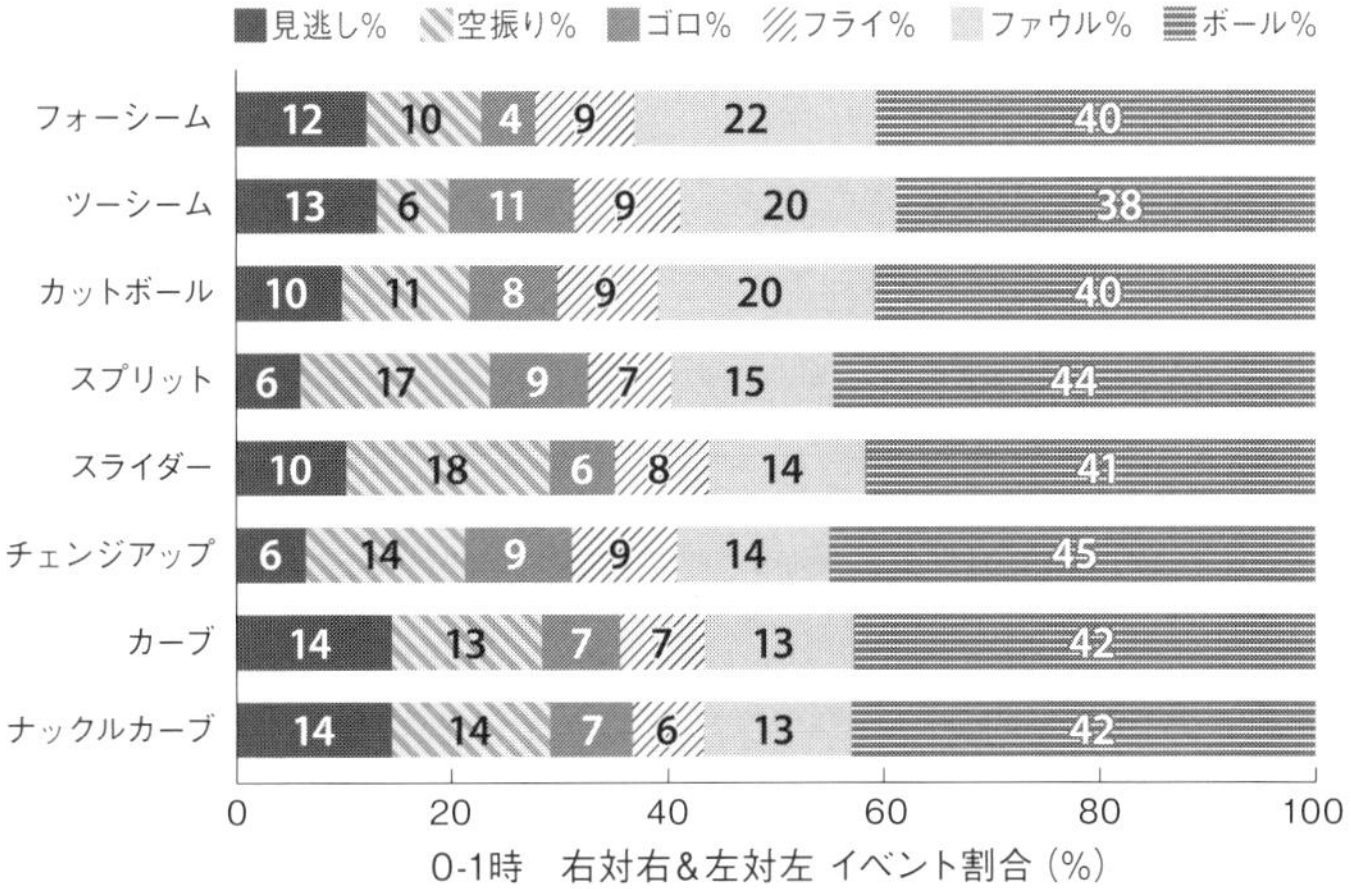
見逃し%
空振り%
ゴロ%
フライ%
ファウル%
ボール%
フォーシーム 12 10 4 9 22 40
ツーシーム 13 6 11 9 20 38
カットボール 10 11 8 9 20 40
スプリット 6 17 9 7 15 44
スライダー 10 18 6 8 14 41
チェンジアップ 6 14 9 9 14 45
カーブ 14 13 7 7 13 42
ナックルカーブ 14 14 7 6 13 42
0 20 40 60 80 100
0-1時　右対右&左対左 イベント割合（%）

［表36］カウント×球種イベントの変化　イベント割合0-2

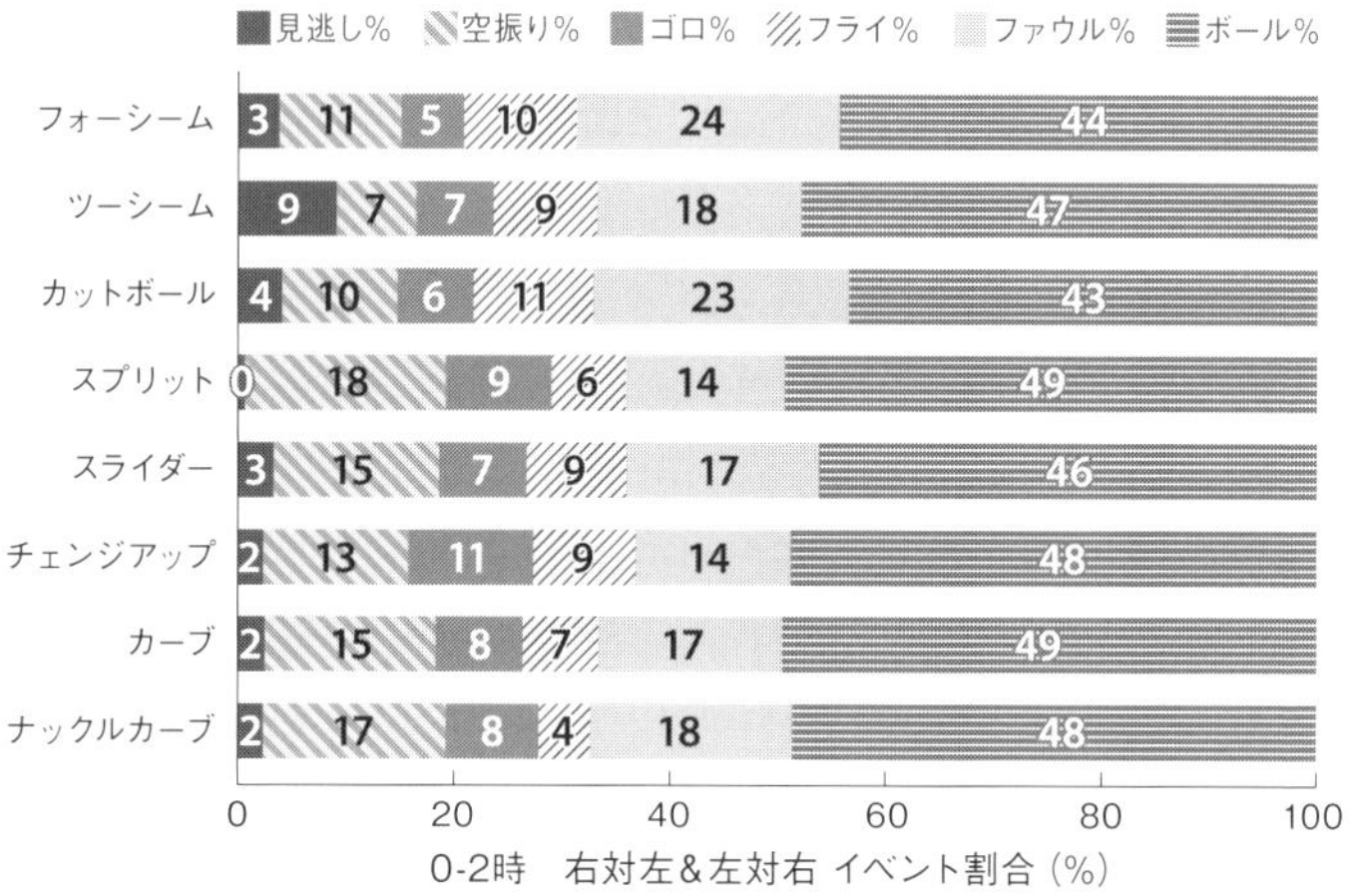
見逃し%
空振り%
ゴロ%
フライ%
ファウル%
ボール%
フォーシーム 3 11 5 10 24 44
ツーシーム 9 7 7 9 18 47
カットボール 4 10 6 11 23 43
スプリット 0 18 9 6 14 49
スライダー 3 15 7 9 17 46
チェンジアップ 2 13 11 9 14 48
カーブ 2 15 8 7 17 49
ナックルカーブ 2 17 8 4 18 48
0 20 40 60 80 100
0-2時　右対左＆左対右 イベント割合（%）

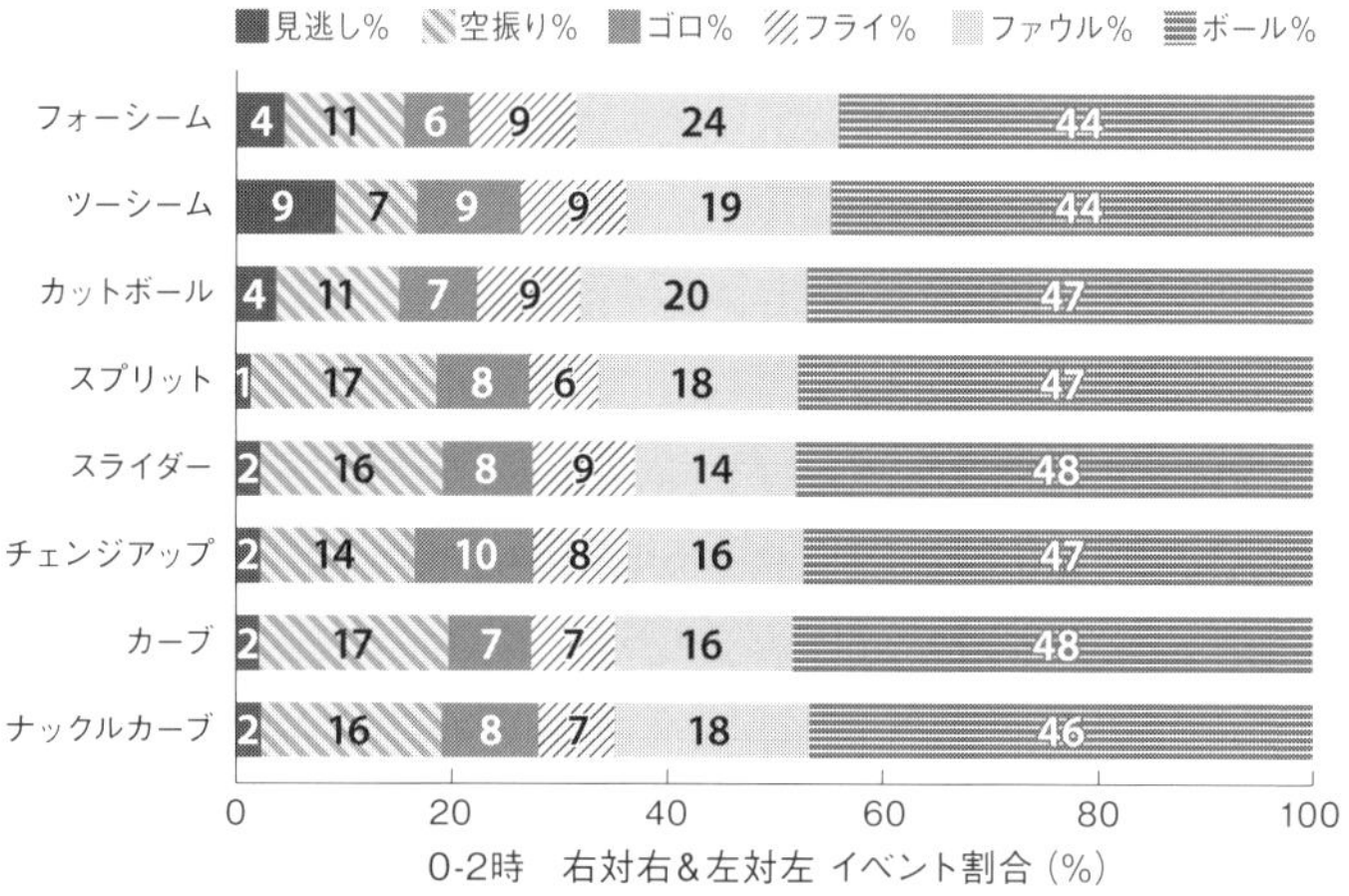
見逃し%
空振り%
ゴロ%
フライ%
ファウル%
ボール%
フォーシーム 4 11 6 9 24 44
ツーシーム 9 7 9 9 19 44
カットボール 4 11 7 9 20 47
スプリット 1 17 8 6 18 47
スライダー 2 16 8 9 14 48
チェンジアップ 2 14 10 8 16 47
カーブ 2 17 7 7 16 48
ナックルカーブ 2 16 8 7 18 46
0 20 40 60 80 100
0-2時　右対右＆左対左 イベント割合（%）

[表37] カウント×球種イベントの変化　イベント割合1-0

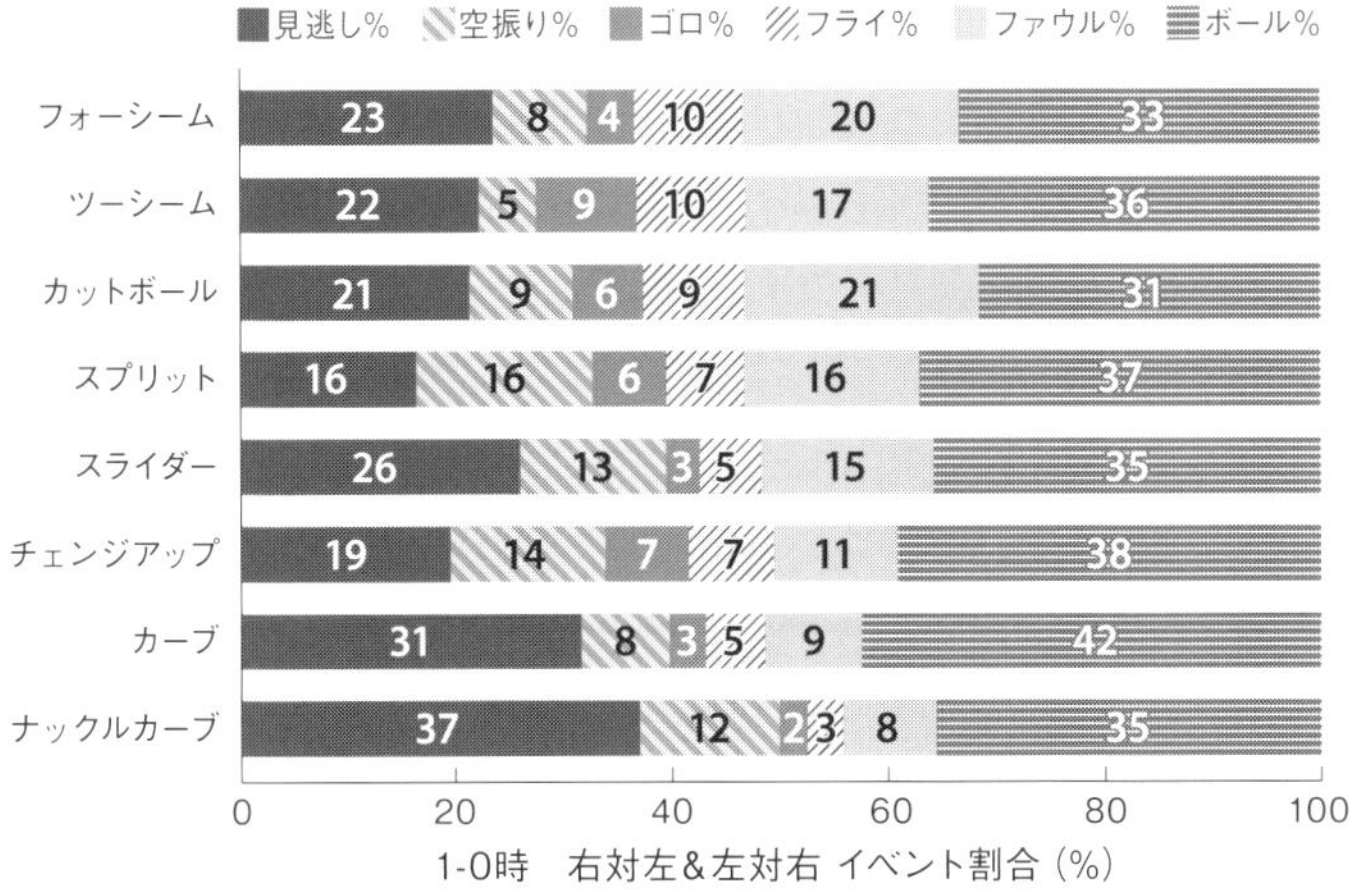
見逃し%
空振り%
ゴロ%
フライ%
ファウル%
ボール%
フォーシーム 23 8 4 10 20 33
ツーシーム 22 5 9 10 17 36
カットボール 21 9 6 9 21 31
スプリット 16 16 6 7 16 37
スライダー 26 13 3 5 15 35
チェンジアップ 19 14 7 7 11 38
カーブ 31 8 3 5 9 42
ナックルカーブ 37 12 2 3 8 35
0 20 40 60 80 100
1-0時　右対左&左対右 イベント割合（%）

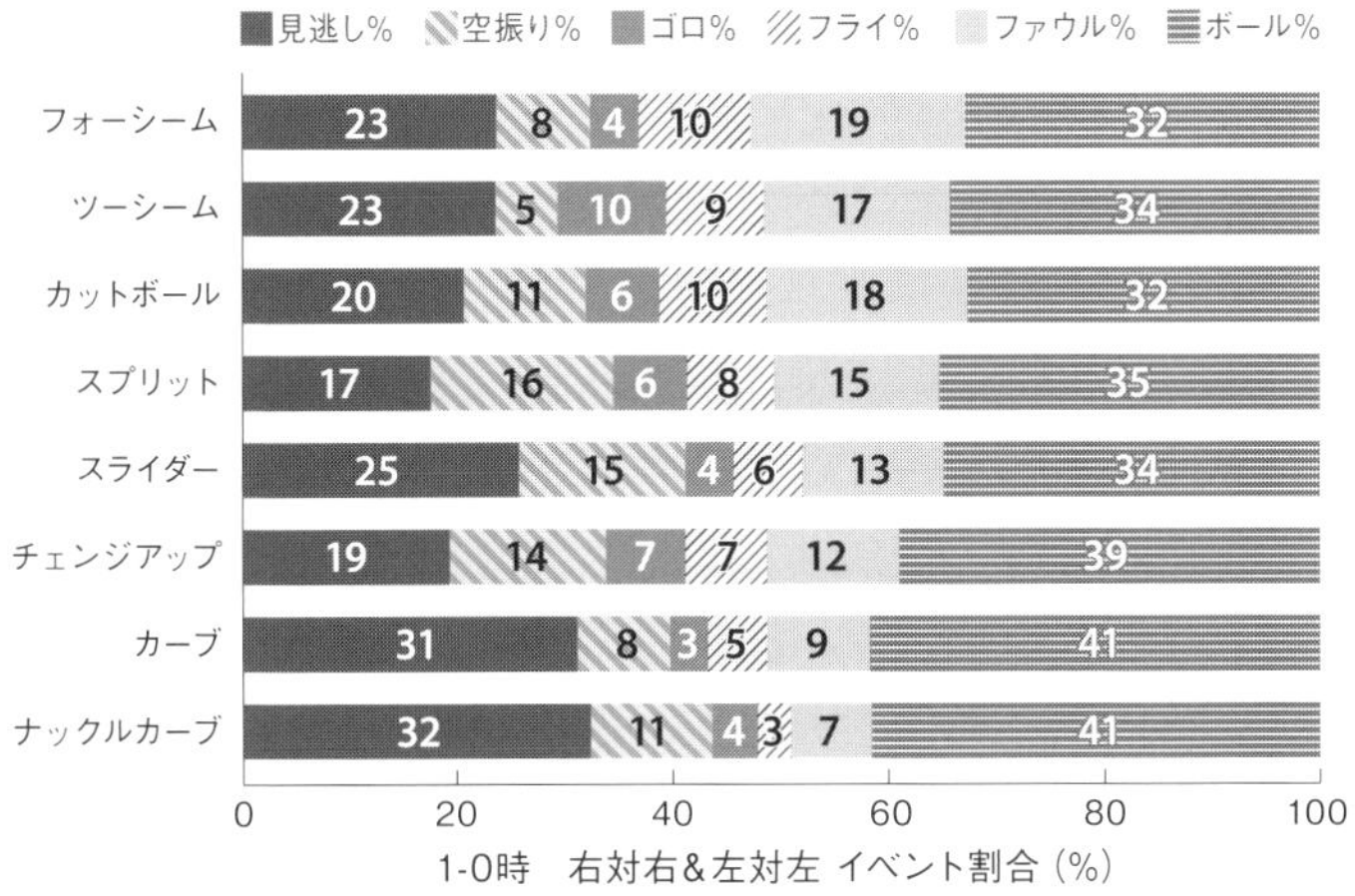
見逃し%
空振り%
ゴロ%
フライ%
ファウル%
ボール%
フォーシーム 23 8 4 10 19 32
ツーシーム 23 5 10 9 17 34
カットボール 20 11 6 10 18 32
スプリット 17 16 6 8 15 35
スライダー 25 15 4 6 13 34
チェンジアップ 19 14 7 7 12 39
カーブ 31 8 3 5 9 41
ナックルカーブ 32 11 4 3 7 41
0 20 40 60 80 100
1-0時　右対右&左対左 イベント割合（%）

［表38］カウント×球種イベントの変化　イベント割合1-1

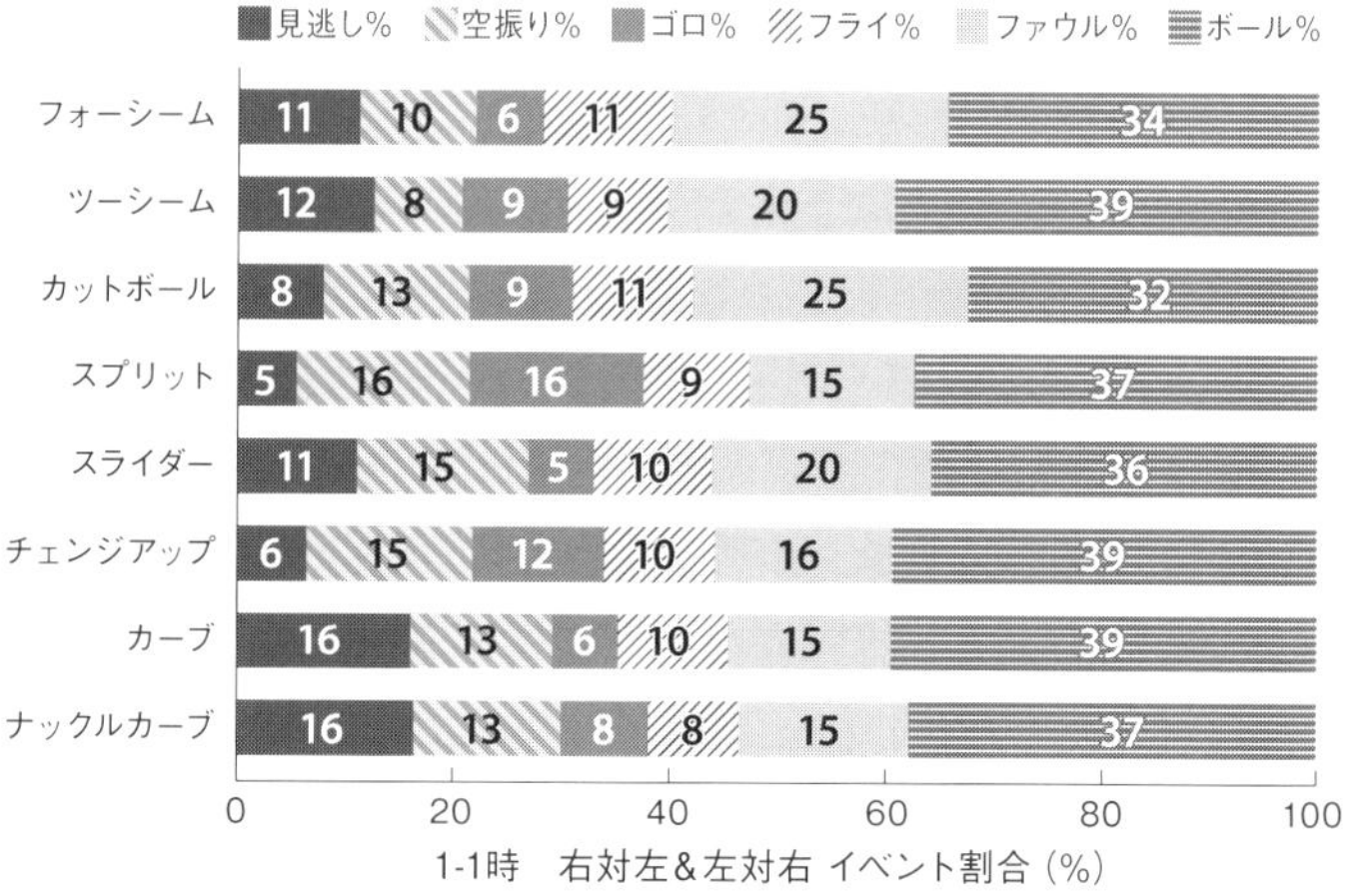

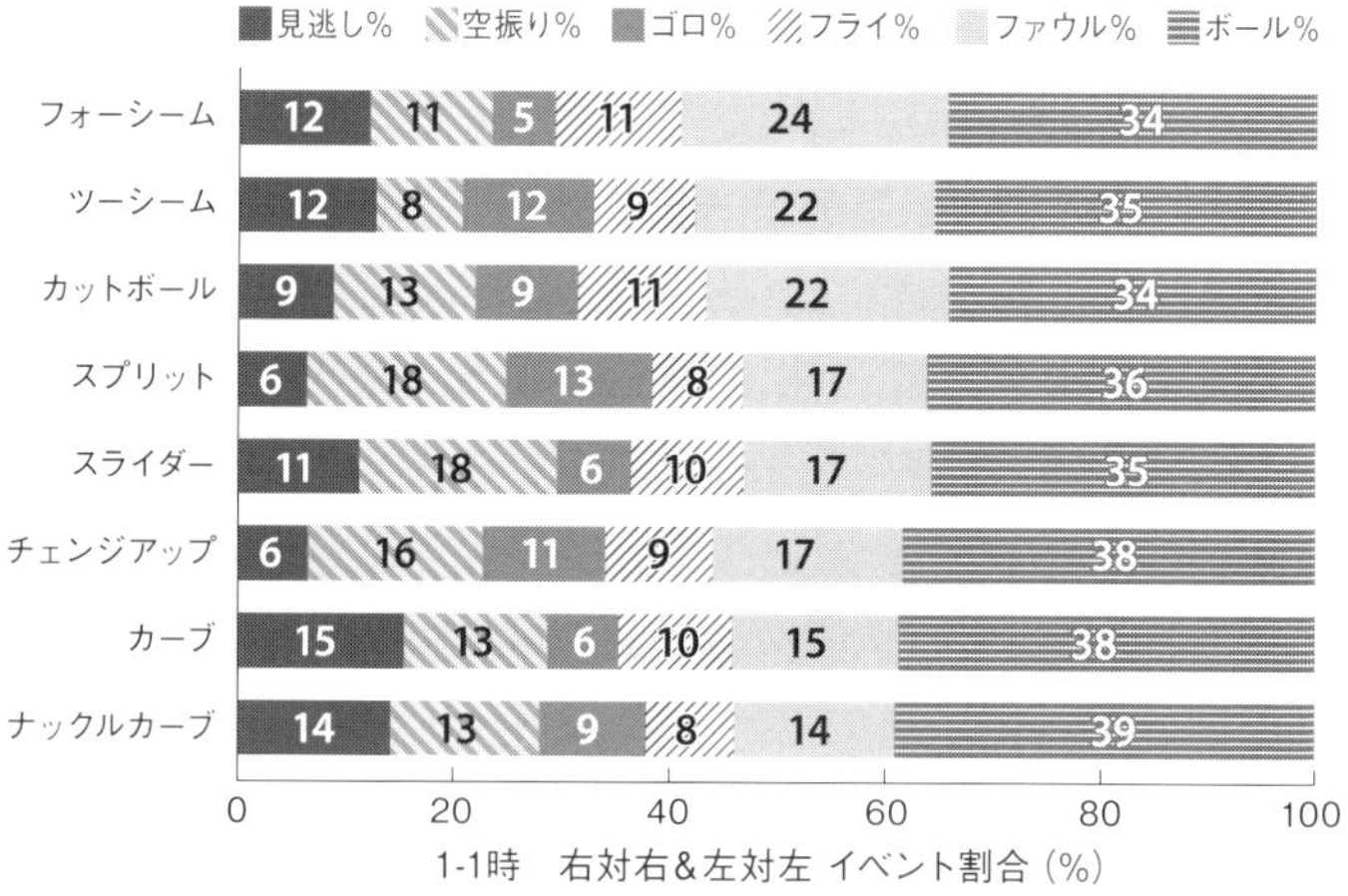

[表39] カウント×球種イベントの変化　イベント割合1-2

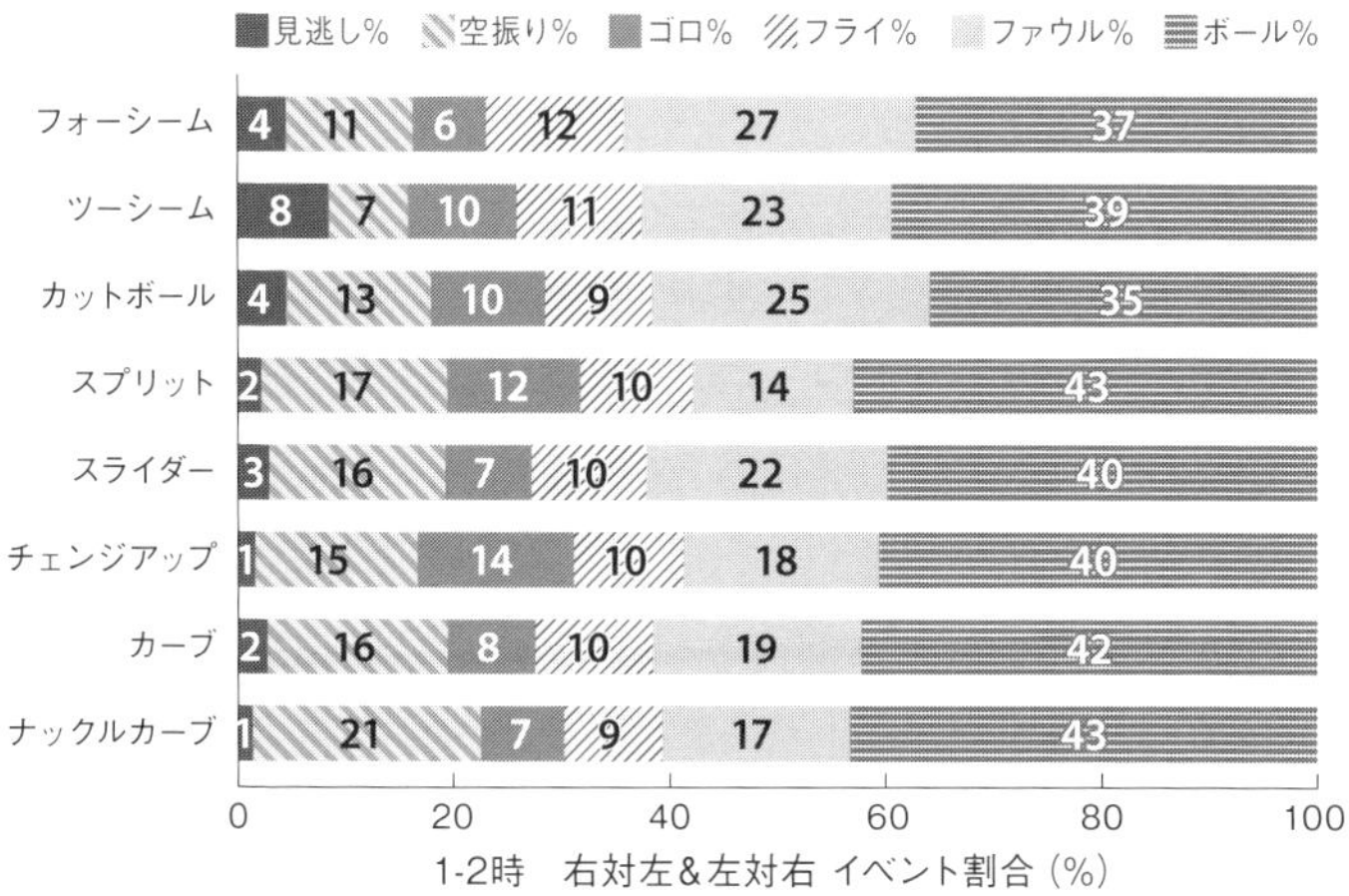
見逃し%
空振り%
ゴロ%
フライ%
ファウル%
ボール%
フォーシーム 4 11 6 12 27 37
ツーシーム 8 7 10 11 23 39
カットボール 4 13 10 9 25 35
スプリット 2 17 12 10 14 43
スライダー 3 16 7 10 22 40
チェンジアップ 1 15 14 10 18 40
カーブ 2 16 8 10 19 42
ナックルカーブ 1 21 7 9 17 43
0 20 40 60 80 100
1-2時　右対左&左対右 イベント割合 (%)

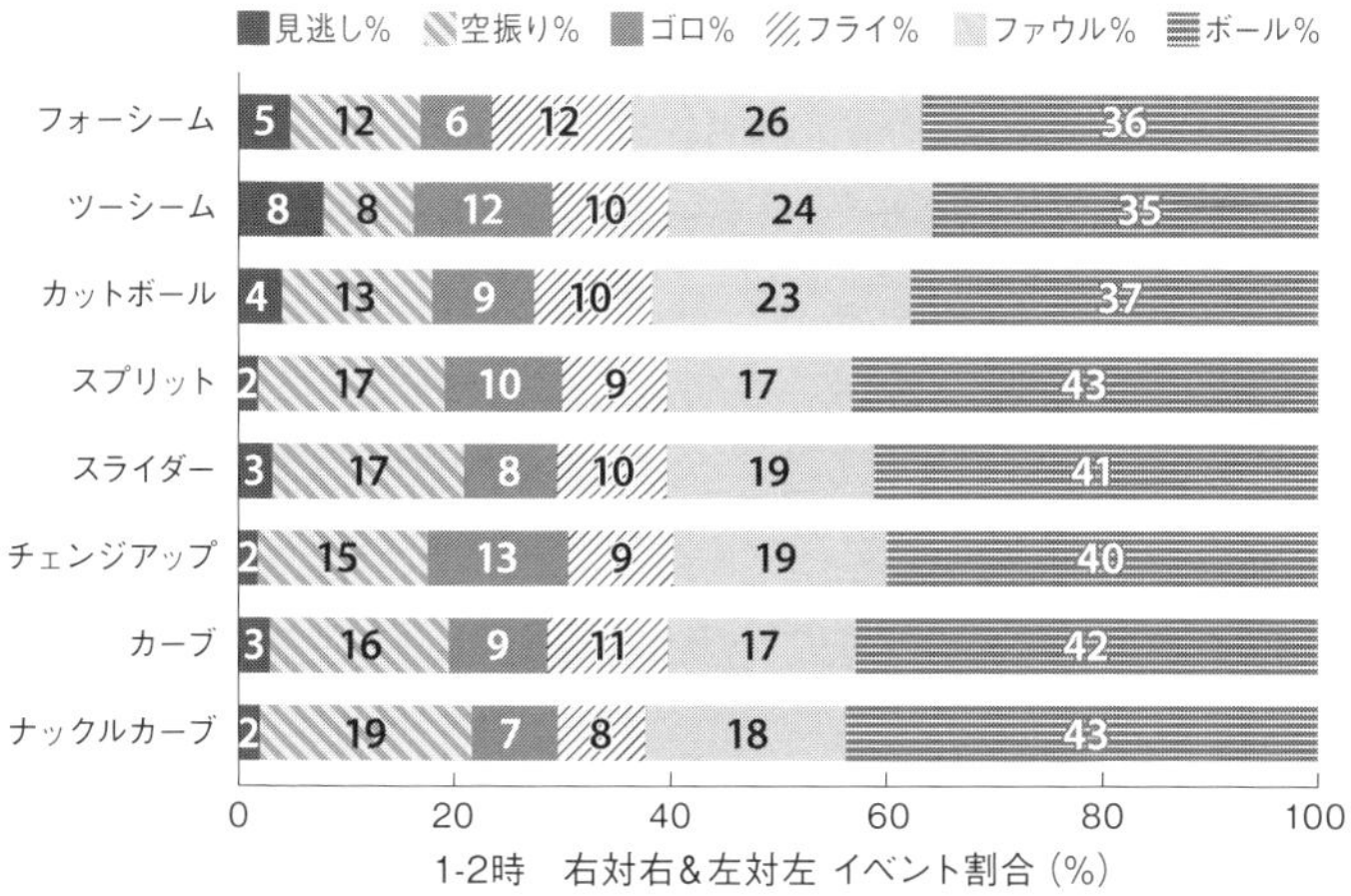
見逃し%
空振り%
ゴロ%
フライ%
ファウル%
ボール%
フォーシーム 5 12 6 12 26 36
ツーシーム 8 8 12 10 24 35
カットボール 4 13 9 10 23 37
スプリット 2 17 10 9 17 43
スライダー 3 17 8 10 19 41
チェンジアップ 2 15 13 9 19 40
カーブ 3 16 9 11 17 42
ナックルカーブ 2 19 7 8 18 43
0 20 40 60 80 100
1-2時　右対右&左対左 イベント割合 (%)

[表40] カウント×球種イベントの変化　イベント割合2-0

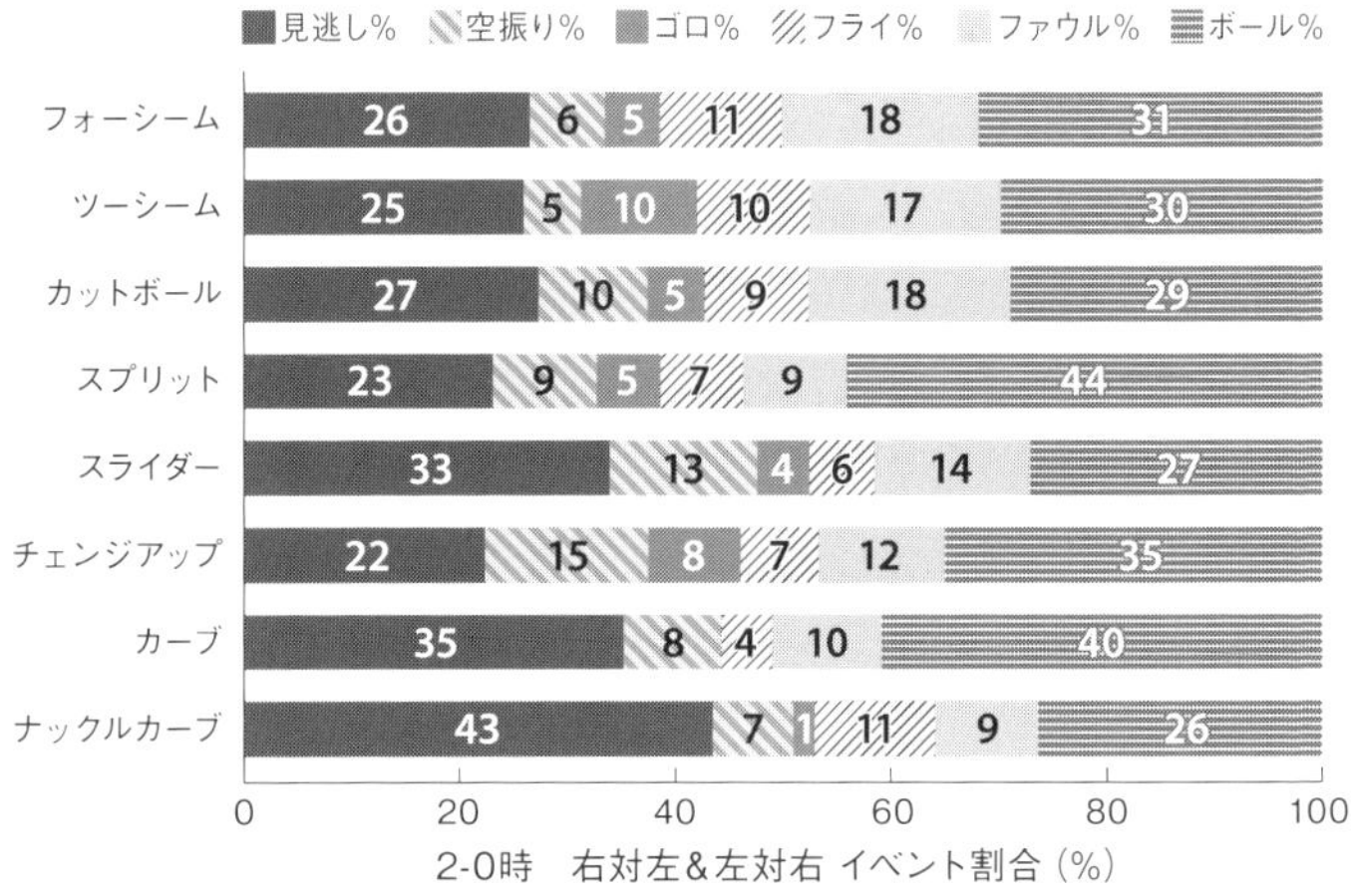
見逃し%　空振り%　ゴロ%　フライ%　ファウル%　ボール%
フォーシーム 26 6 5 11 18 31
ツーシーム 25 5 10 10 17 30
カットボール 27 10 5 9 18 29
スプリット 23 9 5 7 9 44
スライダー 33 13 4 6 14 27
チェンジアップ 22 15 8 7 12 35
カーブ 35 8 4 10 40
ナックルカーブ 43 7 1 11 9 26
0 20 40 60 80 100
2-0時　右対左&左対右 イベント割合（%）

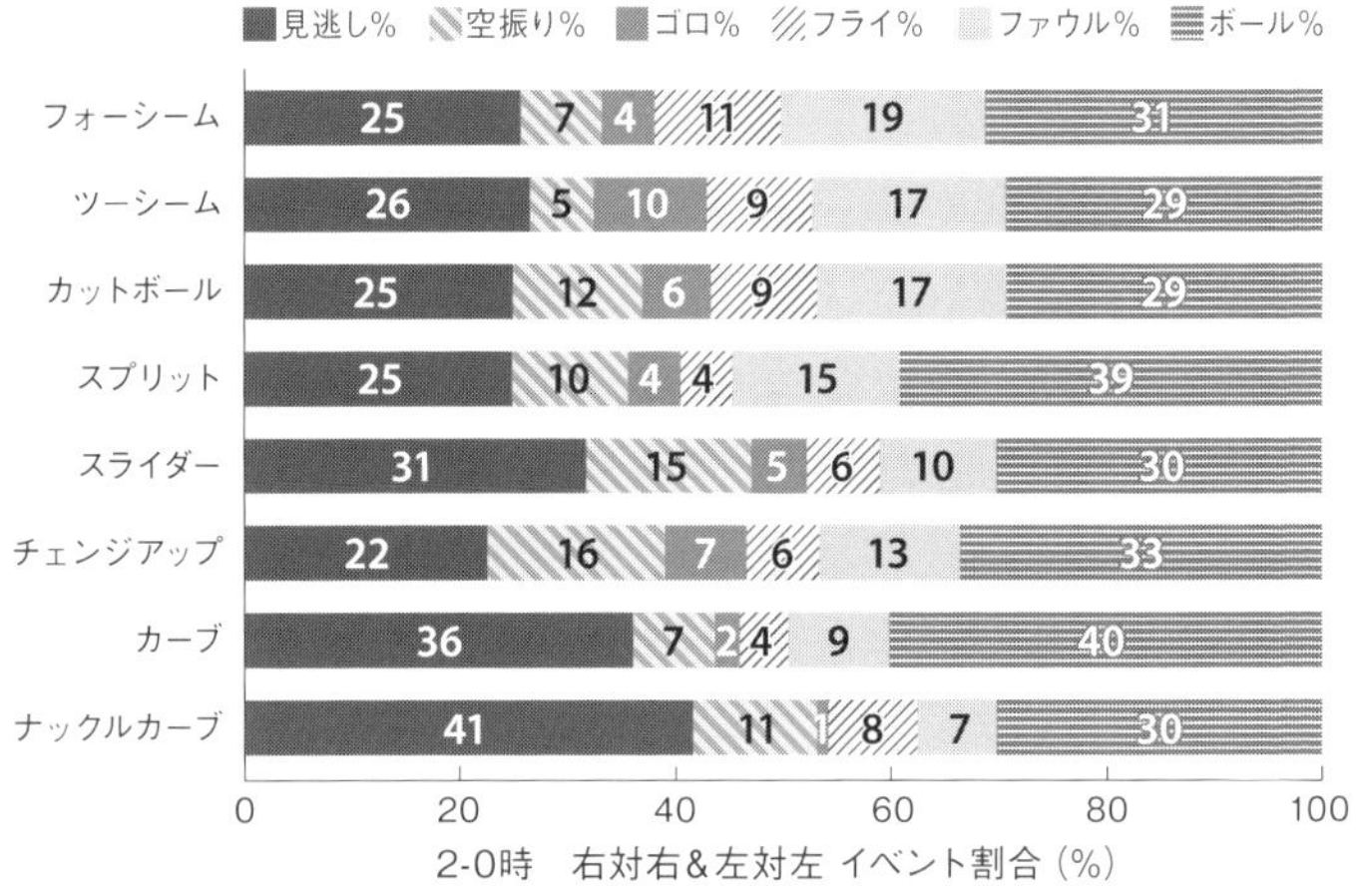
見逃し%　空振り%　ゴロ%　フライ%　ファウル%　ボール%
フォーシーム 25 7 4 11 19 31
ツーシーム 26 5 10 9 17 29
カットボール 25 12 6 9 17 29
スプリット 25 10 4 4 15 39
スライダー 31 15 5 6 10 30
チェンジアップ 22 16 7 6 13 33
カーブ 36 7 2 4 9 40
ナックルカーブ 41 11 1 8 7 30
0 20 40 60 80 100
2-0時　右対右&左対左 イベント割合（%）

［表41］カウント×球種イベントの変化　イベント割合2-1

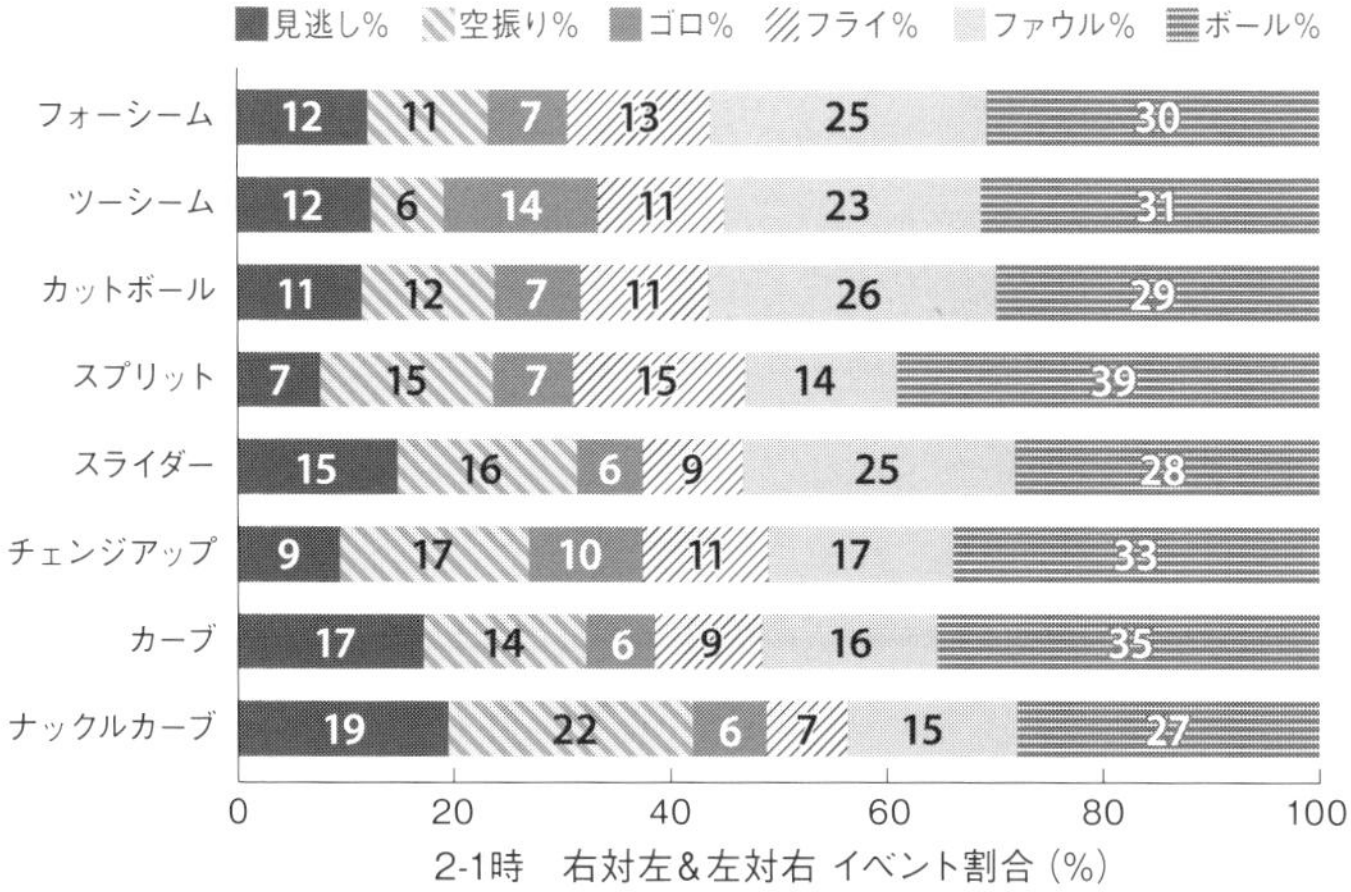
見逃し%
空振り%
ゴロ%
フライ%
ファウル%
ボール%
フォーシーム 12 11 7 13 25 30
ツーシーム 12 6 14 11 23 31
カットボール 11 12 7 11 26 29
スプリット 7 15 7 15 14 39
スライダー 15 16 6 9 25 28
チェンジアップ 9 17 10 11 17 33
カーブ 17 14 6 9 16 35
ナックルカーブ 19 22 6 7 15 27
0 20 40 60 80 100
2-1時　右対左＆左対右 イベント割合（%）

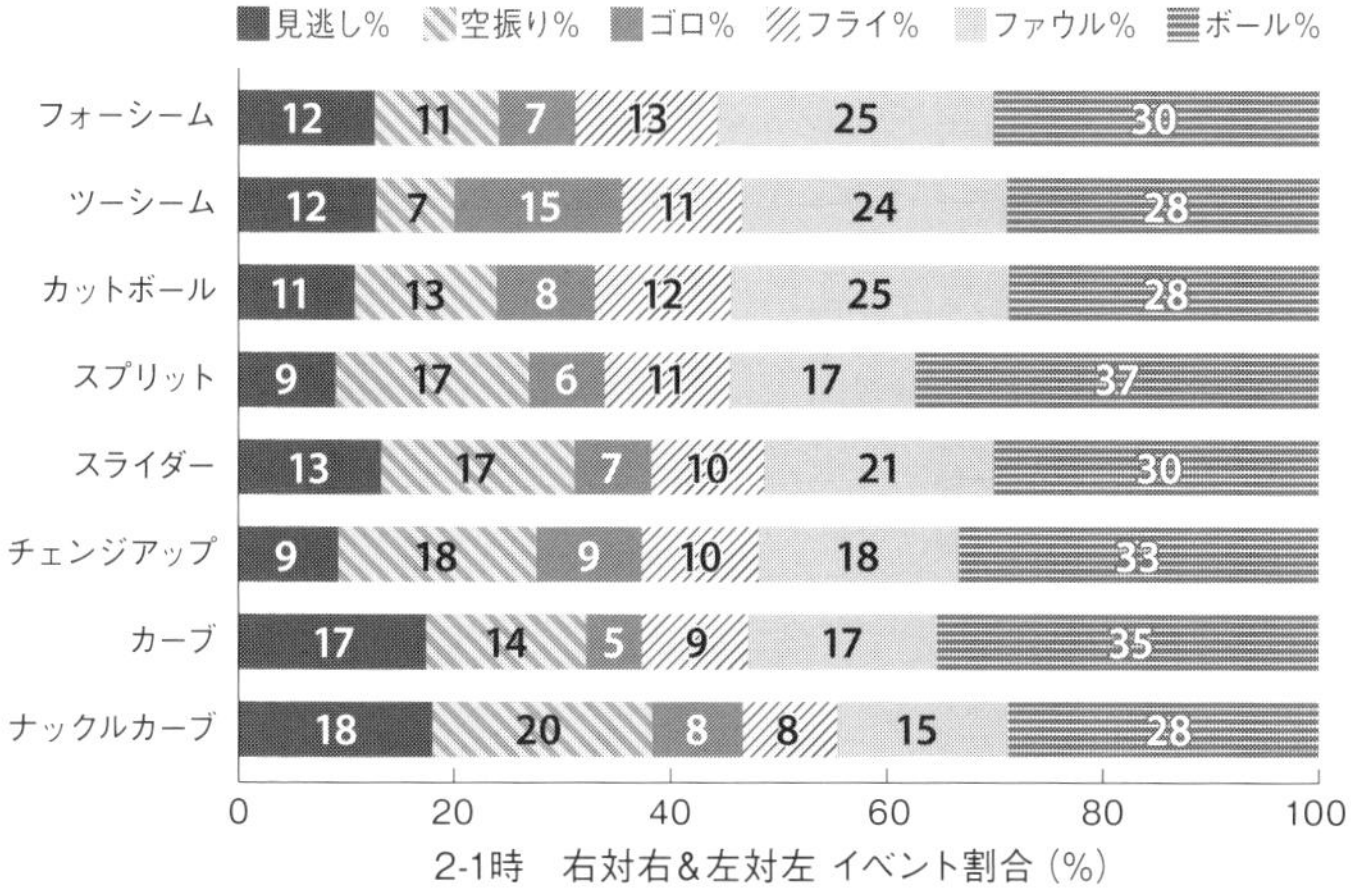
見逃し%
空振り%
ゴロ%
フライ%
ファウル%
ボール%
フォーシーム 12 11 7 13 25 30
ツーシーム 12 7 15 11 24 28
カットボール 11 13 8 12 25 28
スプリット 9 17 6 11 17 37
スライダー 13 17 7 10 21 30
チェンジアップ 9 18 9 10 18 33
カーブ 17 14 5 9 17 35
ナックルカーブ 18 20 8 8 15 28
0 20 40 60 80 100
2-1時　右対右＆左対左 イベント割合（%）

[表42] カウント×球種イベントの変化　イベント割合2-2

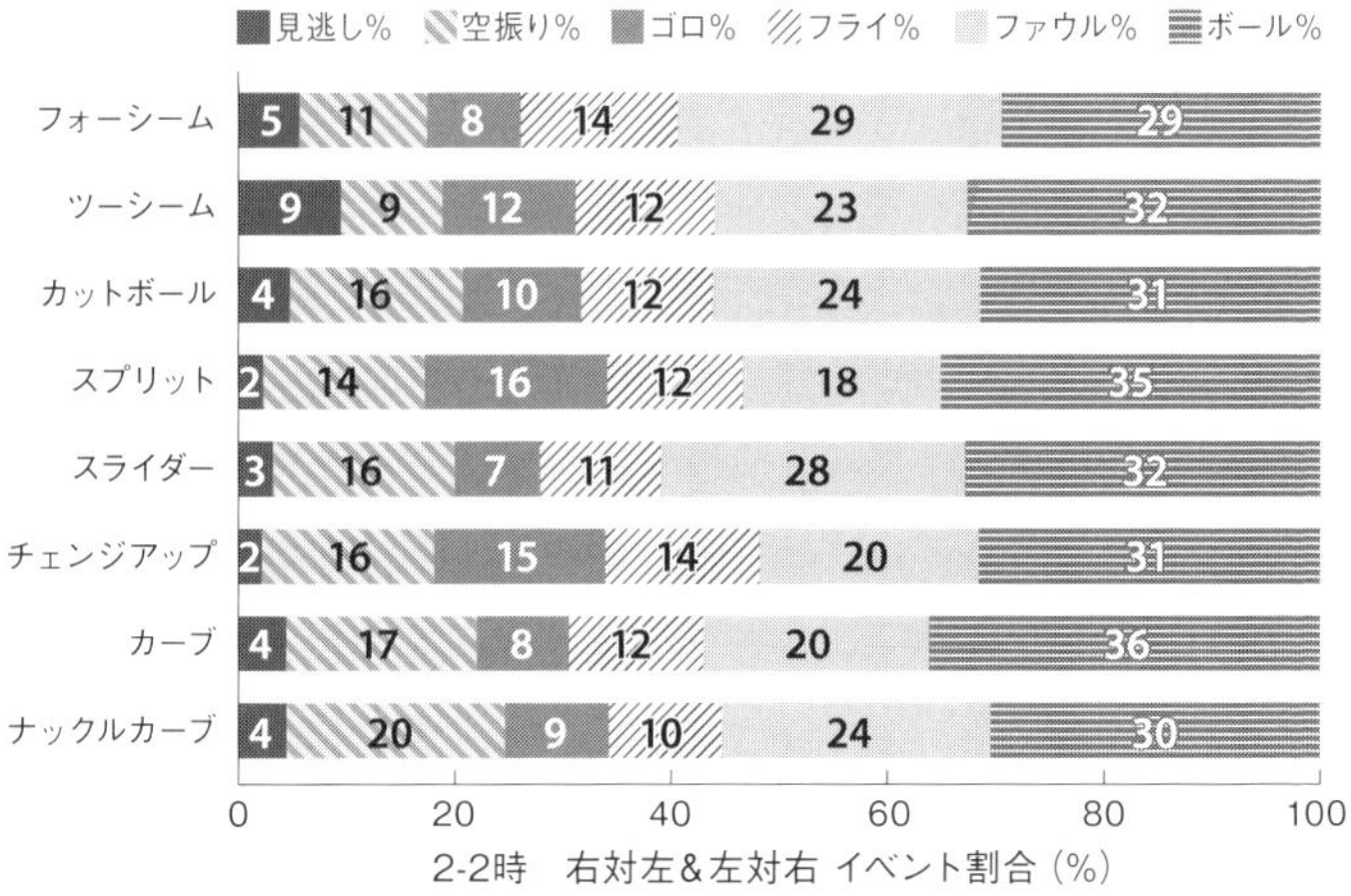

見逃し%
空振り%
ゴロ%
フライ%
ファウル%
ボール%
フォーシーム 5 11 8 14 29 29
ツーシーム 9 9 12 12 23 32
カットボール 4 16 10 12 24 31
スプリット 2 14 16 12 18 35
スライダー 3 16 7 11 28 32
チェンジアップ 2 16 15 14 20 31
カーブ 4 17 8 12 20 36
ナックルカーブ 4 20 9 10 24 30
0 20 40 60 80 100
2-2時　右対左&左対右 イベント割合（%）

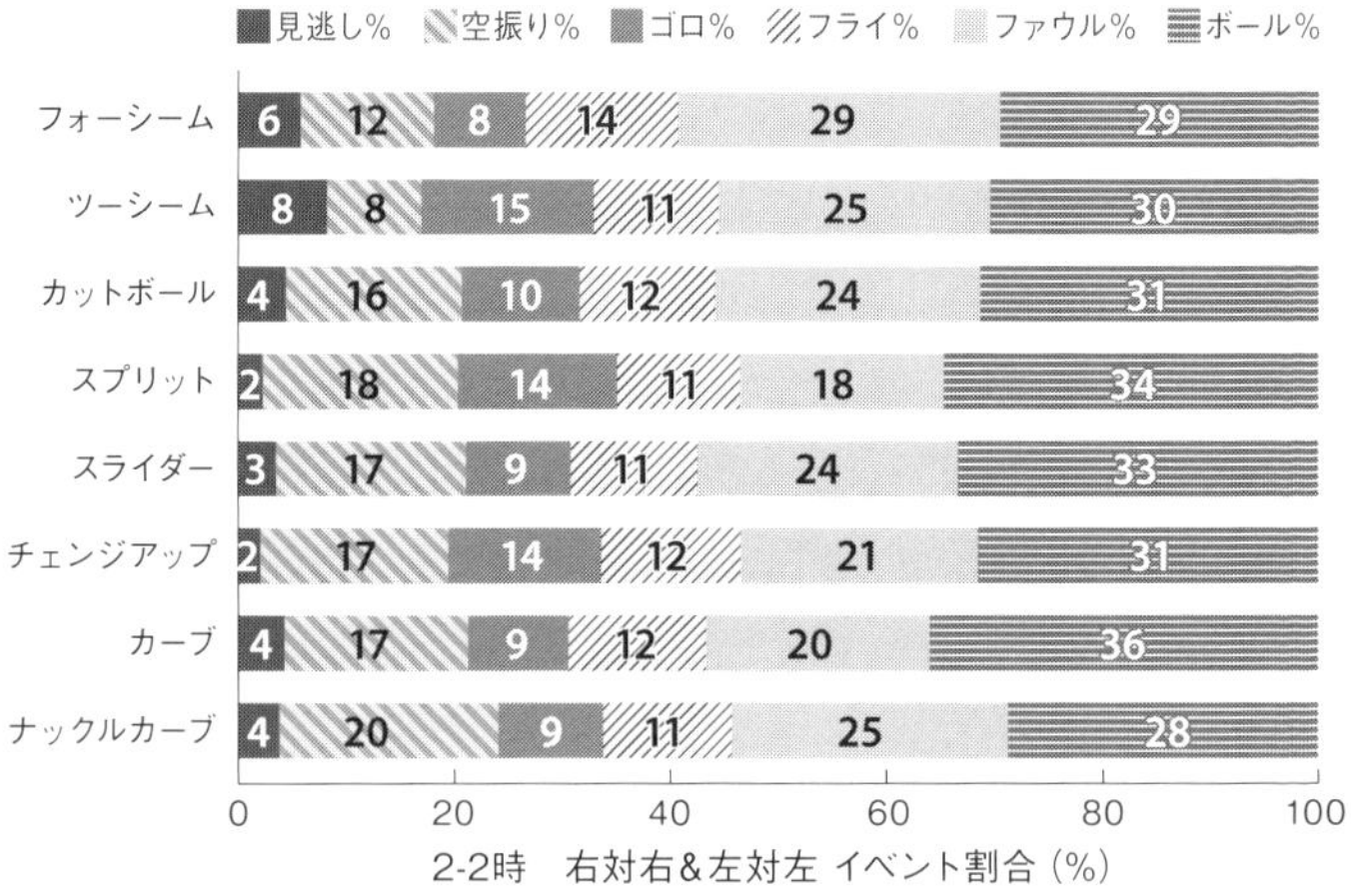

見逃し%
空振り%
ゴロ%
フライ%
ファウル%
ボール%
フォーシーム 6 12 8 14 29 29
ツーシーム 8 8 15 11 25 30
カットボール 4 16 10 12 24 31
スプリット 2 18 14 11 18 34
スライダー 3 17 9 11 24 33
チェンジアップ 2 17 14 12 21 31
カーブ 4 17 9 12 20 36
ナックルカーブ 4 20 9 11 25 28
0 20 40 60 80 100
2-2時　右対右&左対左 イベント割合（%）

［表43］カウント×球種イベントの変化　イベント割合3-0

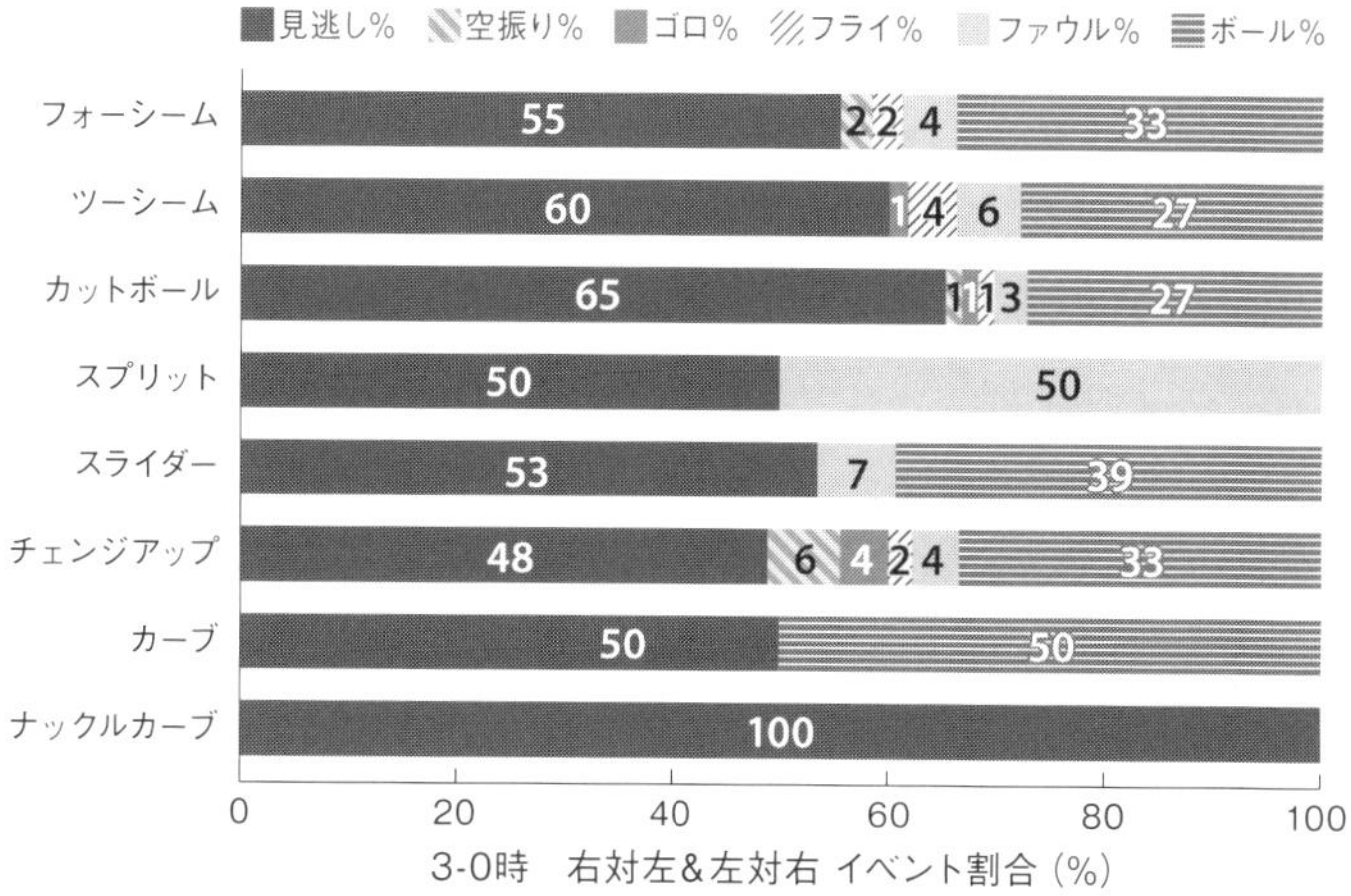

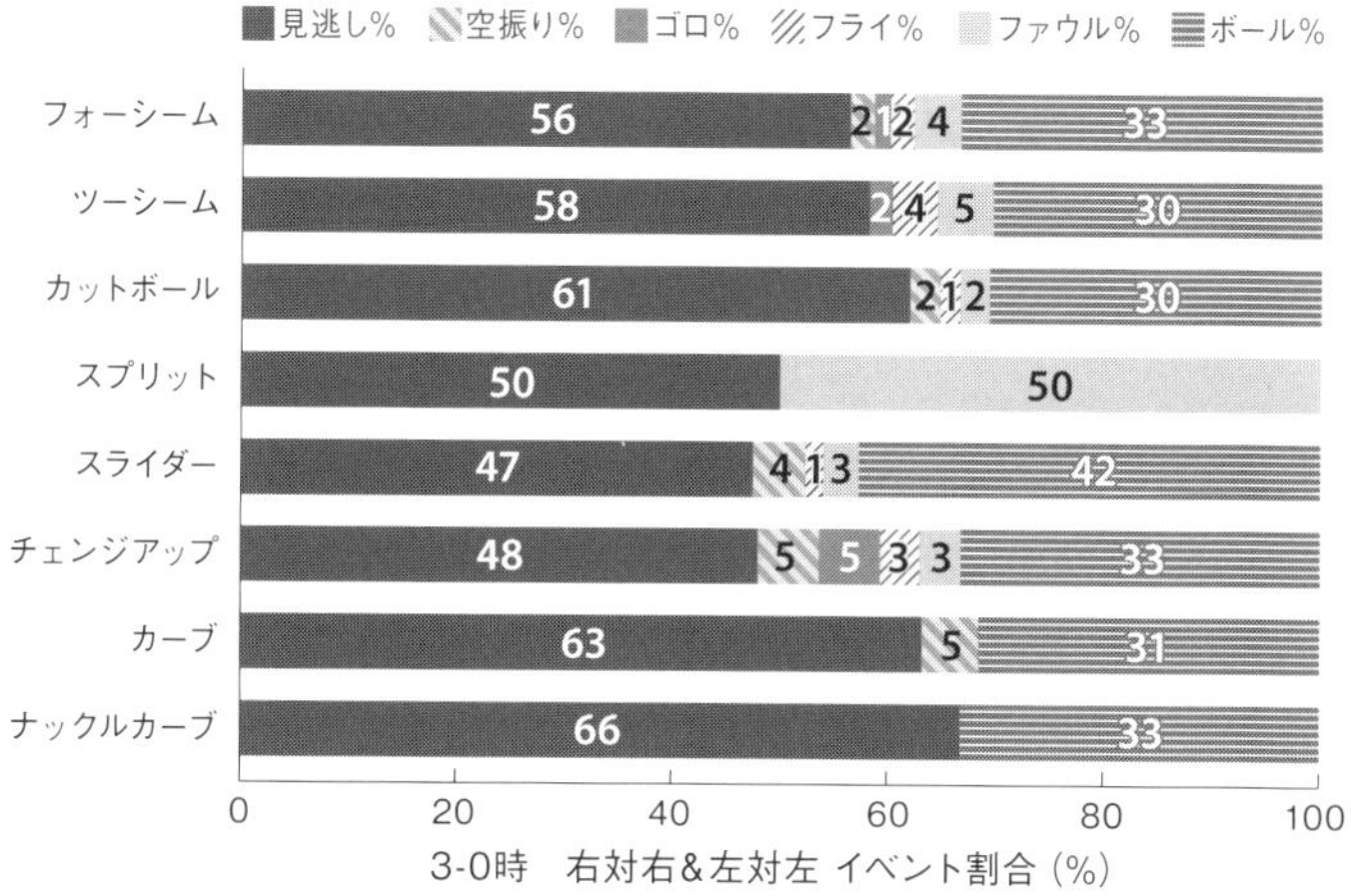

［表44］ カウント×球種イベントの変化　イベント割合3-1

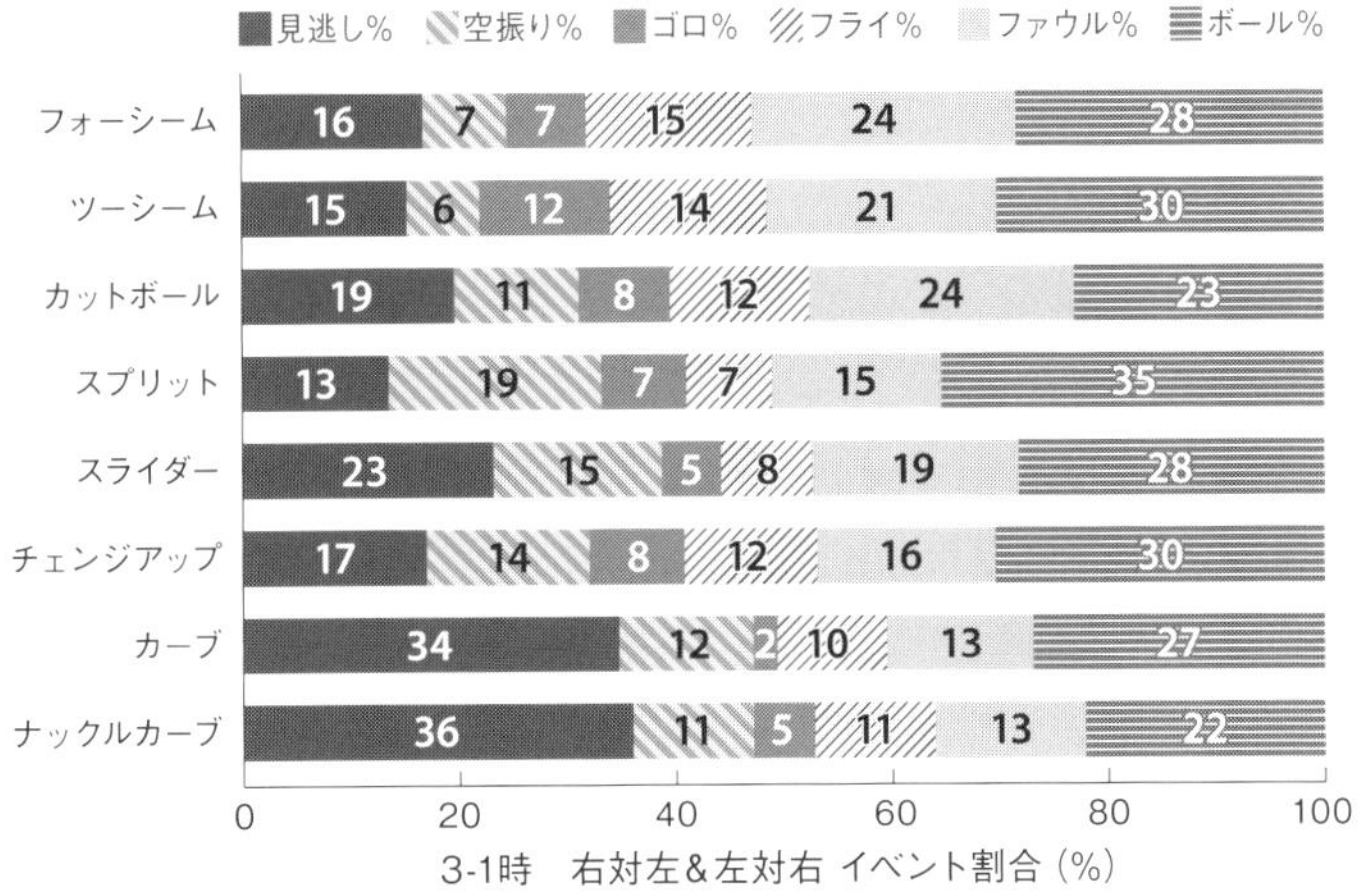
見逃し%
空振り%
ゴロ%
フライ%
ファウル%
ボール%
フォーシーム 16 7 7 15 24 28
ツーシーム 15 6 12 14 21 30
カットボール 19 11 8 12 24 23
スプリット 13 19 7 7 15 35
スライダー 23 15 5 8 19 28
チェンジアップ 17 14 8 12 16 30
カーブ 34 12 2 10 13 27
ナックルカーブ 36 11 5 11 13 22
0
20
40
60
80
100
3-1時　右対左&左対右 イベント割合（%）

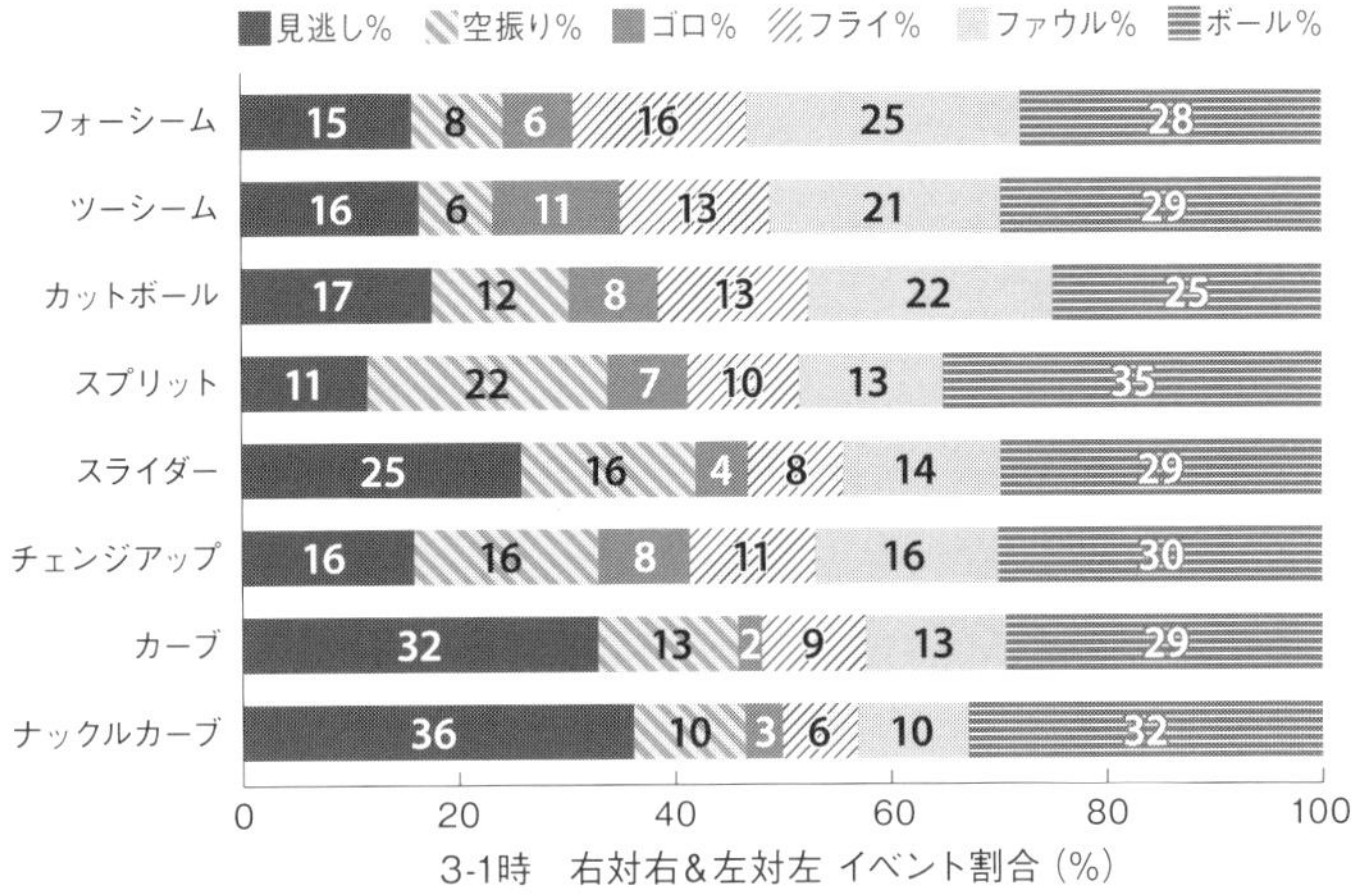
見逃し%
空振り%
ゴロ%
フライ%
ファウル%
ボール%
フォーシーム 15 8 6 16 25 28
ツーシーム 16 6 11 13 21 29
カットボール 17 12 8 13 22 25
スプリット 11 22 7 10 13 35
スライダー 25 16 4 8 14 29
チェンジアップ 16 16 8 11 16 30
カーブ 32 13 2 9 13 29
ナックルカーブ 36 10 3 6 10 32
0
20
40
60
80
100
3-1時　右対右&左対左 イベント割合（%）

［表45］カウント×球種イベントの変化　イベント割合3-2

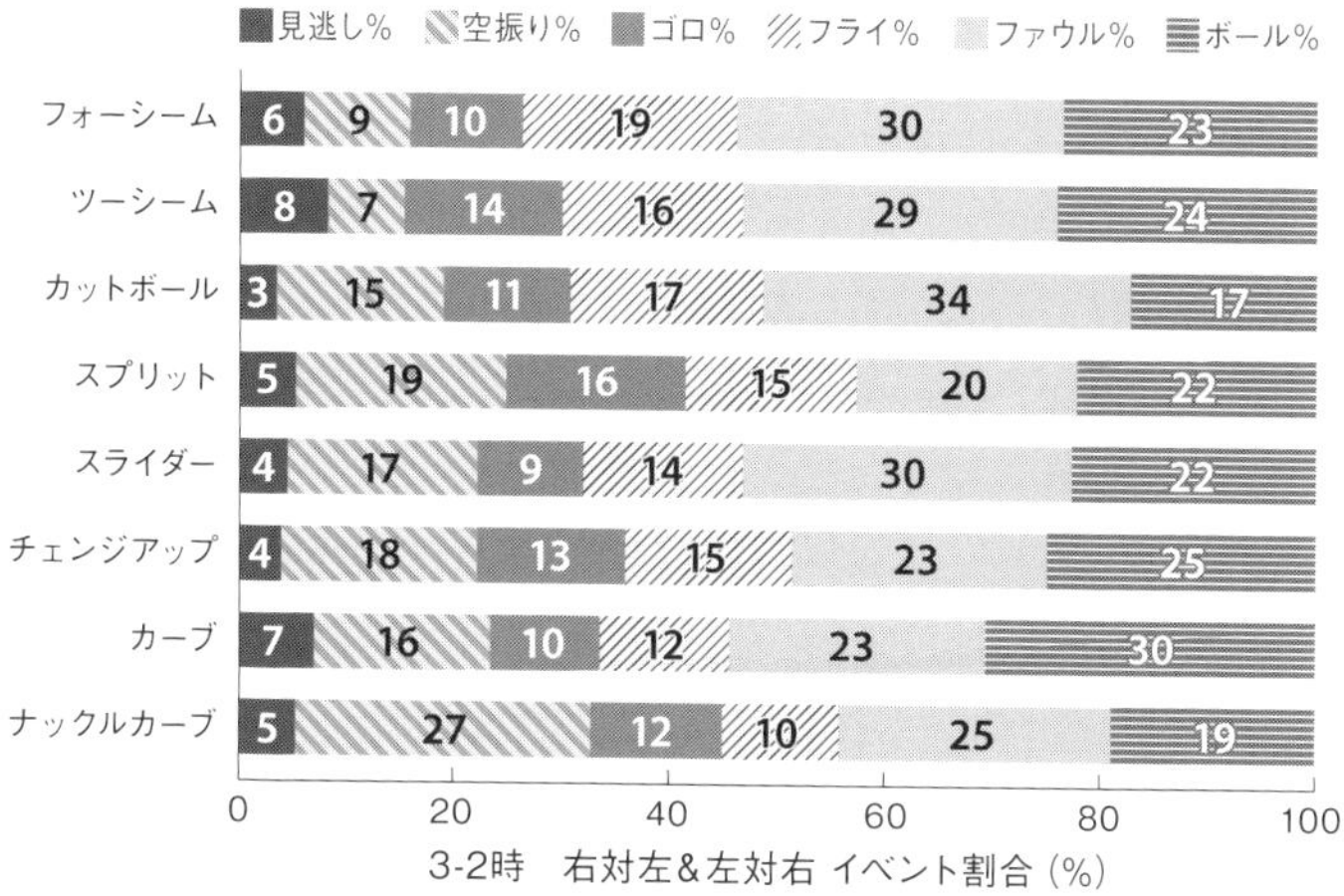

見逃し%
空振り%
ゴロ%
フライ%
ファウル%
ボール%
フォーシーム 6 9 10 19 30 23
ツーシーム 8 7 14 16 29 24
カットボール 3 15 11 17 34 17
スプリット 5 19 16 15 20 22
スライダー 4 17 9 14 30 22
チェンジアップ 4 18 13 15 23 25
カーブ 7 16 10 12 23 30
ナックルカーブ 5 27 12 10 25 19
0 20 40 60 80 100
3-2時　右対左&左対右 イベント割合（%）

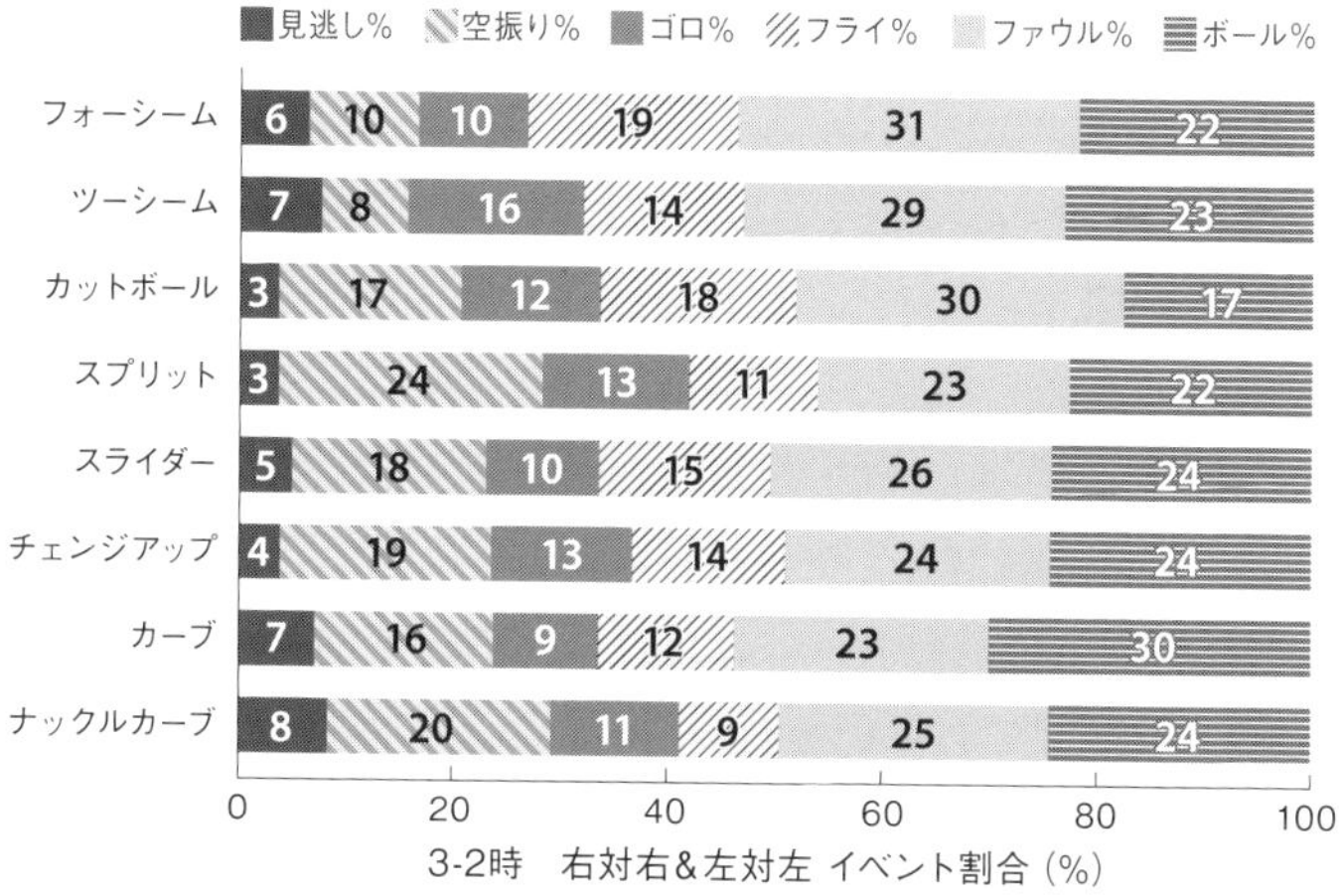

見逃し%
空振り%
ゴロ%
フライ%
ファウル%
ボール%
フォーシーム 6 10 10 19 31 22
ツーシーム 7 8 16 14 29 23
カットボール 3 17 12 18 30 17
スプリット 3 24 13 11 23 22
スライダー 5 18 10 15 26 24
チェンジアップ 4 19 13 14 24 24
カーブ 7 16 9 12 23 30
ナックルカーブ 8 20 11 9 25 24
0 20 40 60 80 100
3-2時　右対右&左対左 イベント割合（%）

スペシャル対談1
投手編

平良海馬投手×森本崚太

平良海馬

たいら・かいま

1999年11月15日生まれ、沖縄県石垣市出身。八重山商工高〜埼玉西武ライオンズ。2017年ドラフト4位指名を受け、プロ入り。2019年に一軍デビューを果たすと、150キロを超える速球を武器に中継ぎとして活躍。2020年にはリーグ最多の54試合に登板し、53イニングで62奪三振と、投球回を上回る三振を記録した。2021年は開幕から安定したピッチングを見せ、39試合連続無失点のプロ野球新記録を打ち立てた。東京五輪に出場する侍ジャパンにも選ばれ、プロ野球を代表するリリーバーとして活躍している。

データを知ることで受けた衝撃と気付き
フォーシームに偏らず、いろんな球種を投げる

――シーズン中にもかかわらず、取材の時間を作ってくださり、ありがとうございます。平良投手は２０１９年のオフシーズンから、ネクストベース社のサポートを受け、森本さんの助言も仰いでいると聞いています。今日は、お二人だからこその深い話を楽しみにしています。

森本　平良投手、今日はよろしくお願いいたします。

平良　はい、お願いします！

森本　今季は開幕から39試合連続無失点のプロ野球新記録を作るなど、安定したピッチングを見せていますね。

平良　まさか、新記録を達成できるとは思っていなかったので、想像以上の成績になっています。

森本　今季、ピッチング面で特にテーマに置いていることはありますか。

平良　なるべく、いろんな球種を投げるようにしています。フォーシームだけに偏らずに、ほかの変化球の投球割合を増やす。２０２０年のフォーシームの投球割合が50パーセントぐらいあって、そこを狙われて打たれることが多くありました。的を絞らせないために、今年はフォーシームを30パーセントぐらいにして、残りの70パーセントをほかの変化球に散らすことを心がけています。理想は、４つの球種を投げるとしたら、すべてが25パーセント前後でバランスよく投げられることです。

森本　昨年のオフにアドバイスさせていただいた内容と重なりますが、ＭＬＢではフォーシームの投球割合が年々下がっています。たとえば、２０２０年のダルビッシュ有投手は約15パーセント。フォーシームはどの打者も狙っているので、投球割合が高くなるとそれだけリスクが生まれやすい球種です。

――平良投手が２０１９年に一軍でデビューしたときは、フォーシームでグイグイ押すピッチングスタイルだったので、今年の変化には驚かされます。変化球を

投げるときに、ストレートとの球速差は意識していますか。

平良　しています。その日に投げているフォーシームを基準にして、カットボールが95パーセント、チェンジアップが90パーセント、スライダーが88パーセントぐらいです。ただ、試合中にその割合を計算できるほどの頭がぼくにはないので（笑）、「カットボールなら、フォーシームからマイナス7キロ」といった感じで投げています。

――もともと、こうした数字やデータには興味があったのでしょうか。

平良　いえ、2019年のオフに雄星さん（菊池雄星／シアトル・マリナーズ）とアリゾナで自主トレをしてからです。そのときに、ネクストベース社の専門家の方々から、ピッチデザインやピッチトンネルなどを教えてもらって、知らないことばかりで衝撃を受けました。

森本　自主トレに行く前に、都内で打ち合わせをしたんですけど、そのときに誰よりも質問をしてくるのが平良投手でした。質問の内容も鋭くて、「もっと知りたい」「もっといいピッチャーになりたい」という意欲を感じました。

——特に衝撃を受けたのは、どんなことだったのでしょうか。

平良　ぼくのフォーシームが、全然伸びていなかったことです。アリゾナで回転数や回転軸を測ってもらってみたところ、平均値よりもホップ成分が低い。それまではスピードが速ければ、打者の手元で伸びているものだと思っていたんですけど、実際はそうではない。ぼくが思い描いていたイメージと、実際の数値に開きがありました。

——それは結構、ショックだったのでしょうか。

平良　そうですね。かなりショックでした。

——森本さん、平良投手のフォーシームはどういう球質だったのですか。

森本　当時はいわゆる「真っスラ」に近い回転で、バックスピンをかけてホップさせるようなフォーシームではありませんでした。その後、平良投手の希望もあって、ホップ成分を意識したリリースに改善を図っています。

——リリースのときに手の平を捕手方向に向ける意識はありますか。

平良　そのイメージは持っています。実際にやるのはなかなか難しいんですけど。

あと、もうひとつ衝撃を受けたのが、ネクストベース社の講義の中で「フォーシームは低めよりも高めに投げたほうが、空振り割合が高い」と教わったことです。小学校から投げてきて、「ピッチャーは低めが大事。低めに投げなさい」と言われ続けてきたのに……、空振りを取ることを考えれば、高めのほうがいい。自分がやってきた十数年間の野球は何だったんだろうと、思ってしまいました。こういう話を聞いて、データを活用したピッチングにどんどん興味が湧いてきました。

ひとつの球種を同じコースだけに投げ続けるデータ90パーセント、感覚10パーセントのピッチング

森本　平良投手は、自腹でラプソードを購入した話が有名ですが、具体的にはどこをチェックポイントに置いていますか。

平良　ブルペンで回転数や回転軸、変化量を測るようにしています。フォーシームは回転軸がジャイロ回転になりやすい傾向があるので、そうならないように気

をつけています。

――変化球はどんなところをチェックしているのでしょうか。

平良　縦と横の変化量を見て、似たような球種にならないよう意識しています。たとえば、フォーシームとカットボールなら、変化量をしっかりと分ける。それを確認する意味でも、ラプソードが役に立っています。

森本　今年は球速割合や変化量だけでなく、投げる場所も意識していますよね。

平良　そうですね、ひとつの球種を同じコースだけに投げ続ける意識で取り組んでいます。

森本　それは書いていい話ですか?

平良　みんなやっていることだし、知っていることなので大丈夫です（笑）。

――興味深い話です。詳しく教えてください。

平良　右バッターであれば、フォーシームは高め、カットボールはアウトコース低め、チェンジアップはインコース低め、スライダーはアウトコースのストライクゾーンのギリギリと、投げるコースを決めています。

――その利点はどこにあるのでしょうか。

平良　ピッチトンネルを通すことを考えると、いろんなコースにいろんな球種を投げるよりも、どこに何を投げるかを決めておいたほうがいいからです。森本さんに教わりました。

森本　その軸となるのが、高めのフォーシームです。高めにフォーシームを投げておくことで、ストライクゾーンの中で変化球を生かすことができる（88ページ参照）。MLBで活躍しているジェイコム・デグロム投手（ニューヨーク・メッツ）は、「スライダーは右バッターの外、左バッターの内にしか投げない」と、投げるコースが決まっています。データではっきりとわかっているので、打者も対策を立てているはずです。でも、高めにフォーシームがあり、ほかの変化球がピッチトンネルを通っていると、攻略するのは難しい。これから、こういうスタイルのピッチャーは増えていくかもしれません。

――平良投手は、左バッターの外のボールゾーンから曲げてくるスライダーを使っています。あのボールだけは、ピッチトンネルを外れるように思いますが。

森本　ほかの投手が投げる縦のカーブと同じ意味があって、ピッチトンネルを外れる分、打者は手を出しにくいボールになり、カウントを稼ぐことができます。若いカウントから、頭の中にないボールがくると、そう簡単には対応できません。

――試合で投げたときには、試合後にトラッキングデータを確認しているのでしょうか。

平良　確認しています。たとえば、試合中に「今のフォーシームは伸びていたかも」と手ごたえがあったとしても、あとで確認すると意外に伸びていない。高めにフォーシームを投げると、ホップ成分が高いように見えるんですけど、実際はそうでもないことがよくあります。

――それを確認する意味で、データが役立つわけですね。

平良　ラプソードを置かずにブルペンで投げるときもあるんですけど、「ナイスボール！」とキャッチャーが言ってくれたとしても、「今の球は本当にナイスボールだったのかな？」と考えるようにしています。

――自分が投げたときの感覚と実際のボールのデータや数字を、常にすり合わせ

ている感じでしょうか。感覚に頼るだけでは限界がある、という気持ちもあるのでしょうか。

平良　限界があると思います。データを知ることで、根拠や理由がわかることがあります。ぼくの中では、データが90パーセントで、残りの10パーセントが感覚です。

森本　いい配分ですね。

平良　実際にマウンドで投げていて、ピッチャーにしかわからない感覚があると思います。たとえば「相手バッターがスライダーに弱い」というデータがあったとしても、フォーシームにタイミングが合っていないと思えば、フォーシームを続けていく。バッターのタイミングやスイングから感じることも、大事にするようにしています。

――平良投手は、キャッチャーのサインにクビを振る機会が多いようにも思うのですが、「自分が投げたい球を投げる」というスタンスでしょうか。

平良　はい。打たれたら、ぼくの責任になるので。どんなサインであっても、ピッチャーが投げるボールで打たれているのは間違いないので、自分で決めるようにしています。

森本　森（友哉）捕手に意見を言ったり、話し合ったりする機会も結構ありますか？

平良　意見を言うこともあります。ずっとバッテリーを組ませてもらっているので、試合を重ねるごとに、呼吸が合ってきているのは感じます。今は、すごくいい配球だなと。何か上から目線で申し訳ないですけど（笑）。自分が投げたい球と森さんのサインが合う確率が増えてきています。

データを生かすにはコントロールが大事 先発で投げる準備はできている

――もし、平良投手が高校時代からラプソードを使っていたら、また違うピッチャーになっていたと思いますか。

平良　いやぁ、どうですかね。コントロールが悪かったので（笑）、生かし切れていないと思います。

森本　今の平良投手には、どの球種でも勝負できるコントロールの良さがありますね。

平良　投球割合をひとつの球種に偏らせないためにも、コントロールは大事だと思います。フォーシームしかストライクが入らなければ、フォーシーム中心の配球になっていくのは仕方がない。そうならないように変化球を磨いています。データを生かすことも、ピッチトンネルを通すことも、コントロールがないと実際にやるのは難しいのかなとは思っています。

――データや数字を気にしすぎてしまって、頭でっかちになってしまうことはありませんか。

平良　頭でっかちですか……、どうですかね、それはデータや数字のせいではなくて、自分のコントロールが悪いとか、何か別の理由があると思います。

森本　ピッチングフォームに関しては、何か気をつけているところはありますか。

平良　ぼくの場合は、ランナーがいるときもいないときもクイックで投げているので、ほかの人に比べて、やることが少ないのかなと思っています。無駄を省いて、シンプルに投げることだけを考えています。

森本　シーズンオフには、高性能カメラを使って動作分析にも力を入れていますね。やってみて、気付いたことや感じたことはありますか。

平良　ヒジにかかるストレスなどが、数値でわかったのがよかったです。ケガのリスクは少しでも減らしたいですけど、自分の感覚だけではなかなかわからないところもあるので。

森本　今年の11月で22歳と、まだまだ若い平良投手です。これから先の目標やトライしてみたいことはありますか。

平良　先発をやりたい気持ちはずっとあるんですけど、「データ的にどうなんだろう……」という疑問はあります。今はリリーフでやれているので、先発に転向したときにしっかり投げられるのかなと……。

――森本さん、平良投手は、データ的に先発投手に向いているのでしょうか？

森本　速いストレートに加えて、ストライクゾーンの中で勝負できる変化球を持っているのが、平良投手の特徴です。球種割合の配分も見事で、バッターに的を絞らせない引き出しの多さがある。長いイニングを投げるために必要な能力はもうあるので、先発で投げる準備はできていると思います。

平良　そうなんですね。不安があったんですけど、そこまで言ってもらえると、またやりたくなります（笑）。

森本　平良投手のようにがっちりとした体型で、フォーシームのスピードが速いタイプは、どうしても短いイニングのリリーフ向きと見られることが多いんですよね。でも、データをひとつひとつ見ていけば、先発としての可能性を十分に持っています。

平良　ありがとうございます。

――高校生や大学生も読む書籍になるので、最後に現役のピッチャーに向けてアドバイスをもらえますか。

平良　高校生は、データがない学校のほうが多いですよね。データがない環境であれば、今のうちに自分の感覚を磨いて、次のステップに進んだときにデータを生かせる準備をしてほしいと思います。感覚もデータも、ピッチャーにとっては両方とも絶対に大事なものです。

森本　平良投手のように、感覚とデータをうまくマッチングさせたピッチャーが、どんどん出てきてほしいですね。そのためにもデータを取得できる環境と、正しい活用知識が広まることを願うばかりです。平良投手の活躍は、そこに寄与しうるものなので、本当に心から期待しています。

第3章

OPSを高めるための打撃論

得点との相関が強いOPS(出塁率+長打率)

チームの勝利を第一に考えたとき、投手の仕事が失点を減らすことであれば、打者の仕事は得点をより多く挙げることにある。得点には「打撃」と「走塁」のふたつが関わってくるが、打撃の占めるウエイトが圧倒的に高く、投手をいかにして打つかが得点力に直結する。

では、どんな数字を持っていれば、優れた打者と言えるのだろうか。

打率、打点、本塁打のタイトルを獲得した打者を「三冠王」と称えることもあれば、3割、30本、30盗塁を記録した選手を「トリプルスリー」と称賛することもある。どちらも、超一流の打者にしか成し遂げられない大記録であることは間違いないが、セイバーメトリクスの普及によって注目されているのがOPS(On-base Plus Slugging)である。人気野球ゲームの中にも成績の項目にOPS

が入るようになり、その認知度は高まっている。

ＯＰＳは、出塁率と長打率の合計で求めることができる。出塁率は「アウトにならない能力」を示したもので、「(安打＋四球＋死球)÷(打数＋四球＋死球＋犠飛)」、長打率は「ひとつでも前の塁に進む能力」を評価した指標で、「塁打÷打数」で導き出せる。スコアブックがあれば容易に計算できることも、ＯＰＳが浸透したひとつの理由と言えるだろう。

ＯＰＳの最大の特徴は、得点との相関が高いところにある。ＮＰＢの１９９５年から２０２０年までの打撃記録（12球団×26年分）を、【打率と得点の関係】（表１）と【ＯＰＳと得点の関係】（表２）で調べてみたところ、ＯＰＳのほうが得点の関わりが強いことがわかる。打率だけでは語り切れないことが、出塁率＋長打率では見えてくるのだ。

セイバーメトリクスの視点では、ｗＯＢＡ（Weighted On-Base Average）と呼ばれる指標が、ＯＰＳ以上に得点との相関が強いと評価されている。実際にはそのとおりであるのだが、計算式が非常にややこしく難しい。

［表1］打率と得点の関係

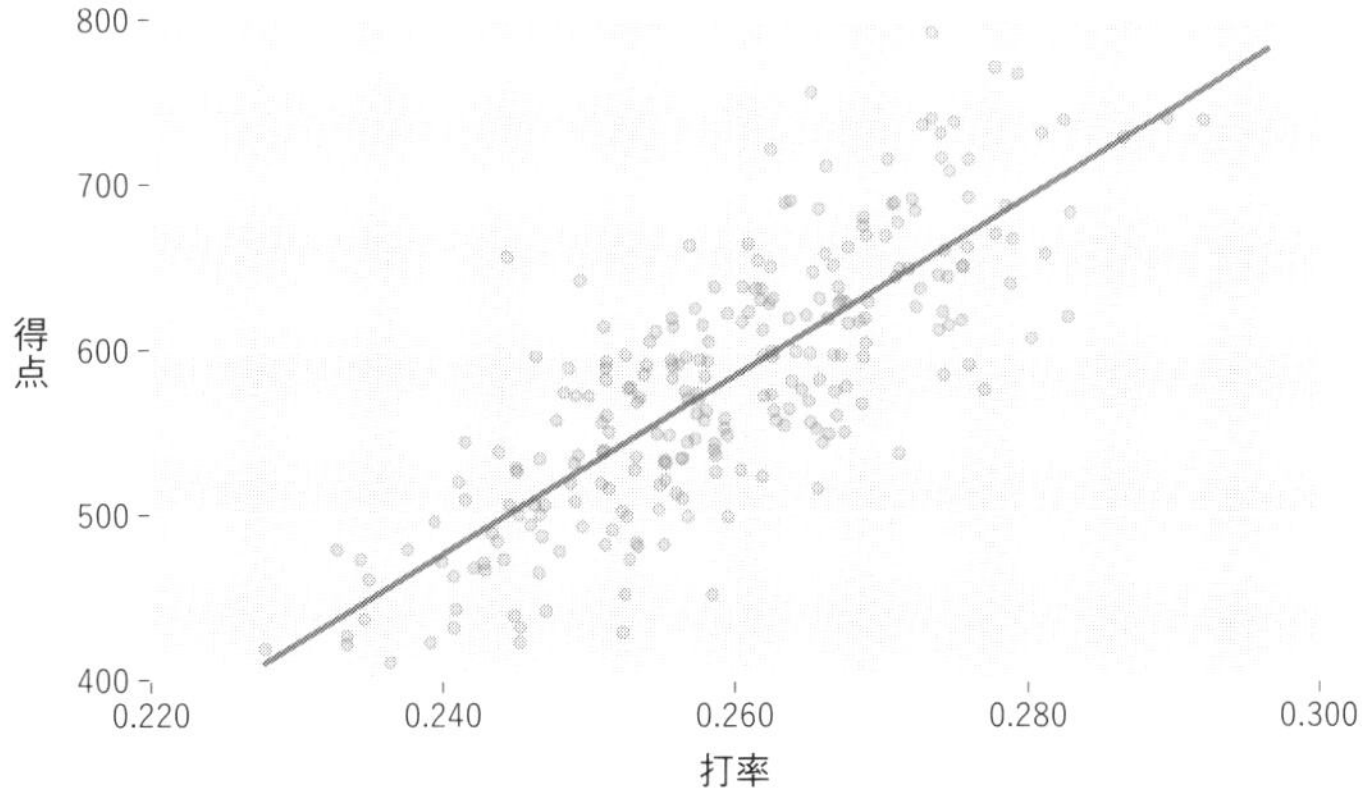

［表2］OPSと得点の関係

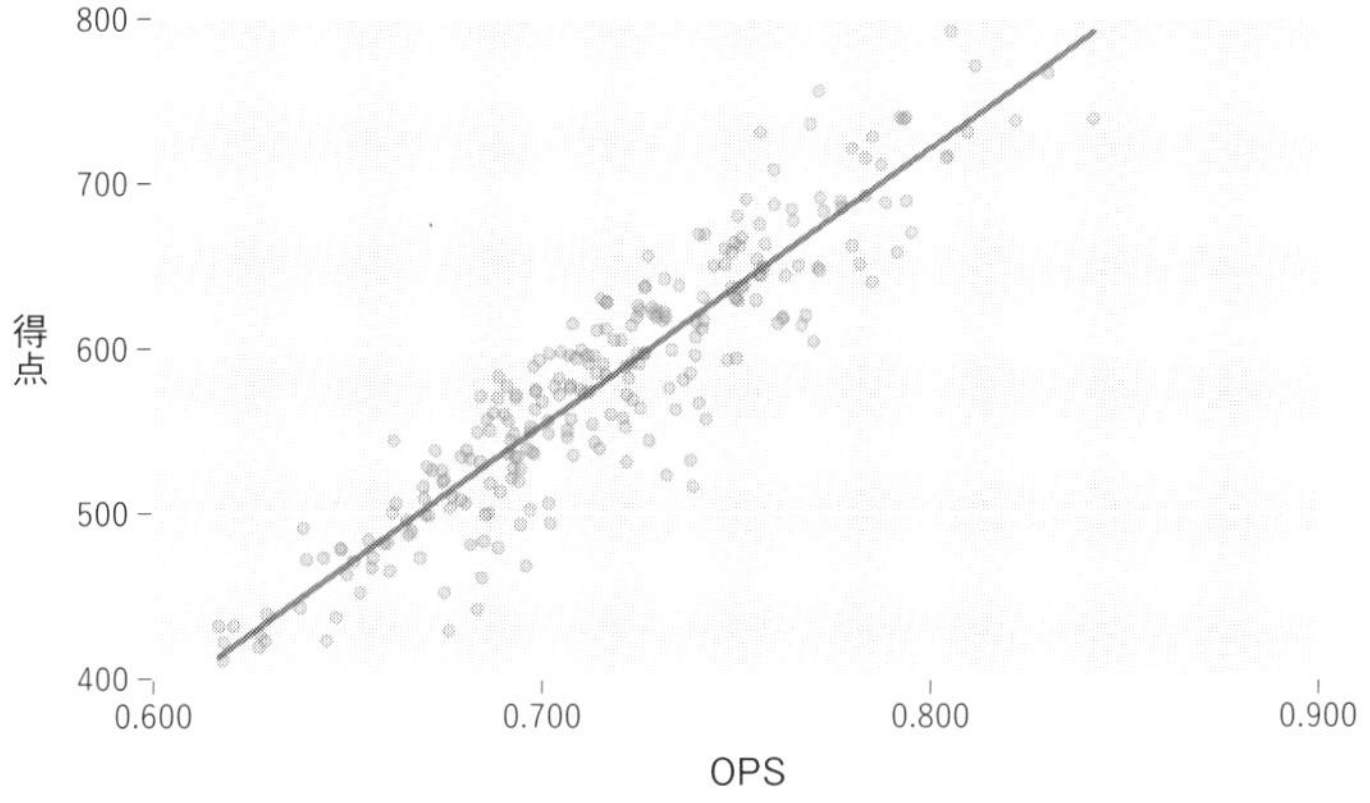

wOBA＝｛0・692×（四球－故意四球）＋0・73×死球＋0・966×失策出塁＋0・865×単打＋1・334×二塁打＋1・725×三塁打＋2・065×本塁打｝÷（打数＋四球－故意四球＋死球＋犠飛）

OPSのほうが、はるかに計算が簡単で、打者としても「OPSを高める＝出塁率と長打率を上げる！」とシンプルな考えを持つことができる。「wOBAを上げよう！」と言われても、ピンとくる打者はほとんどいないだろう。選手や指導者が使うのであれば、OPSのほうが有用であると言えよう。

2020年のNPBにおける【個人別OPSランキング】が表3になる。1・0を超えていると超一流打者の証と言えるが、昨年は柳田悠岐選手（福岡ソフトバンクホークス）と村上宗隆選手（東京ヤクルトスワローズ）、二人が大台に乗った。村上選手は打率3割7厘と、セ・リーグでは五番目の数字だったが、長打率5割8分5厘、出塁率4割2分7厘はリーグトップ。打率だけでは「得点」との関係性を評価し切れない。

［表3］個人別OPSランキング

順位	名前	チーム	OPS
1	柳田 悠岐	福岡ソフトバンクホークス	1.071
2	村上 宗隆	東京ヤクルトスワローズ	1.012
3	青木 宣親	東京ヤクルトスワローズ	0.981
4	浅村 栄斗	東北楽天ゴールデンイーグルス	0.969
5	吉田 正尚	オリックス・バファローズ	0.966
6	鈴木 誠也	広島東洋カープ	0.953
7	近藤 健介	北海道日本ハムファイターズ	0.934
8	丸 佳浩	読売ジャイアンツ	0.928
9	佐野 恵太	横浜DeNAベイスターズ	0.927
10	大山 悠輔	阪神タイガース	0.918

［表4］ポジション別OPS

	捕手	一塁手	二塁手	三塁手	遊撃手	左翼手	中堅手	右翼手	指名打者
読売	0.693	0.735	0.700	0.908	0.878	0.732	0.917	0.676	
中日	0.640	0.778	0.720	0.752	0.647	0.733	0.756	0.587	
阪神	0.706	0.747	0.613	0.933	0.639	0.770	0.732	0.663	
広島	0.723	0.724	0.743	0.726	0.693	0.715	0.755	0.953	
ヤクルト	0.522	0.867	0.742	0.762	0.672	0.899	0.727	0.596	
DeNA	0.598	0.738	0.768	0.790	0.644	0.891	0.911	0.815	
セ・リーグ	0.647	0.765	0.714	0.812	0.695	0.790	0.800	0.715	
ソフトバンク	0.703	0.666	0.675	0.674	0.575	0.739	1.048	0.721	0.732
オリックス	0.704	0.719	0.591	0.640	0.642	0.901	0.483	0.774	0.712
楽天	0.531	0.687	0.882	0.707	0.819	0.747	0.643	0.852	0.801
西武	0.661	0.790	0.639	0.659	0.656	0.793	0.609	0.634	0.766
ロッテ	0.555	0.739	0.703	0.686	0.577	0.774	0.666	0.809	0.621
日本ハム	0.491	0.706	0.729	0.643	0.516	0.844	0.779	0.701	0.801
パ・リーグ	0.607	0.718	0.703	0.668	0.631	0.800	0.705	0.748	0.739

ポジション別ＯＰＳで強みと弱みを知る

ＯＰＳの重要性を理解してもらったうえで、【ポジション別ＯＰＳ】（表４）を見てほしい。これは、２０２０年のセ・リーグとパ・リーグのＯＰＳをポジション別に並べたものである。大事なことは、リーグの平均ＯＰＳと比べて、明らかに劣るポジションを作らないことと、圧倒的な強みを作ることの2点である。

２０２０年にセ・リーグを制した巨人は、三塁手、遊撃手、中堅手の３部門で、平均を大きく上回る数字を残した。つまりは、岡本和真選手、坂本勇人選手、丸佳浩選手のポジションとなる。遊撃手は捕手を除いた野手の中では、平均ＯＰＳがもっとも低い傾向にあり、打つことよりも守ることが重要視されることが多い。その中において、坂本選手のように打てるショートがいることは、巨人にとって大きな強みとなる。２００８年から10年以上レギュラーとして出続けているわけで、こうした選手がひとりいるだけで得点力は大幅にアップする。

岡本選手は、一塁だけでなく三塁を守れることも、選手としての価値を高めている。一塁は外国人で補うこともできるが、サードは長くプレーできる日本人に任せたほうが、チームとしての軸が作りやすい。岡本選手の今の活躍を見ていると、これから10年は安泰と見ていいだろう。

プロ野球でも高校野球でも、誰をどのポジションに起用するかは、監督としてもっとも悩むところだと思うが、平均的な守備力があるのであれば、OPSを重視することをおすすめしたい。

高校野球や大学野球でよく見られることだが、控えにOPSの高い選手が座っていることがある。特にファーストやレフトなど、打撃特化型の選手が集まりやすいポジションに、OPSの上位選手が重なっている。「代打の切り札」として使うのも悪くはないが、得点への貢献を考えれば、1試合4~5打席立たせてあげたいところだ。多少、守備に目をつむってでも、ほかのポジションで育てていったほうが、チームの得点力は上がる可能性が高い。

この本を読んでいる指導者の方がいれば、一度、自チームのポジション別OPSを計算してみてほしい。10試合もあれば、選手の特徴は見えてくるのではないだろうか。トーナメント制の場合、守備に重きを置きたくなる気持ちもわかるが、守っているだけでは勝てないのも事実である。もし、控え選手にOPSの高い選手がいるのであれば、別のポジションで鍛えていくのもひとつのチーム戦略と言えるだろう。

「打順」よりも「誰を使うか」が重要

攻撃において、昔も今も議論の対象になるのが打順である。MLBでは「二番最強説」があり、NPBでもソフトバンクの工藤公康監督が柳田選手を二番に据えるなど、各球団がさまざまな工夫を凝らしている。

少年野球でもMLBでも、現行のルールが変わらない限り、唯一絶対の法則は

「一番打者にもっとも多くの打席が回り、九番打者の打席がもっとも少ない」ということである。1試合の中で見れば、最高でも1打席の差だが、1年間戦うプロ野球となれば、一番打者と九番打者でおよそ120打席の差が生まれる。2020年のNPBにおける【打順別年間打席数】（表5）を見ると、打順がひとつ下がるごとに、およそ15打席少なくなっていることがわかる。

ものすごくシンプルに考えれば、OPSの高い打者を上位に固めて、より多くの打席数を与えたほうが、得点の確率は高くなる。

ただし、数理的なモデルによって算出された「各打順に認められる一般的な性質」から考えると、一番からOPSの高い打者を順に並べればいい、というわけではない。セイバーメトリクスの研究家であるトム・タンゴ氏

［表5］打順別年間打席数

打順	一番	二番	三番	四番	五番	六番	七番	八番	九番
平均年間打席数	555	542	530	517	505	492	477	462	449

の書籍『The Book』には、「打順ごとの重要性」が語られている。

タンゴ氏によると、一番（出塁率が高いもっとも優れた打者）・二番（併殺を回避できる走力があるのが理想）・四番（長打率が高いもっとも優れた打者）に第1群の打者、三番・五番に第2群の打者、六〜九番に第3群の打者を据えると、得点力が高まる可能性があるという。三番は、2アウトで打席が回ることが多く、優秀な打者を置いても生きない可能性があるとのことだ。

こうした考察がある一方で、じつは打順の組み換えによる得点数の増減は、「年間で数点程度」という研究もある。指導者によってさまざまな考えがあるとは思うが、打順よりも重要なのは、「スタメンに誰を使うか」。いろいろと頭を悩ませても、スタメンで起用した9人のそもそものOPSが低ければ、得点力が上がらないのは明らかなことだろう。

これは、リーグ戦でもトーナメントでも同じ考えとなる。トーナメントで好投手と対戦すると、「1点の重みが大きい。守備のミスだけは防ぎたい」と、打撃よりも守備に優れた選手を起用する監督がいるが、トーナメントだからこそ1本の長打の価値が高い。好投手相手に連打が望めないとなれば、長打で塁をまたぐしかないのだ。4打席で3三振するバッターであっても、残りの1打席で長打が出れば起用は成功と言える。一発長打の魅力がある選手は、ひとりで得点できる力を持っている。

打球飛距離を伸ばすための3つの柱

ならば、OPSを高めていくにはどんなアプローチが必要になるか。

出塁率と長打率の両面を上げていくことが必要になるが、フォーカスしていきたいのは長打率のほうである。なぜなら、長打が多いとバッテリーはボールから入ってきたり、ストライクからボールになる変化球で誘ってみたり、警戒心が強くなった結果として四球を選べることがあるからだ。2020年、セ・リーグの長打率1位をマークした村上選手は、四球も99個でリーグ1位。パ・リーグに目を向けると、長打率1位の柳田選手は、四球のランキングでも3位タイに入っている。

長打率を決定づける要因は、「どれだけ飛ばしたか」と「どこに飛んだか」に分けられる。打球を飛ばせば飛ばすほど、長打になる可能性が高まるのは誰でもわかることだろう。もうひとつの「どこに飛んだか」は、相手の野手がいないところに打てば、100パーセント近い確率でヒットになるわけだが、これは攻撃側ではコントロールできないものであり、相手に委ねることしかできない。すなわち、打者が目指すべきことは飛距離を伸ばすことになる。

ここからが重要な話で、打球飛距離は①打球速度、②打球角度、③打球の回転速度（どういう回転で飛んだか）、以上3つの要素によって決まる。特に大きく関わっているのが①と②になるため、先に③を説明しておきたい。

昔から、「ボールの下にバットを入れて、バックスピンをかけて飛ばす」というスラッガーの言葉があるが、実際にスピンの量が増えすぎると、ボールは失速してしまう。感覚的な言語としてはいいのだが、本当に回転をかけようと意識しすぎると、ボールの中心から外れたところを打つことになり、ボールの速度が著しく低下してしまう。その結果、打球が飛ばなくなることを覚えておいてほしい。じつは、インフィールドの打球で回転数がもっとも多いのは、内野フライである。どのようにボールを捉えればいいかは、またのちほど解説したい。

打球速度が上がると単打割合も増える

重要ポイントのひとつ目が打球速度である。

【打球速度別結果（安打）割合】を示したのが表6になるが、打球速度が150キロを超えると、本塁打割合が一気に増えていく。それと同時に、二塁打と単打の割合も高まっていることがわかる。これはMLBのデータであるが、NPBであっても、高校野球であっても、同じ傾向が出ていると推測できる。

ここでのポイントは、「打球速度が上がると、長打だけでなく単打も増える」

ということである。緩い打球であれば、内野手が追いつく打球であっても、打球速度が上がれば間を抜けるようになる。考えてみれば、当たり前のことである。

　ところが、「長打はフルスイング。単打はミート中心の軽打」と考えている打者が意外に多い。大きなスイングの空振りを見て、「大振りするな、コンパクトにいけ！」と指示を出す指導者もきっといるだろう。気持ちはわかるのだが……、単打と長打は決して別物ではないことを覚えておいてほしい。打球速度が上がれ

［表6］打球速度別結果（安打）割合

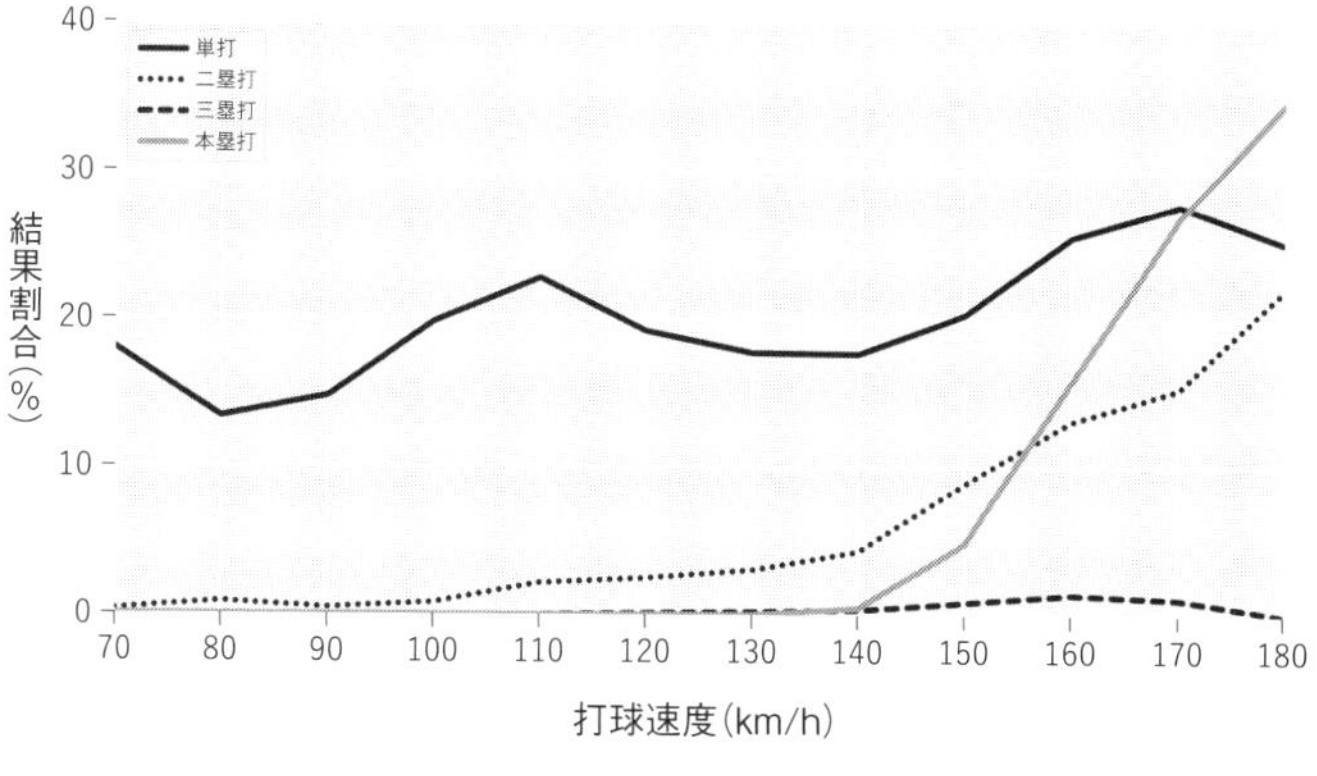

ば、単打の確率も増える。2019年にフルスイングが信条の森友哉選手（埼玉西武ライオンズ）が首位打者を獲ったのは、わかりやすい例と言えるだろう。

表7は、【打球速度別の安打割合／長打割合／本塁打割合】となる。100～120キロ、120～150キロ、150キロ以上と、打球速度を3段階に分けて調べてみると、150キロ以上の打球が安打割合、長打割合、本塁打割合ともに数字が良くなっていることがわかる。バッティングにおいては、「打球速度は速ければ速いほうがいい」と断言することができる。

［表7］打球速度別の安打割合／長打割合／本塁打割合

打球速度	発生割合	安打割合	長打割合	本塁打割合
100-120km/h	12%	23%	2%	0%
120-150km/h	42%	22%	4%	0%
150km/h～	46%	48%	25%	12%

長打の確率を上げる「バレルゾーン」

飛距離を伸ばすために、もうひとつの重要なポイントが「打球角度」である。

ＭＬＢでは２０１４年を境に、【年度別総本塁打数】（表８）が激増している。２０１７年にシーズンの新記録を打ち立てると、２０１９年にはさらに記録が更新された（２０２０年は短縮シーズンのため除外）。

決して、偶発的にホームランが増えたわけではない。じつは、２０１４年からスタットキャストを使ったさまざまなデータの取得が始まり、どんな打球を打てば長打になりやすいのか、得点に貢献しやすいのか、目に見える数字でわかるようになった。

ゴロよりもフライを打ち、単打よりも長打を狙う。これが『フライボール革命』が始まった原点と言える。何となく「フライを打ったほうがいいんじゃな

[**表8**] 年度別総本塁打数

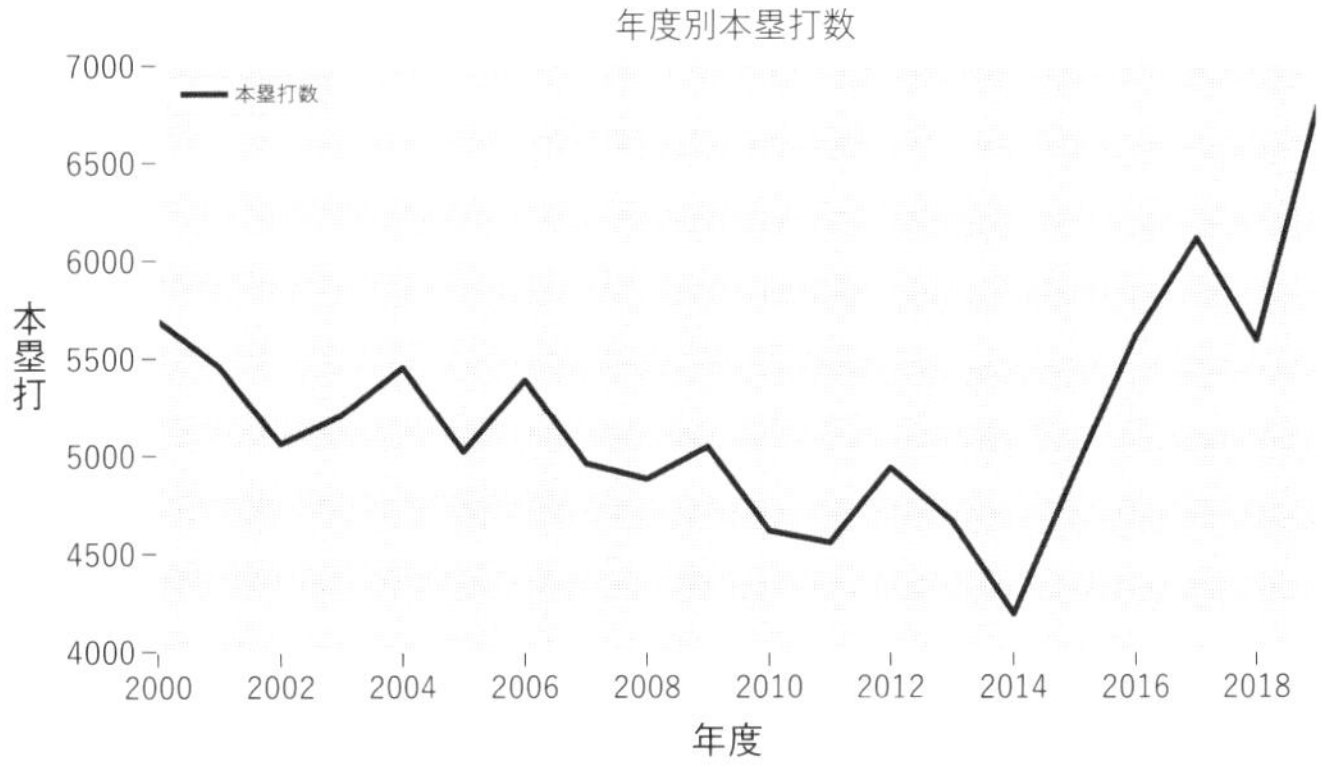

[**表9**] バレルゾーン

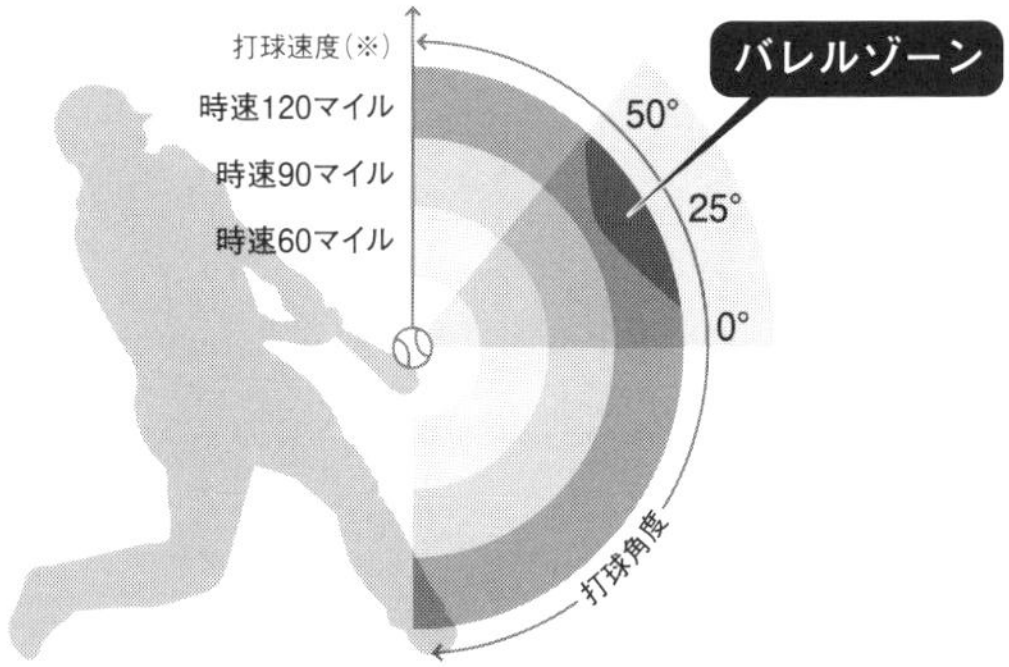

バレルゾーンの定義。打球速度と打球角度の組み合わせで、
バレルゾーン(図中黒のゾーン)に入った打球は長打の割合が急増する
※1マイル＝約1.61km

い？」と始まったわけではなく、データの「見える化」によって、打者の目指すべき打球が明確にわかったことが、スタットキャストの大きな功績と言える。

ここから生まれたのが、新指標の【バレルゾーン】（表9）である。野球に詳しい人であれば、何度か耳にしたことがあるのではないだろうか。

簡潔に言えば「最適な角度と速度の組み合わせによって、長打になりやすいゾーンを示した指標」と表現することができる。一流選手であれば「このぐらいの角度で打球が上がったら、ホームランになりやすいよね」という感覚を持っていたと思うが、そこに打球速度まで組み合わせて、長打を打つための〝正解〟が明確に見えるようになった。

投手であれば「球速」というわかりやすい指標があったが、打者のパフォーマンスを評価する指標はほとんど存在していなかった。スイングスピードを測ることはあっても、それが試合の打球にどのような影響を及ぼしているかまではわからない。しかし、スタットキャストが出現したことによって、モヤッとしていた景色が一気に晴れたような感じだ。

バレルゾーンの打球は打率8割2分2厘で、長打率は2・0を超す（2・386）圧倒的な数字を示している。バレルゾーンは打球速度によって打球角度が変動し、最低条件として158キロの打球速度が必要になる。この速度であれば、角度26～30度の打球を打つことで、長打の確率が上がる。

打球速度が速くなれば速くなるほど、左記のように必要な打球角度は広がっていく。

●159キロ／25～31度
●161キロ／24～33度
●187キロ／8～50度

187キロの打球であれば、「ほぼどんな角度でも長打になりますよ」ということだ。2021年の前半戦、打撃好調の大谷選手が弾丸ライナーでホームランを打ち込むシーンが何度かあったが、6月29日にヤンキー・スタジアムで放った第28号は、打球速度181キロ、打球角度18度だった。打球速度が高ければ、角度が低くてもそのままスタンドに突き刺さる。まさに、バレルゾーンを体現した一打である。

MLBの各打者は、バレルゾーンが普及してから、「いかにしてゴロを打たないか」を考えるようになった。投手の章でも触れたが、投手は失点のリスクを減らすために、いかにしてゴロを打たせるかに力を注いでいる。ゴロさえ打たせれば、データによって裏打ちされた守備シフトの網に引っかけることもできる。極論を言ってしまえば、打者はゴロを打った時点でノーチャンスであり、長打の確率は圧倒的に低くなる。

それがよくわかるのが【打球の種類ごとの成績の違い】（表10）である。ゴロ／ライナー／内野フライ／外野フライに対して、発生割合／安打割合／長打割合／本塁打割合を調べてみると、ゴロの長打割

[表10] 打球の種類ごとの成績の違い

打球種別	発生割合	安打割合	長打割合	本塁打割合
ゴロ	44%	24%	2%	0%
ライナー	28%	63%	28%	9%
内野フライ	7%	2%	0%	0%
外野フライ	21%	21%	17%	13%

合はわずか2パーセント。ライナーや外野フライに比べると、圧倒的に低い。安打割合を見ても、じつは外野フライと大きな差がない。ゴロを打ったほうが内野の間を抜き、フライを打ち上げると外野手に捕られているイメージを持つかもしれないが、それは印象にしか過ぎない。

19度上向きの軌道でボールの0・6センチ下を打つ

「打球速度」と「打球角度」を両立させるためには、インパクト時にボールのどこをどのように捉えるかが、大きなカギを握る。

すでに研究結果（出典：Gregory, S. Sawicki, & Mont, Hubbard.〈2003〉）で明らかになっていることは、打球速度が最大になるのは、バットとボールの軌道が一致（表11）したときである。投手が140キロのフォーシームを真ん中に投げると、おおよそ5～8度の角度で下に落ちてくる。打者はこの角度に合わせて、やや上向きにスイングを入れると、直衝突が起きて打球速度が最大になる。ただし、この捉え方では打球速度は上がるが、ボールにラインドライブがかかり、角度が出にくい。

打球角度を上げて、打球の飛距離を最大にするには、19度上向きのスイング軌道で、ボールの0・6センチ下側を打つ必要がある（表12）。別の言い方をすれば、19度上向きの「アッパー局面」で打つことが大切になってくる。

微妙な表現の違いなのだが、重

［**表11**］打球速度が最大になるバットとボールの関係

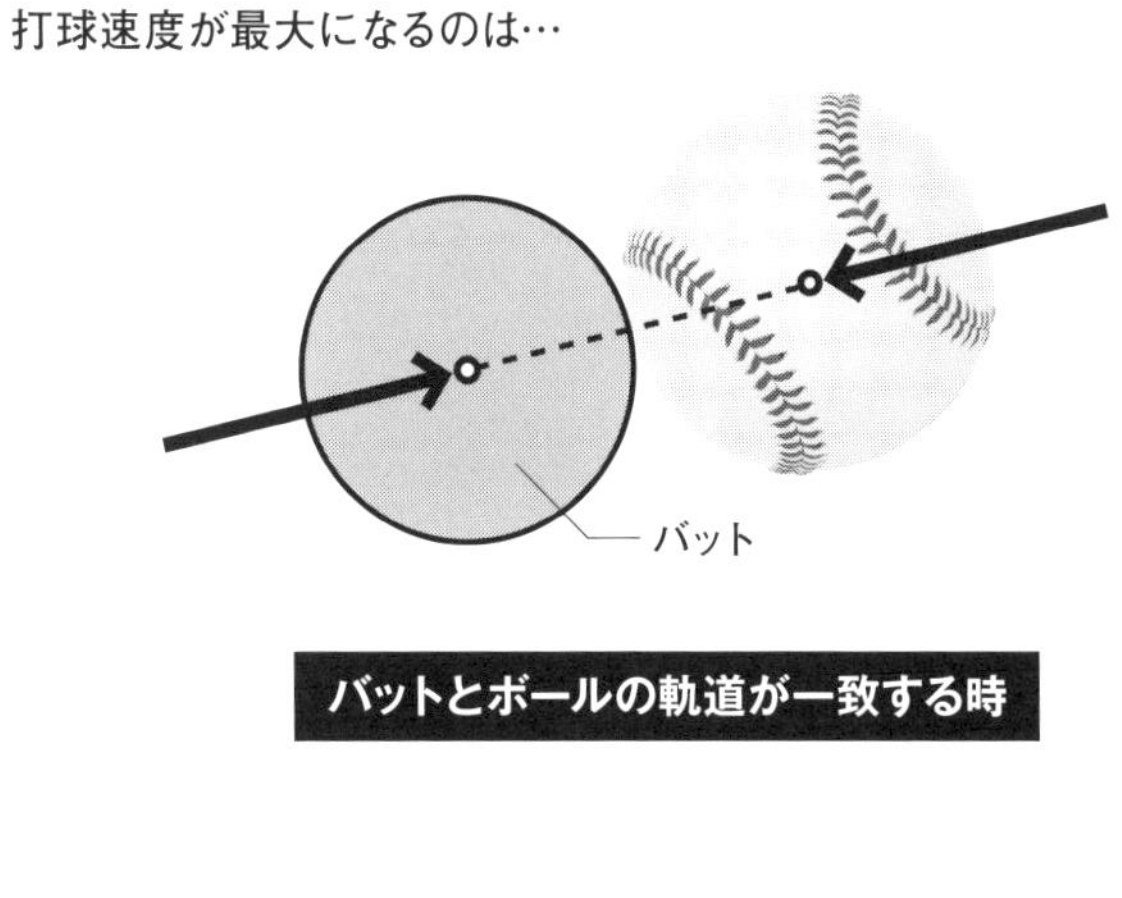
打球速度が最大になるのは…
バット
バットとボールの軌道が一致する時

要なのは「アッパースイング」ではなく「アッパー局面」である。バットスイングを細かく分析していくと、トップの位置からインパクトに向かってバットのヘッドが下がり、ボールを捉える直前には、やや上向きにスイングが行われる。44ページでも解説したが、横から見ると「U」や「V」に近い軌道になっているのが一般的で、「U」や「V」の最下点から斜め上方向に上がるところが「アッパー局面」となる。ここでボールを捉えることが、19度上向きのスイング

［表12］打球飛距離が最大になる19度上向きのスイング軌道

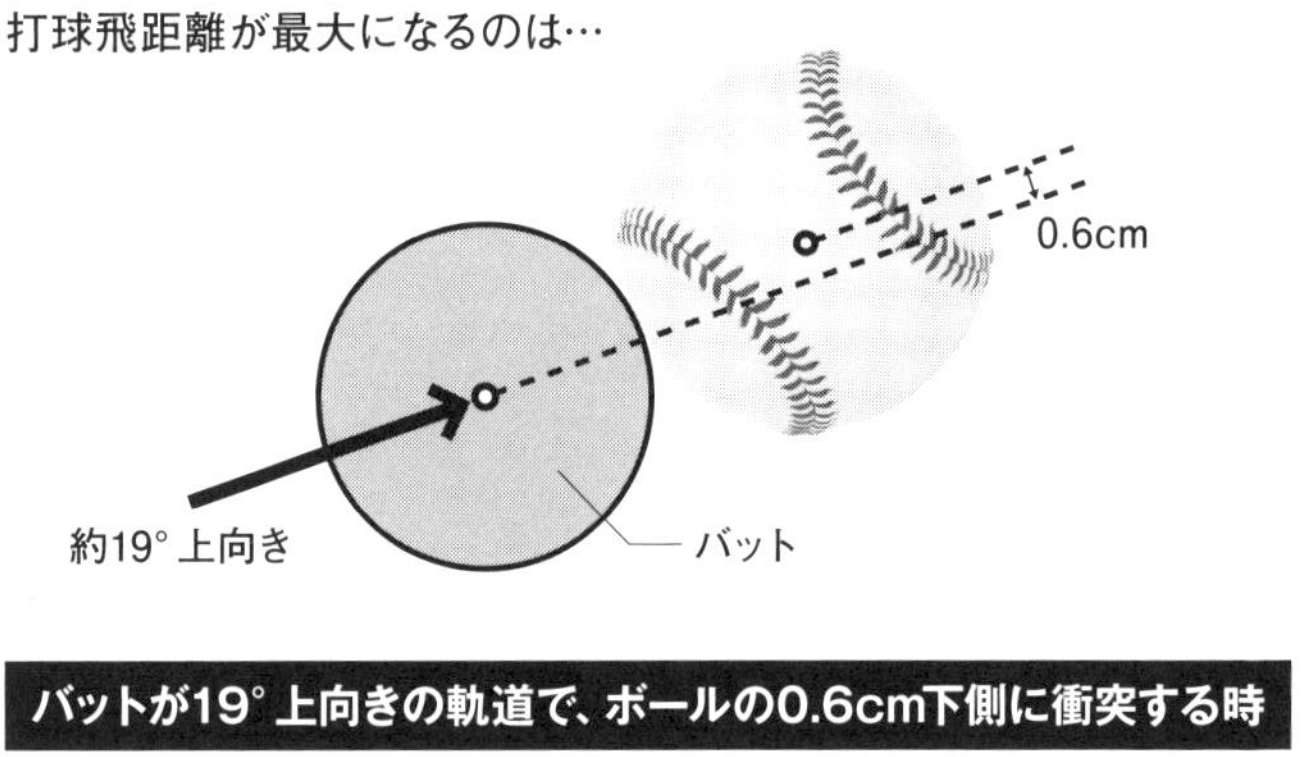
打球飛距離が最大になるのは…
0.6cm
約19° 上向き
バット
バットが19° 上向きの軌道で、ボールの0.6cm下側に衝突する時

につながっていく。

感覚的な表現になるが、ホームランバッターが「前（＝ピッチャー寄り）で打つ」「前で捉える」と口にすることがある。前で打とうとすると、アッパー局面でボールを捉えやすくなるため、19度上向きに近い形でボールに入っていくことができる。トップからインパクトまでの加速距離も長くなり、ボールに加えるエネルギーも強くなりやすい。

逆に「ボールをよく見よう」「引きつけて打とう」と思いすぎると、ダウン局面で捉えることになり、ゴロになる確率が上がってしまう。打球がゴロになりやすい選手は、これまでよりも「前で捉える」ことを意識してみるだけで、打球の質が変わる可能性はある。

自分の意識と実際の動きにはズレがある

前で捉えることも、引きつけて打つことも、感覚的な話である。打者によっては「おれは、前で捉えている！」と思っていても、外から見た第三者の目には「引きつけすぎていない？」というギャップが起こりえるものだ。

バッティング指導の中で、昔も今もよく耳にするのが「上から叩きなさい！」という言葉である。元プロ野球選手の野球教室でも、子どもたちに「上からしっかりと叩いて！」と教えている姿を目にする。でも、プロ野球選手は本当に上から叩いて打っているのだろうか？

さきほど説明したように、19度上向きのアッパー局面で、ボールの0・6センチ下側を打ったときに、もっとも打球が飛ぶことが証明されている。このスイングの中に「上から叩く」という局面は存在しないはずだ。

以前、テレビ番組の企画で、通算８６８本の世界記録を持つ王貞治さんのスイングを分析したことがある。若い人はあまりイメージできないかもしれないが、王さんは畳の上で日本刀を振り下ろす素振りが有名で、ダウンスイングの印象が強い。でも、実際のスイングを調べてみると、17度上向きのスイングでホームランを打っていたことがわかっている。

バッティング、というよりも体を動かすスポーツ全般に言えることだと思うが、自分がやろうとしている意識と実際の動きにはズレが生まれる。ピッチングに関しても、本人は上から投げているつもりでも、映像を見ると腕の出所が低いサイドスローも珍しくはない。

ここで大事になるのは、意識と実際の動きにはズレがあることを認識したうえで、動作を行うことである。指導者も選手にアドバイスを送るときには、意識やイメージのことを伝えたいのか、あるいは動きそのものを教えたいのか、分けて考えなければいけない。「上から叩くように打ってみなさい」と伝えるのと、「上から叩け！」では意味合いが違ってくる。

近年、グリップに装着して、スイングスピードやスイング軌道を簡易的に計測できる機器が開発され、プロ野球でも活用している球団がある。もしかしたら、読者のみなさんの中でも使っている人がいるかもしれない。

私からの提案としては、ただ測るだけではなく「レベルスイングの意識で振ってみたら、上向きのスイング軌道になっていた」というように、意識と結果をすり合わせるツールとして役立ててほしい。意識と結果のズレを少しでも小さくできれば、おのずと理想のスイングに近づいていくのではないだろうか。

もうひとつ付け加えると、バッティングはピッチングと違って道具（バット）を使い、さらに相手が投げてくるボールを打つ受動的な立場のため、自分の動きを客観的に確認するのが難しい。投手であれば、投げているボールを見てピッチングフォームとのすり合わせができるが、打者はそうはいかない。どれだけいいバッティングフォームで振っていても、投手の球威に押されて空振りすることも、紙一重の内野フライに終わることもある。スイングと結果が一致しないことがあるので、フィードバックが難しいと言える。

だからこそ、データを活用することに意味がある。自分の感覚は、そのときのコンディションや精神状態によってズレが生まれることはあるが、数字は数字として正確に出る。球速を測ることが一般的になったように、打球速度や打球角度が簡易に測れるようになれば、アマチュア選手のバッティングも飛躍的に成長していくはずだ。

除脂肪体重とスイング速度の密接な関係

再び、バレルゾーンの話に戻る。

高校生や大学生に「バレルゾーンに入れるには、最低ラインとして打球速度158キロが必要」という話をすると、「ぼくたちには難しくないですか……」という表情を浮かべる選手が多い。MLBから広まった考えでもあるため、メジャーリーガーだからできることだと思っているようだ。

たしかに、MLBの一流選手たちの打球速度はとてつもない速さを持っている。少し古くなるが【2017年打球速度ランキング】（表13）を調べてみたところ、上位10人は190キロ以上をマークし、そのうちジャンカルロ・スタントン選手（マイアミ・マーリンズ／現ニューヨーク・ヤンキース）とアーロン・ジャッジ選手（ニューヨーク・ヤンキース）が9球を記録。大谷選手が活躍を見せた【2021年前半戦打球速度ランキング】（表14）では、大谷選手も上位10傑にしっかりとランクインしている。

打球速度を生み出すカギは、スイング速度と除脂肪体重（脂肪を除いた体重／体重70キロ、体脂肪率15パーセントであれば、70－10・5＝59・5キロとなる）にあることが、研究で報告されている（出典：笠原政志，山本利春，&岩井美樹〈2012〉）。

表15は【スイング速度と除脂肪体重（筋量）との関係】を表していて、除脂肪体重が増えれば増えるほどスイング速度が上がっていることが見て取れる。除脂肪体重が1キロ増加するごとに、スイング速度が1・3キロ上がっている計算に

［**表13**］2017年打球速度ランキング

順位	名前	チーム	打球速度
1	G. スタントン	マーリンズ	**196.7** km/h
2	A. ジャッジ	ヤンキース	**194.9** km/h
3	A. ジャッジ	ヤンキース	**192.8** km/h
4	A. ジャッジ	ヤンキース	**192.2** km/h
5	A. ジャッジ	ヤンキース	**191.5** km/h
6	G. スタントン	マーリンズ	**191.0** km/h
7	G. スタントン	マーリンズ	**191.0** km/h
8	A. ジャッジ	ヤンキース	**190.9** km/h
9	M. トランボ	オリオールズ	**190.7** km/h
10	A. ジャッジ	ヤンキース	**190.5** km/h

［**表14**］2021年前半戦打球速度ランキング

順位	名前	チーム	打球速度
1	G. スタントン	ヤンキース	**193.4** km/h
2	G. スタントン	ヤンキース	**193.2** km/h
3	G. スタントン	ヤンキース	**193.1** km/h
4	G. スタントン	ヤンキース	**192.4** km/h
5	M. ズニーノ	レイズ	**192.1** km/h
6	G. スタントン	ヤンキース	**192.1** km/h
7	G. スタントン	ヤンキース	**192.0** km/h
8	大谷 翔平	エンゼルス	**191.5** km/h
9	大谷 翔平	エンゼルス	**191.5** km/h
10	A. ジャッジ	ヤンキース	**191.5** km/h

なる。筋量が多くなると、前足を踏み出したときに得られる地面反力が多くなり、バットスイングに伝達するエネルギーが大きくなるという構図だ。

理論上では、２０１７年にスタントン選手が記録した打球速度１９６・７キロを打つには、１７２キロのスイングスピードと、除脂肪体重１００・２キロが必要になる。選手名鑑を見ると、スタントン選手の体重は１１１・２キロ。仮に体脂肪率が15パーセントだとすれば、94・52キロ。１００キロ近い除脂肪体重は必須となる。

ＭＬＢの選手は、日本人よりもウエ

［表15］スイング速度と除脂肪体重（筋量）との関係

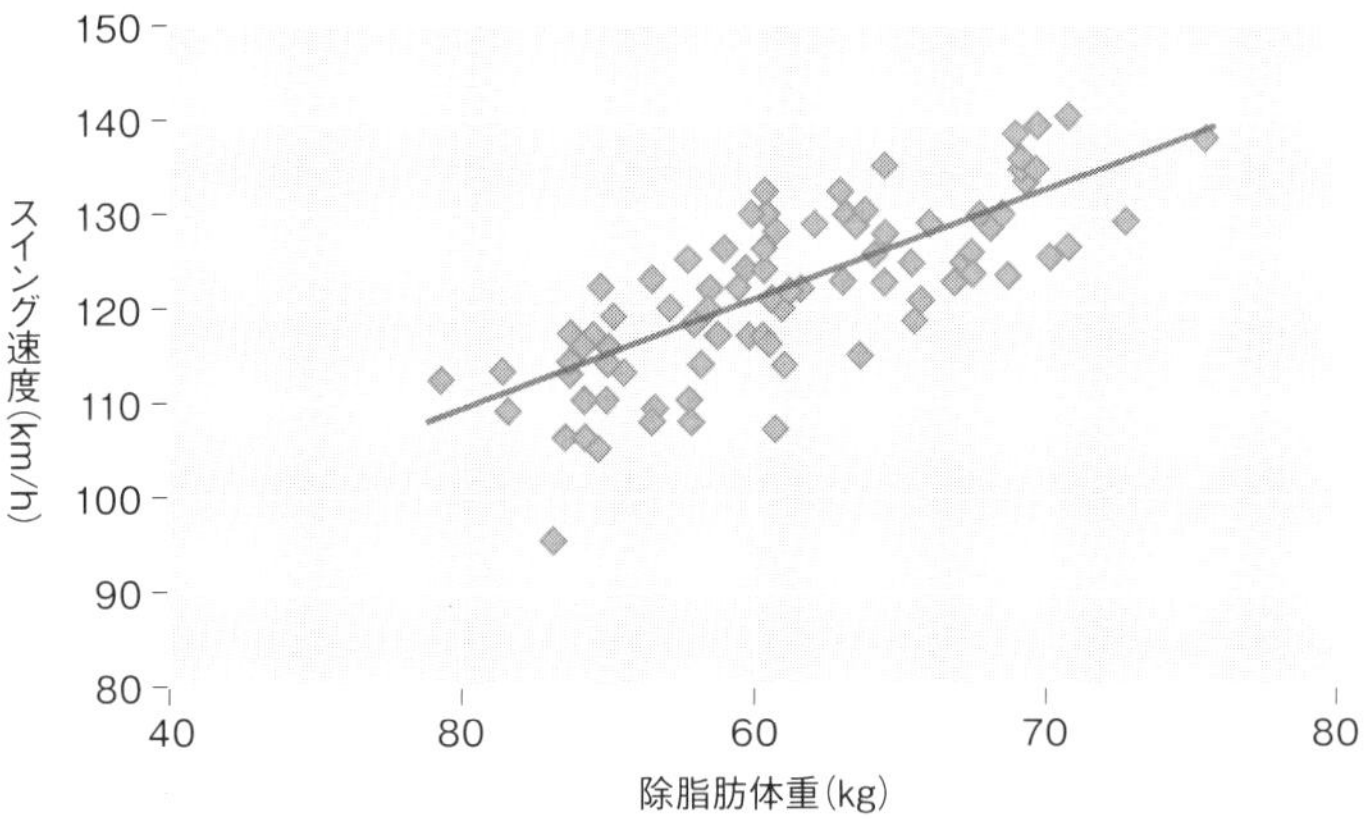

イトトレーニングに力を入れている印象があるが、ただ筋骨隆々の体を作りたいのではなく、除脂肪体重を増やすところにも狙いがあるはずだ。筋量を増やして脂肪量を落とすことで、スイング速度が上がる。中学生や高校生にもこの知識は持っておいてほしい。

では、バレルゾーンの最低ラインとなる打球速度158キロを実現するには、どんな条件が必要になるのか。これも理論上ではあるが、求められるのはスイングスピード128キロ、除脂肪体重65キロ。仮に体脂肪率が15パーセントだとすれば、74・8キロの体重で実現可能となる。高校生にもなれば、多くの選手が到達できる数字であろう。だから、「おれには無理だ」なんてことを思う必要はまったくない。

ただし、絶対的に言えることは、打球速度を高めていくにはそれだけの体が必須ということだ。小柄で身長が低いことを自覚しているのであれば、ウエイトトレーニングや食事で筋量を高めていく努力は欠かせない。

打席でフルスイングする習慣が大事

バレルゾーンを実現するには、最低ラインとしてスイングスピード128キロが必要になる。これだけを読むと低いハードルに思えるかもしれないが、「実際の試合で記録する」という条件が入ると、一気に難易度が上がる。

さまざまな研究によると、素振りやティーバッティングに比べて、試合でのスイングスピードは10～15パーセント落ちると言われている。仮に15パーセント下がるとしたら、147・2キロのスイングスピードを持っていなければいけない。

素振りは、自分が好きなタイミングで好きなようにスイングできるが、実戦になれば、相手投手は打者のタイミングを外そうとしてさまざまな球種を投げてくる。打者としても「ここで打たなければいけない」「ダブルプレーだけは避けたい」「三振はイヤだから何としても当てたい」など、状況によって心理の変化が生まれる。速い球だけに狙いを絞って、1・2・3で思い切りよく振れる場面などめったにないものだ。

そう考えると、実戦でスイングスピードが落ちるのは当たり前のことだ。でも、その下げ幅をできる限り下げる努力はしておきたい。おそらく、山川穂高選手（埼玉西武ライオンズ）や柳田悠岐選手は、練習でも試合でもほぼ変わらないフルスイングをしているはずだ。

なぜ、それが実現できるかとなると、一番の理由は空振りを怖がっていないところにある。長打が期待されているスラッガーという点もあるが、空振り三振でも内野フライでもアウトはアウト。空振り三振だからといって、一気に2アウトも取られるルールはないわけで、アウトの価値には変わりはない。

MLBを見ていても、空振りを恐れない文化を強く感じる。「当たればホームラン」のフルスイングを貫く代わりに、「当たらなければ三振」のシーンをよく目にする。走者二塁から、右打ちでランナーを進めるバッティングが存在しないわけではないが、日本のそれに比べれば圧倒的に少ない。

こうした文化が根づいているMLBであっても、2ストライクに追い込まれると打球速度と打球角度が下がるのは、投手の項で説明したとおりである。改めて【カウント別の平均打球速度／平均打球角度】（表16）を掲載するので、今度は打者目線で確認してみてほしい。打球速度が下がる＝スイングスピードが落ちていることになり、カウントによって打者のアプローチが変わっている。

打者が考えることは、追い込まれるまでにフルスイングできるコースに狙いを定め、自分の最速に近いスイングで振り抜く。これを続けていくことで、素振りと試合のスイングの間に生まれる速度差を少しでも小さくしていきたい。

指導者のみなさんにお願いしたいのは、「空振りなくして、長打は生まれない」ということだ。空振りを恐れてコツコツと当てにいくようでは、弱い打球しか打つことができないだろう。

大谷選手を見ていればわかるように、長打と空振りはトレードオフの関係性にある。長打を増やすことと空振りを減らすことは相反するものであり、どんな一流打者であっても両立するのは難しい。表17の【最高打球速度と空振り割合の関

[**表16**] カウント別の平均打球速度／平均打球角度

打球速度		ストライク		
		0	1	2
ボール	0	**132.1** km/h	**131.0** km/h	**128.8** km/h
	1	**133.7** km/h	**132.0** km/h	**130.4** km/h
	2	**135.9** km/h	**134.2** km/h	**131.9** km/h
	3	**141.2** km/h	**138.3** km/h	**134.7** km/h

打球角度		ストライク		
		0	1	2
ボール	0	**17.7°**	**15.1°**	**14.0°**
	1	**18.3°**	**16.1°**	**14.4°**
	2	**20.1°**	**17.8°**	**15.6°**
	3	**23.0°**	**21.5°**	**18.4°**

［表17］最高打球速度と空振り割合の関係

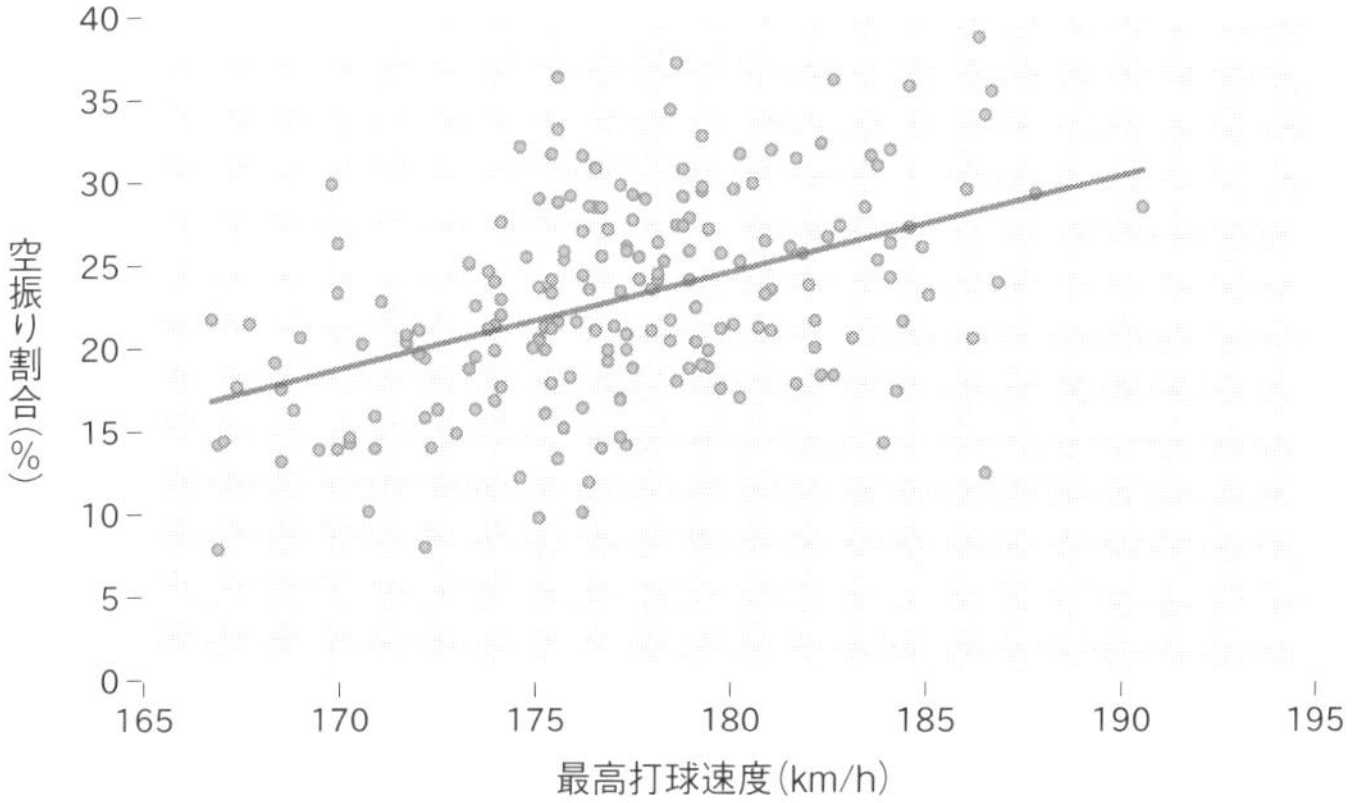

［表18］打者・大谷選手のリスク管理表

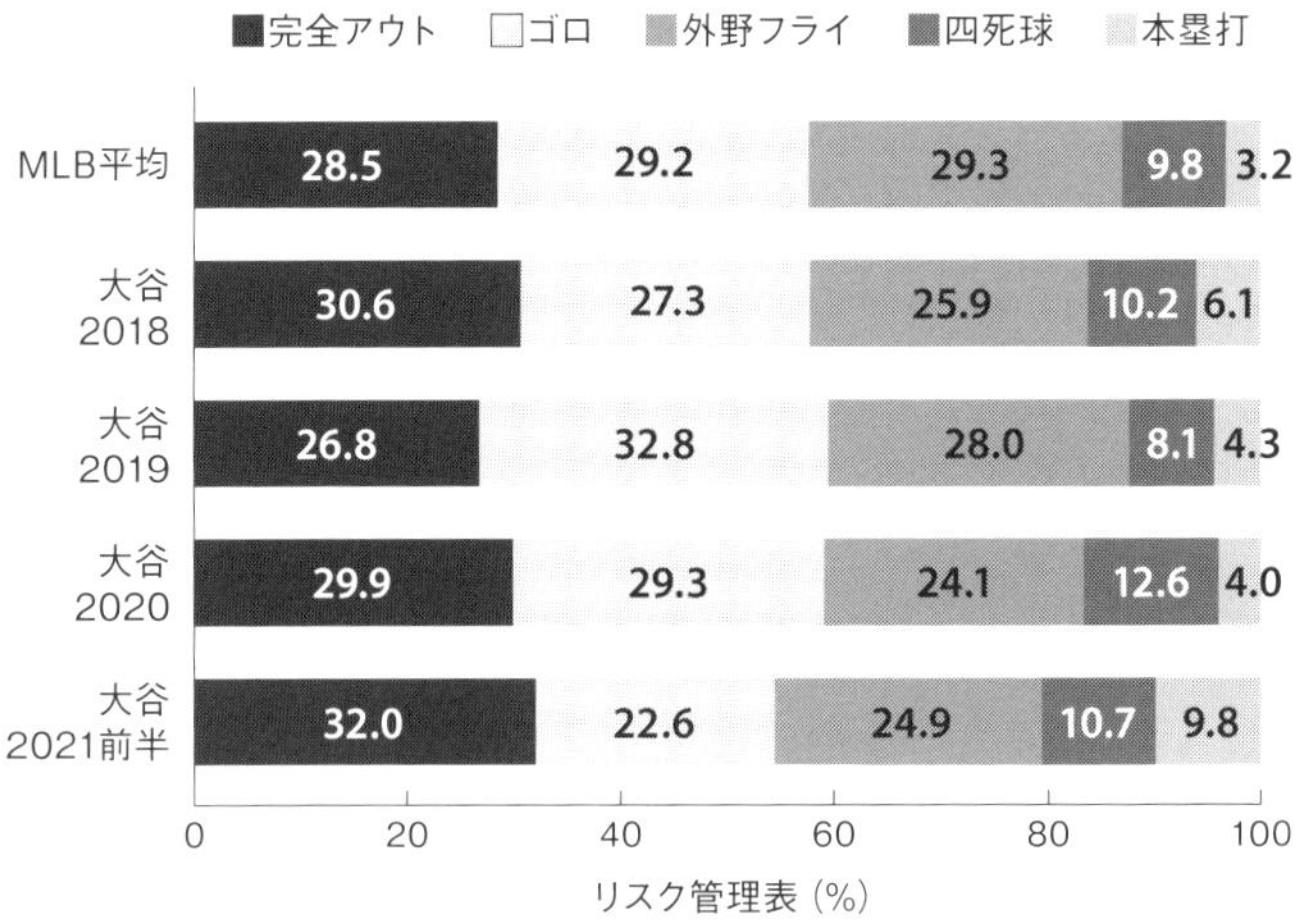

係】を見てもらうと、この言葉の意味がわかるはずだ。打球速度が速い打者ほど、空振り割合も高くなっている。

ゴロが減るとともに打球の角度が上がった打者・大谷翔平

大谷選手の名前が出たところで、打者・大谷翔平の分析をしてみたい。

なぜ、2021年の前半戦にあれだけのホームランを量産できたのか。全84安打のうち、本塁打33本、三塁打4本、二塁打19本、単打28本と、シングルヒットよりもホームランのほうが多いという異次元の長打力を誇った。

MLB挑戦後、2018年から4年間の【打者・大谷選手のリスク管理表】(表18)を見ていくと、2021年は完全アウト(三振+内野フライ)が過去最多である一方で、内野ゴロの割合が過去最少となっている。三振の多さは、長距離砲としてトレードオフの関係にあるので仕方ないところだとして、注目すべきは内野ゴロの少なさである。MLB平均の29・2パーセントに比べて、明らかに少ないことがわかる。この結果が、外野フライと本塁打の多さにつながっていると見ていいだろう。

投手の項で「リスク」という言葉を使ったが、打者にも「リスク」の考えがあてはまる。打者リスク管理表では、右側にいけばいくほど得点につながりやすい。ホームランは打者ひとりの力で得点を生み出すことができ、四死球は永遠に攻撃を継続することができる。そして、外野フライはアウトになりにくく長打が多い。ゴロはアウトの確率が高く、完全アウト（三振＋内野フライ）はほぼ100パーセントアウト。投手のリスク管理と裏表の関係と言っていいだろう。

大谷選手は完全アウト、特に三振の割合が減っていけば、おのずと確実性が高まって打率も上がっていく。ただ、そうなるとホームラン数も減っていく可能性があるわけで、どちらを取るか、ということになるだろう。2018年のリスク管理表を見てもわかるように、完全アウトが多い年は、ホームランの割合が増えている。

ゴロが減ってホームランが増えた背景には、打球の角度が上がったことが関係している。表19は【打者・大谷選手の平均打球速度・打球角度】となる。2021年の前半は平均打球角度が21・4度と、MLB挑戦後もっとも高い角度が出ている。一方で、平均打球速度がやや下がっているのは、長打の確率を上げるために打球角度に重きを置いているのではないかと推測できる。それでも、下がっているといってもMLB平均は上回っていることを補足しておく。

もうひとつ、2021年前半の大きな特徴が、初球から積極的に振りにいっているところにある。2020年は54パーセントだった初球スイング率が、2021年前半は86パーセントに上昇。しか

[表19] 打者・大谷選手の平均打球速度・打球角度

年度	打球速度	打球角度
2018	139.8 km/h	16.3°
2019	139.1 km/h	12.5°
2020	133.6 km/h	15.4°
2021	136.4 km/h	21.4°
MLB平均	134.0 km/h	16.6°

も、２０２０年は空振りの割合が46パーセントだったのに対して、２０２１年前半は21パーセントとコンタクト率が向上した。

もともと器用な大谷選手は、追い込まれてから変化球を当てにいくクセがあり、この打ち方では三振を減らすことはできたとしても長打は出にくい。おそらくは、本人も課題として自覚していたはずだ。２ストライクに追い込まれると、どんな一流打者であっても、投手のほうが有利になる。投手有利の状況を作らせないために初球からフルスイングを貫き、的確にミートしていたことが、前半戦の好調に表れていた。

大谷選手のようなホームランバッターになりたければ、まずは三振を恐れないこと、そして初球（ファーストストライク）から積極的にスイングすることだ。除脂肪体重を増やし、スイングスピードを上げるということももちろん大事ではあるが、打者として大事なマインドを持っておかなければ、長打を増やしていくことはできない。

内野フライが多いほど長打が増える可能性

長打を打つには、打球に角度を付けなければいけない。それは誰でもわかることだが、角度を上げることを考えると内野フライや外野フライに終わることも当然ある。指導者の中にはフライアウトを嫌がる人がいるのも事実であり、打者自身がやりたいバッティングと、指導者の求めるバッティングに乖離が生まれるケースも存在する。

では、打者が打球を上げようとすることで、どんな弊害が生まれるのか。「〝打球を上げすぎ〟な打者はいるのか？」という視点で、各種データを分析してみた。

まず、表20はＭＬＢの【個人平均打球速度と平均打球角度（50打球以上）】の関係を示したグラフで、20度以上の平均打球角度を誇る打者はほとんどいないことがわかる。ホームランだけを取り出せば必然的に角度は上がっていくのだが、

[表20] 個人平均打球速度と平均打球角度（50打球以上）

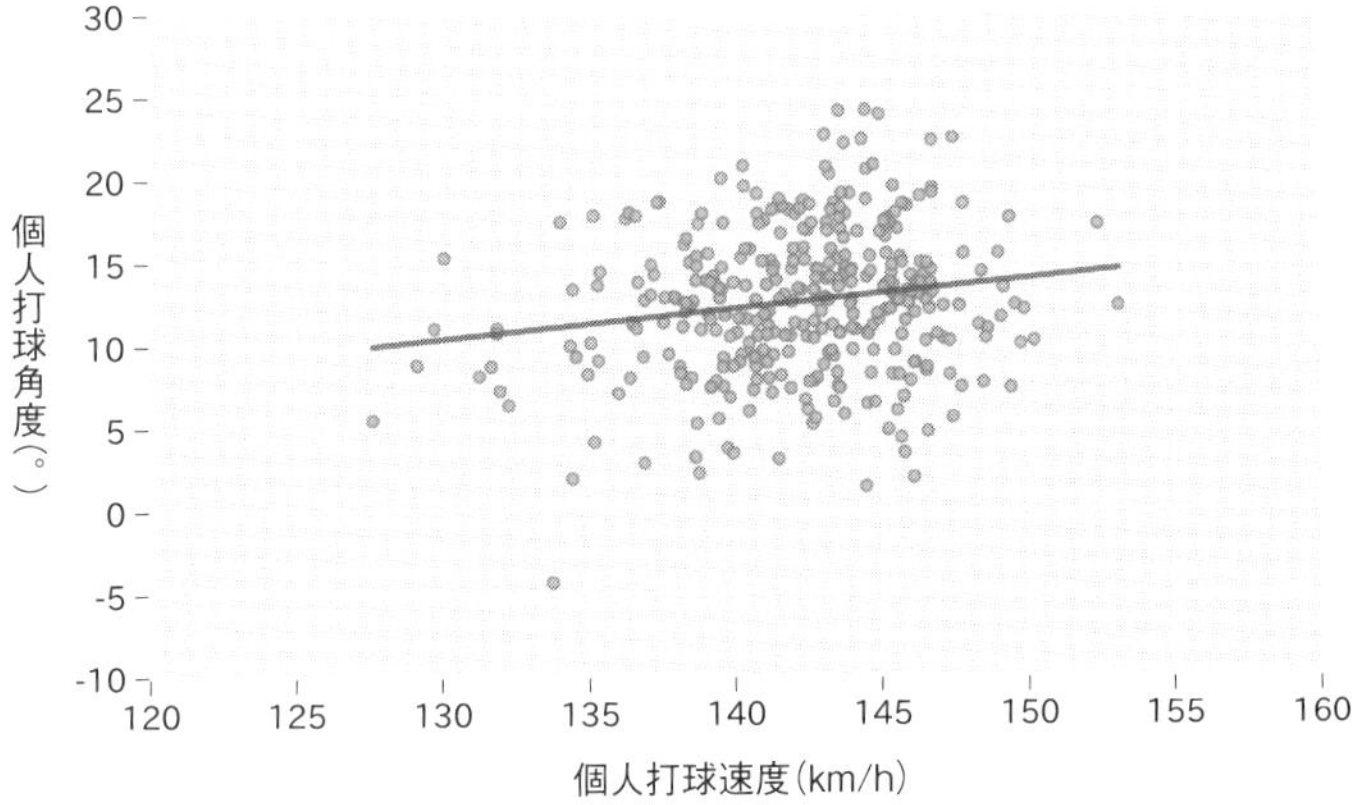

[表21] 平均打球角度との差分と平均打球速度の関係

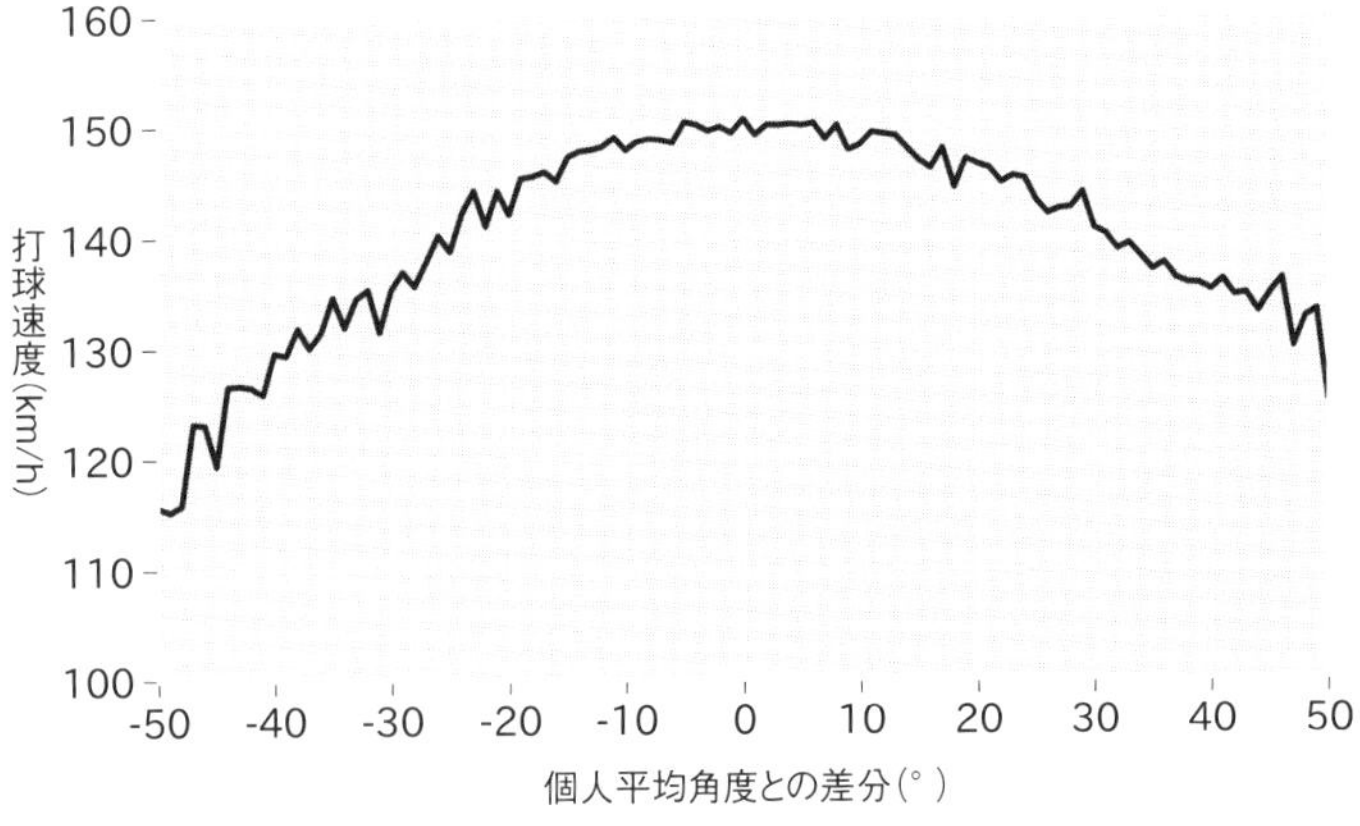

ゴロを含むことによって平均の打球角度は下がっていく。MLB平均では12度の打球角度となる。

表21は【平均打球角度との差分と平均打球速度の関係】を調べたデータになる。平均打球角度が20度だとすれば、そこを横軸の0に設定して、目盛りの10＝30度、－10＝10度という具合に平均打球速度との関係を調べた。これを見ると、平均打球角度から20度上がるぐらいでは、打球速度がさほど落ちていない。そうであれば、打球に角度を付けたほうが長打の可能性は高まるわけで、打球を上げようとすることは、打者にとってマイナスにはなっていないと推測できる。

ただ、打球角度が上がれば上がるほど、高々と打ち上がる内野フライも増えていく。ホームランバッターの内野フライは「ホームランと紙一重」と表現されることもあるが、走者がいる状況では進塁につながっていかない。

一方でゴロにならない分、ゲッツーのリスクを減らすことはできるので、内野フライが決して悪いわけではないと考察することもできる。【内野フライ割合とゴロ割合の関係】（表22）を見ると、内野フライ割合が多い打者はゴロ割合が少

［表22］ 内野フライ割合とゴロ割合の関係

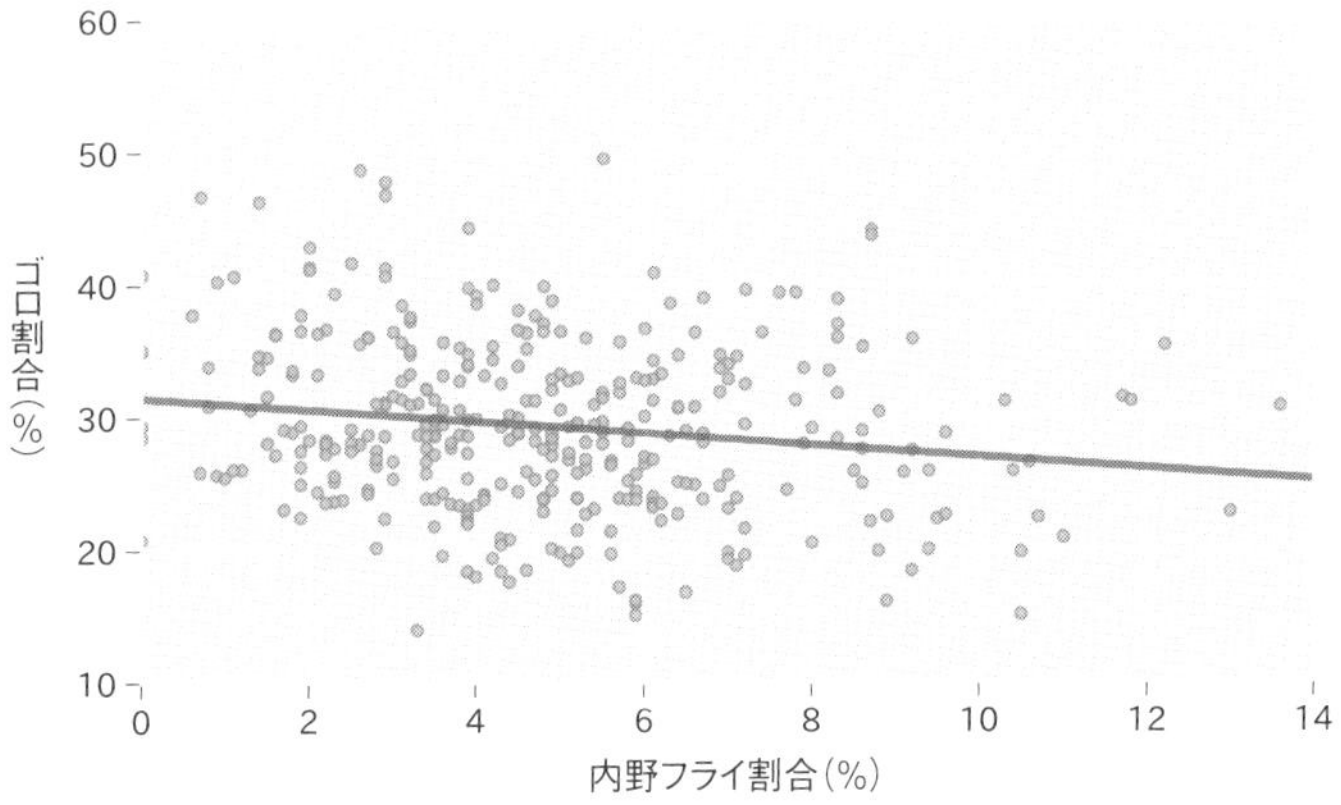

［表23］ 内野フライ群から見たリスク管理表

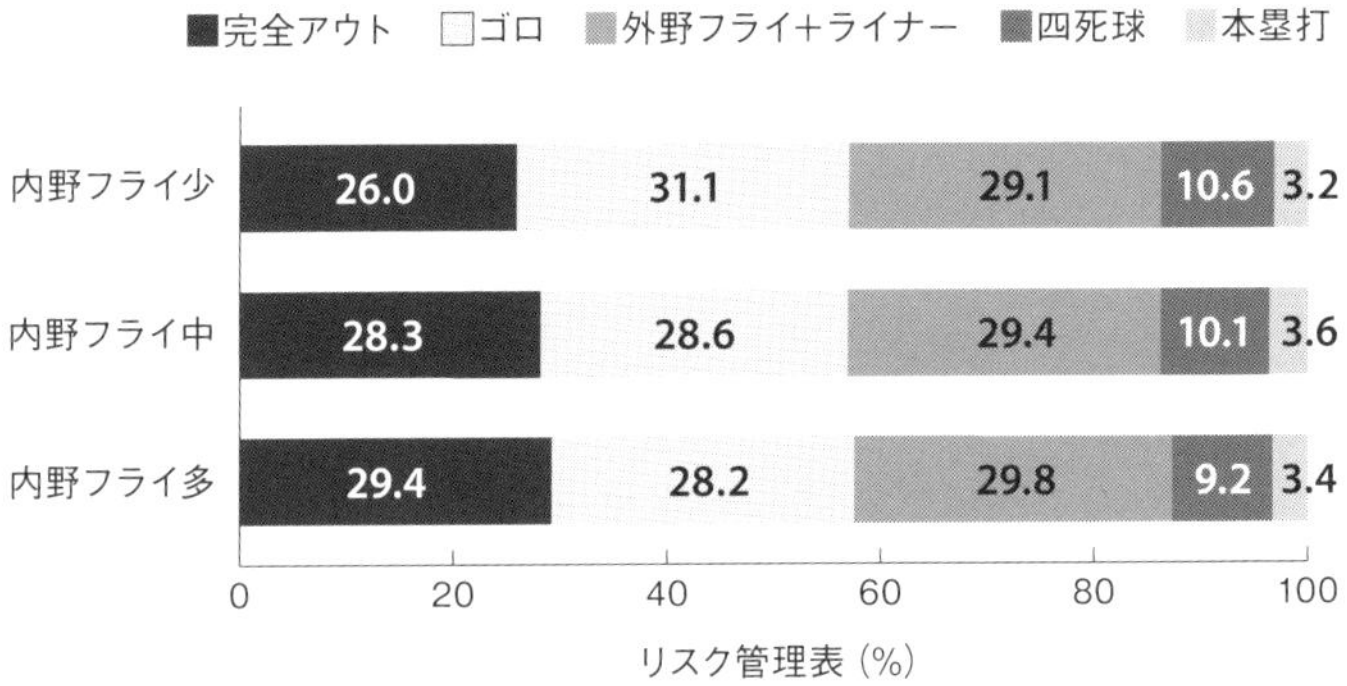

ないというデータが出ている。ボールを打ち上げるようなスイング軌道のため、必然的にゴロが減っていると考えられる。

続いて、各打者の内野フライの割合を「少ない／平均的／多い」と3つに分類して、それぞれの打席結果を分析したのが【内野フライ群から見たリスク管理表】（表23）となる。ここでわかるのは、内野フライの割合が平均的・多い群は、少ない群に比べると、外野フライと本塁打の割合が増えているということだ。

まとめると「打球を上げるためのアプローチ」はマイナス要素よりもプラス要素のほうが強く、積極的に行うべきだと提案したい。ただし、そのアプローチ方法として、下からかち上げる「アッパースイング」を追い求めるのはまた別の結果になる可能性が高い。アッパースイングではなく、アッパー局面の中で捉えることが重要となる。

秋山翔吾選手×森本崚太

スペシャル対談2

打者編

秋山翔吾

あきやま・しょうご

1988年4月16日生まれ、神奈川県横須賀市出身。横浜創学館高校～八戸大（現・八戸学院大）～埼玉西武ライオンズ～シンシナティ・レッズ。2010年ドラフト3位指名を受け、プロ入り。1年目から開幕スタメンで110試合に出場すると、5年目の2015年にはNPBシーズン最多記録となる216安打を放ち、キャリアハイの打率3割5分9厘をマークした。NPB 9年間で1405安打、打率3割1厘、さらにゴールデングラブ賞を6度受賞するなど攻守両面で優れた成績を残し、2020年からMLBに挑戦。1年目は打率2割4分5厘に終わったが、守備では球際の強さを見せてチームを何度も救った。

NPBとMLBでは体感速度が5キロ違う
球速に対応するため180度変えた取り組み

――本日は貴重なお時間を作ってくださり、ありがとうございます。「データの活用法」をテーマにしながら、日米の野球の違いや、メジャーリーグに順応するために取り組んでいることなどをお話しいただければと思います。

森本　秋山さん、どうぞよろしくお願いいたします。今年、渡米2年目を迎えることになりますが、日米の両方でプレーをしてみて、率直に感じた違いから教えていただけますか。

秋山　日本と違うところは、ふたつ感じています。ひとつは速球の力、単純にスピードが違います。わかってはいたのですが、実際に体感したことで想像以上のカベを感じました。もうひとつは、高めのストライクゾーンです。メジャーリーグは「外が広い」という認識を持っていたんですけど、外よりも高めが広い。そのズレを調整する必要がありました。

森本　まず、ひとつ目の速球のスピードから伺わせてください。NPBとMLBでは、ストレートの平均球速がおよそ5キロ違うというデータがあります（2020年のMLB平均は150・4キロ）。実際に、5キロの差を感じることはありましたか。

秋山　体感的には、5～7キロぐらいのイメージですね。ぼくの中では、5キロ刻みで1ステージ上がる感じですけど、7キロとなると、さらに速さを感じます。

森本　1・5段階ぐらい上がるような。

秋山　はい、そうなります。どのピッチャーも日本時代と比べると全体的に速い。単純にスピードが上がるということは、それだけボールの威力が増して、バットに当たるときの衝撃が強くなります。それを打ち返そうとすることで、「自制」が利かなくなる感覚がありました。

――「自制が利かなくなる」とは興味深い表現ですね。

秋山　日本にいたときは、右足を早めに上げて軸足に10の力を乗せて、打ちにいっていました。10乗せたとしても、足を着くときには7割や8割の力感に調整して、ボールをコンタクトすることができていたんです。でも、メジャーリーグのピッチャーはスピードがあるので、10乗せたら10の力で打ちにいくしかない。日本のときのように調整できないんです。「球の威力に負けたくない」という気持ちもありました。当然、10の力で打とうと思えば、バットコントロールもコンタクトする確率も悪くなります。力いっぱい振ったところで芯に当たればいいですけど、どうしてもその確率は低い。昨年で言えば、前半戦がその状態でしたね。

森本 前半戦に比べると、後半戦は打率が上がりました（7月＝2割1分1厘／8月＝1割9分2厘／9月＝3割1分7厘）。どのようにアプローチを変えていきましたか。

秋山 構えたときの重心を下げて、右足を上げる時間を短くしました。前半戦が軸足に10の力を溜めていたとしたら、感覚的には7ぐらいですね。その力をすべて出そうとしても、7の力にしかならないので、10から7ではなく、7から7で調整していた感じです。わかりやすく言えば、動きを小さくして力の発揮を抑える。前半戦は、球の力に負けないように、１００パーセントではなく１２０パーセントの力で振っていたときもあって、体にも負担がかかっていました。

森本　そのモデルチェンジに関して、レッズのコーチからアドバイスもあったのでしょうか。

秋山　ありました。「足を早めに上げて、ボールとの間合いを長く取ろうとするのはいいことだけど、打ちにいくときに統一感がない。インパクトのところで、スイングが揃っていないんじゃないか。インパクトから逆算していけば、そんなに早く動く必要はないのでは？」といったニュアンスの言葉をもらいました。

森本　それは、映像や数字を用いた中でのアドバイスだったのでしょうか。

秋山　映像はないですね。というよりも自分の感覚で、映像を見なくてもわかっていました。日本でも調子が落ちる時期がありましたが、そのときは「足を早めに上げれば良くなる」という感覚があったんです。足を早く上げることで、ボールを長く見ようとする。アメリカで打てなくなったときにも、同じアプローチをしてみたんですけど、結果にはつながりませんでした。

——足の上げ方を小さくするのは、真逆のアプローチになりますね。

秋山　自分が考えていたことと、180度違います。だから「これを試してみて結果が出なければ、アメリカでやることはないな」と思うぐらいの考え方でした。「開き直った」とは言いたくないですけど、頭がすっきりしたというか、頭を整理して打席に入れるようになりました。

——秋山さんのように早めに足を上げて、ボールとの間合いを計る打ち方は、日本人独特のスタイルなのでしょうか。

秋山　そうですね。ピッチャーの投げ方が関係していると思います。日本人のピッチャーが150キロを投げようとしたら、そのスピードを投げる力感や、体の使い方、時間のかけ方があるので、バッターとしても準備ができます。メジャーのピッチャーは、上半身の力だけで155キロを普通に投げてくるので、日本人のピッチャーとタイミングがまったく違う。モーションを起こしてから、リリースされるまでの時間が短い。それなのに、球は速い。「この投げ方で155キロ？160キロ？」と感じるピッチャーがたくさんいましたね。足を上げて間を取ることはできるんですけど、どうしてもズレが出てしまう感覚はありました。

――イチローさんが振り子の幅をどんどん小さくしていったり、大谷翔平選手がノーステップに切り替えたりしていましたが、ＭＬＢで打ち方を変える理由がわかる感じでしょうか。

秋山　どうですかね。日本にいたときも、マイナーチェンジはしていました。どのバッターもそうだと思います。結果を出すためのアプローチは常にしています。大谷くんが日本にいるときから、ノーステップにしていたらもっと打っていたかもしれませんし、打てなかったかもしれない。それはわからないですよね。見ている人は「アメリカに行ったから変わった」と言いたいところもあると思うんですけど……。ただ、メジャーのピッチャーに対応するために、日本とは違うアプローチをしているのは事実です。

高めのストライクゾーンが確立されているＭＬＢ「２ストライクになったら人格を変えなさい」

森本　もうひとつ「高め」というキーワードがありました。近年のメジャーリーグは『フライボール革命』に対抗して、高めのフォーシームがフォーカスされています。バッターから見たときに、高めのストレートに対応する難しさを教えていただけますか。

秋山　まずメジャーリーグでは、高めのストライクゾーンが日本より確立されている感じがします。日本の場合は「釣り球」や「見せ球」といった使い方が多く、勝負するのは低め。低めのストレートや、そこからボールになるスライダーやフォークがあり、低めの攻防が打席での結果につながってきます。でもメジャーリーグの場合は、ここに高めが加わり、高めのストライクでも勝負をしてくる。バッターからすると、高めの打ち方と低めの打ち方の「両構え」で待っておかなければいけないので、それがなかなか難しいですね。

――シンプルに、高めのストライクゾーンの広さも感じますか。

秋山　広めに感じるところはありますね。あとは、カーブを使ってくるピッチャーが多く、これが難しさをさらに倍増させています。高めのストレートを打ちにいこうとしているときに、カーブが混ざると「目付け」がぶれてきます。

――低めだけケアしているわけにはいかないと。

秋山　そういうことです。ただ、メジャーリーグで感じるのは、ピッチャー対バッターの1対1の勝負が本当に多い、ということです。特にレッズの場合は、一番から九番までハードヒットか、三振かの勝負。「三振ＯＫ」の雰囲気もありますからね。『フライボール革命』が流行してから、メジャーリーグ全体の三振が増えているようですけど、日本と比べると、そもそものバッターの意識が違うように感じます。ぼく自身は「2ストライクになったら人格を変えなさい」「三振はノーチャンス」と言われて育ってきた人間なので、三振だけはしないように心がけています。

――また興味深いお話ですね。どなたの言葉ですか？

秋山　西武に入ってすぐに、土井正博さんに教えていただいた言葉です。練習ではすごく自由に振らせてもらっていましたけど、2ストライクになったらそれは別の話になってきます。土井さんが言っていたのは、「打線の中で、ホームランを打つ人、走る人、つなぐ人が3人ずついればチームは強い」ということです。当時は、中島（宏之／巨人）さんや栗山（巧）さん、中村（剛也）さんがいて、先輩たちの背中をどうやって追っていくかを考えていました。ぼくは浅村（栄斗／楽天）とよく一緒に練習していたんですけど、土井さんからは「お前たちはつなぐことができないといけない。打線として必要な人間になりなさい」とよく言われていました。

――役割分担があると。

秋山　あとは、こんな言葉もありました。「お前たちがレギュラーになったときに、『好きに打て』『自由に打て』と言われることが、どれだけ大変なことかわかるよ」と。

――それは、状況を考えたバッティングが必要、ということでしょうか。

秋山　そうだと思います。だから、若いときに「2ストライクになったら人格を変えなさい」と言われたことは、今になっても、ものすごく生きています。2ストライク後に、ハードヒットでホームランを狙うバッターがいても、もちろんいいと思っていますが、ぼくの生き方としては、何とかバットに当てて、前に飛ばして出塁をもぎ取る。打線をつなげるのが役割だと思っているので、やっぱり三振はノーチャンスになってしまいます。

森本　野球観の違いみたいなものを感じますか。

秋山　そうですね、メジャーではOPS（出塁率+長打率）が重要視されていることも、関係しているのかなとは思います。4本シングルヒットを打つのと、ホームラン1本では、長打率は変わらないですからね。ただ、1アウト三塁で内野手が後ろに守っているときに、「内野ゴロを打てば1点入る」という場面もあるわけです。そこで、いつもと同じようにハードヒットを狙うのか、あるいはバットに当てて内野ゴロを打ちにいくのか。1点を取るためのアプローチは、その選手の役割によって変わってきますよね。ぼく自身は、人がやらないところで勝負しないと、生き残れないと思っています。

森本　秋山さんらしい考え方ですね。

秋山　ぼく自身のことを振り返ると、プロ野球の世界で勝負するにあたって、同級生に柳田（悠岐／ソフトバンク）がいたことは大きかったですね。何であれば、あいつに勝てるのか。ホームランはどう考えても勝てないので、ホームランは捨てるようになりました。ヒットを打つことや、打率で勝負する。打率でも負けているんですけどね（笑）。

「打席でびっくりしないこと」がテーマ映像でピッチャーの球筋をイメージする

森本　ＭＬＢは細かいデータがいくつも出ていると思いますが、日本にいた頃と比べて、データを活用する頻度は増えていますか。

秋山　どうなんでしょうね。ストレートをはじき返す確率を表す「ハードヒット率」や、バレルゾーンの打球割合を示す「バレル割合」のようなものもありますが、正直ぼくは使い切っていないですね。ピッチャーに関しては、日本のときと同じように球種割合があり、どの球種がどのぐらい打たれているか、というデータも示されます。でも、たとえばフォーシームの被打率が高いとしても、それを打っているのはぼくではなく、ほかのバッター。全部が全部、自分に当てはまるかとなると、そうではないものです。

森本　2020年のデータを調べてみると、ストレートやツーシーム系に比べて、スライダーを打ったときの打球速度や打球角度のほうが優れている数字が残っていました。

秋山　そうなんですか？　自分では意識はしていないですけど、メジャーリーグの中でスライダーを得意にしているピッチャーが少ないのと関係しているかもしれません。フォーシーム、ツーシーム、カーブ、チェンジアップが基本線。日本のピッチャーのほうが、スライダーを投げる割合が多く、質も高かったように思います。

森本　相手ピッチャーの球筋は、どの程度、頭に入れていましたか。どのぐらい曲がる変化球か、ということも今は数字で出てくると思います。

秋山　ぼくは数字よりも、映像をよく見ています。先発ピッチャーであれば、直近2試合ぐらいの映像を見て、バッターの反応や打ち取り方を確認する。データでパッと見たほうが手っ取り早いのはあるんですけど、時間をかけてでも映像を見たい派なので、アナログ的にやっていますね。映像を見たうえでデータでも確認することによって、自信を持ってアプローチをかけられます。映像を見たときの印象と、数字上のデータがずれていたら、バッティングコーチにもっと詳しく聞くこともありました。

森本　実際に、映像と数字でギャップを感じるようなピッチャーは誰がいたのでしょうか。

秋山　うーん、ギャップですか……。

森本　あるいは、苦手なピッチャーでも構いません。

秋山　正直、どのピッチャーも映像で見たとおりの印象でした。1年目は「打席に立ったときにびっくりしないように」というテーマのもとで、映像を見ていました。ストレートでの空振りが多いピッチャーなら、「思った以上にストレートの伸びがいいんだろうな」と予測をして、ゴロが多いピッチャーなら「イメージよりも少し下を振って、角度を付ける必要があるかな」と、あらかじめ考えたうえで打席に入る。その準備は、しっかりとやるようにしていました。

――それが「びっくりしないこと」につながっていくのですね。

秋山　そうですね。ただ、1年目は左ピッチャーとの対戦が少なかったので、「こんなにもスライダーが曲がるのか」といったギャップを体感できなかったところはあるかもしれません。

森本　右ピッチャーとの対戦で、何か感じたことはありますか。

秋山　「真っスラ回転」というか、「ジャイロ回転」が多いかなとは思いましたね。対戦するまでは、ツーシーム系で外に逃げていくボールをイメージしていたんですけど、インコースに食い込んでくるストレートが意外に多い。これは、対戦することで感じたギャップかもしれません。

森本　秋山さんのおっしゃるとおり、メジャーのストレートはジャイロ回転が多いんです。ボールが滑りやすいので、リリースのときに変な方向に飛んでいかないように、指先で押さえ込もうとしています。そうなると、真っスラっぽい回転になりやすいんです。日本人のピッチャーも、日本にいるときはホップ成分が多いストレートだったのに、メジャーに行くとジャイロ回転に変わるのは、よく見られるケースです。

秋山　なるほど、そういうものなんですね。

森本　映像を見て準備するやり方は、この本を読んでいるアマチュア選手でも実践できることだと思います。何となく漠然と見ているだけでは、秋山さんのような準備はできないはずです。「見方」のポイントを教えていただけますか。

秋山　どうしても、打った打たないといった結果だけにフォーカスしがちですが、それでは野球観戦の延長になってしまいます。大事なのは、ピッチャーが投げているボールがどう見えるか。データ上では「スライダー」であっても、ピッチャーによって球速や変化量は違うわけです。縦なのか横なのか、あるいはブーメラン系のカーブに近いのか。ストレートもシュート回転が強いのか、真っスラ系なのか。球種の分類でフォークだとしても、自分の感覚ではチェンジアップに見えることもあります。あとは、ぼくと同じようなタイプの左バッターが、どういうふうな打ち取られ方をしているかを確認します。さきほども言いましたが、ゴロで打ち取られることが多いなら、ボールの下にバットを入れて、打球の角度を付けなければいけないわけです。「打席に立ったときの見え方」と「バッターの打ち取られ方」のふたつを特に見るようにしています。こうしたすべてのことを整理したうえで、打席にのぞむ。打席で1球見たときに、自分が思い描いていたイメージと合致するかどうか。これが非常に重要なことになります。

――メジャーリーグでは、日本と比べられないぐらい数多くのピッチャーと対戦します。特に、秋山さんの場合はほとんどが初見のピッチャーになるわけで、このあたりのことも影響していますか。

秋山　それはありますね。映像を流しながら、自分が打席に入ったイメージでタイミングを合わせる練習もします。バットを持っていなくても、できることです。映像に合わせるだけでも、「ちょっとタイミングを取るのが難しいタイプだな」とか、「今のタイミングでは差されているな」と感覚的にわかるものです。それがわかってくると、ピッチャーのどこに自分の始動を合わせればいいか考えるようになります。

――とにかく、打席に入るまでの準備ですね。

秋山　高校生も、いろんな学校と対戦するので、初見のピッチャーが多いですよね。データの数だけを見れば、プロよりも少ないはずです。だから、ピッチングの映像が手に入るのであれば、映像を見て頭を整理してイメージを高めておく。それができれば、精神的にも少し楽な気持ちで打席に入れるはずです。

森本　現場で活用できるお話をありがとうございます。最後に、指導者の方も読む書籍になりますが、指導者に向けてのメッセージをいただけますか。昔のような厳しい指導だけでは、学生が育ちにくい環境になっています。

秋山　小学生や中学生のうちは、「お前の武器はこれだよ」「この得意技を磨いていこう」と長所を認めて、伸ばす指導をしてあげてほしいですね。遠くに飛ばす、足が速い、速い球を投げるといった一芸でプロに行ける可能性もあります。レギュラーで活躍するには、自分の短所をなくす努力もしなければいけないんですけど、子どものときから指導者が短所ばかり指摘すると、長所も伸びなくなってしまうのかなと思います。

――日本では、できないことに目が向きがちなところはありますよね。

秋山　それは、自分が後輩を指導していても実感します。「これが直ったらいいのにな」と思ってしまうんですよね。人を教えるのは、本当に難しい。ついつい短所に目がいってしまうからこそ、長所を見てあげてほしいと思います。

森本　秋山さんの考え方が、指導の現場にもぜひ届いてほしいですね。メジャーリーグでのさらなる飛躍に期待しています。本日は、どうもありがとうございました。

（2021年シーズン開幕前に、オンラインで対談）

参考文献

Tango, T. M., Lichtman, M. G., & Dolphin, A. E. (2007). The book: Playing the percentages in baseball. Potomac Books, Inc. p.123-153.

Gregory, S. Sawicki, & Mont, Hubbard. (2003). How to hit home runs: Optimum baseball bat swing parameters for maximum range trajectories. American Journal of Physics 71, 1152.

城所収二, 若原卓, 矢内利政 (2011). 野球のバッティングにおける打球飛距離と打球の運動エネルギーに影響を及ぼすスイング特性. バイオメカニクス研究, 15(3), 78-86.

笠原政志, 山本利春, & 岩井美樹. (2012). 大学野球選手のバットスイングスピードに影響を及ぼす因子. Strength & conditioning journal: 日本ストレングス & コンディショニング協会機関誌, 19(6), 14-18.

Reinold, M. M., Macrina, L. C., Fleisig, G. S., Aune, K., & Andrews, J. R. (2018). Effect of a 6-week weighted baseball throwing program on pitch velocity, pitching arm biomechanics, passive range of motion, and injury rates. Sports Health, 10(4), 327-333.

Schmidt, R. A., & Wrisberg, C. A. (2008). Motor learning and performance: A situation-based learning approach. Human kinetics.

阿江通良, 藤井範久 (2002). スポーツバイオメカニクス20講. 東京, 朝倉書店.

Watts R.G., Bahill A.T., (1990). Keep your eye on the ball: the science and folklore of baseball, W. H. Freeman and Company, New York.

中本浩揮 (2011). スポーツ選手が心で「みる」世界－打球運動の場合――, トレーニング科学, 23(2), 113-120.

城所・矢内 (2017). 野球における打ち損じた際のインパクトの特徴. バイオメカニクス研究 21(2), 52-64, 2017

神事努 (2013). プロ野球投手のボールスピンの特徴 . 日本野球科学研究会第一回大会報告集 : 24-26

おわりに

本書は『野球データ革命』と銘打って、データやスポーツ科学からわかった事実の中から、現場の選手や指導者が活用しやすいエッセンスを切り出して投球編・打撃編とお送りしてきた。

その中には「当たり前なこと」、あるいは「わかっていたこと」も多かったかもしれない。ただし、新しい事実だけでなく、これまでの定説や指導に対する裏付けも、データが持つ大きな価値であると考える。

科学的な正しい事実は、得てしてわかりにくいものである。また、膨大な時間をかけて明らかとなった事象が凡庸であることも珍しくない。そのため、多くの人はわかりにくい事実よりは、納得しやすいファンタジーを好んでしまう。

「〇〇打法」「魔球〇〇」など、さも万能に聞こえる理論が横行しているが、そんな調子のいい話はない。野球には、これだけやっておけば試合に勝てるといった必殺技もなければ、これさえ練習しておけばうまくなるという秘密の特訓も存在しない。

そのため「当たり前なこと」であっても、指導や定説を客観的なデータをもとに確認していく作業は、選手たちが少しでも効率よくパフォーマンスを上げるためには欠かせない作業なのである。

今振り返ると、私自身も非効率な努力を重ねていたプレイヤーのひとりであった。走り込みといってもより効果的なメニューがあったし、わざわざ体に負担のかかる投球フォームで延々ともがいていた。知識があれば、あるいはより効率的なメニューを選んでいたら、より上達していたという「反事実」を証明することはできないが、今になって「こうしておけば」と後悔の念を持つことも少なかったかもしれない。

もちろん、データやスポーツ科学も万能ではない。本書で有効であると紹介したボールが打たれることもあるだろうし、知識を得ても必ずチームの勝率が上がるとは断言できない。ただし、私のように「間違った努力」をしていた選手を軌道修正することはできる。決して長くない選手たちのアスリート人生の中で、彼らが「正しい努力」を行えるヒントとなれば幸いである。


今や、さまざまな情報が簡易的に取得できる。そのスピード感も年々加速しており、スマホ世代の選手が指導者の知らない情報を目にする機会も日常である。そのため、今後はいわゆる現場だけで指導や練習を完結させることは非常に難しい。現に、プロ野球の環境に身を置いていても、アスリートが自ら門を叩き、個人で私たちにサポートを依頼する事例が増えている。

決して、私たちアナリストの万能さを謳っているわけでも、指導者への不満を揶揄しているわけでもない。データ分析による客観的な評価も必要であれば、指導者の経験や勘もともに不可欠であろう。この流れは選手、指導者とアナリストが連携することで、より効果的にパフォーマンスアップできることを示唆しているものであり、それこそがデータという客観的な共通言語ができたことによる革命なのである。

近い将来、当たり前のようにアナリストがチームをサポートする日は訪れる。私は今後も、研究と指導現場をつなぐ役割を担い、選手のためのデータ活用が拡がるよう尽力していきたいと思っている。

本書を手に取った選手や指導者の方と一緒に、「革命」を起こすことができる日を楽しみに待っている。

本書の制作にあたり、株式会社竹書房の鈴木誠さん、編集・構成担当の大利実さんには多大なる尽力をいただいた。この場を借りて感謝の意を伝えたい。

この瞬間も努力し続ける選手たちに尊敬の念を込めて、本書の締めくくりとしたい。

2021年7月　　株式会社ネクストベース・アナリスト　森本峻太

野球データ革命

2021年9月3日　初版第一刷発行

著　　　者／森本崚太

発 行 人／後藤明信
発 行 所／株式会社竹書房
〒102-0075
東京都千代田区三番町8-1
三番町東急ビル6F
email: info@takeshobo.co.jp
URL　http://www.takeshobo.co.jp

印 刷 所／共同印刷株式会社

カバー・本文デザイン／轡田昭彦＋坪井朋子
協　　　力／株式会社ネクストベース
特 別 協 力／秋山翔吾（シンシナティ・レッズ）
平良海馬（埼玉西武ライオンズ）
編集・構成／大利 実

編 集 人／鈴木 誠